本书获上海市哲学社会科学规划课题
“国际货币体系多元化趋势背景下人民币国际化路径研究”
资助（2023FZX005）

人民币国际化

路径与展望

徐　佳◎著

图书在版编目(CIP)数据

人民币国际化：路径与展望/徐佳著. —北京：北京大学出版社，2024.6
ISBN 978-7-301-35109-3

Ⅰ. ①人… Ⅱ. ①徐… Ⅲ. ①人民币—金融国际化—研究 Ⅳ. ①F822

中国国家版本馆 CIP 数据核字(2024)第 108133 号

书　　名	人民币国际化：路径与展望 RENMINBI GUOJIHUA：LUJING YU ZHANWANG
著作责任者	徐　佳　著
责任编辑	杨丽明　张宇溪
标准书号	ISBN 978-7-301-35109-3
出版发行	北京大学出版社
地　　址	北京市海淀区成府路 205 号　100871
网　　址	http://www.pup.cn　　新浪微博：@北京大学出版社
电子邮箱	zpup@pup.cn
电　　话	邮购部 010-62752015　发行部 010-62750672　编辑部 021-62071998
印 刷 者	北京溢漾印刷有限公司
经 销 者	新华书店 730 毫米×1020 毫米　16 开本　15.5 印张　231 千字 2024 年 6 月第 1 版　2024 年 6 月第 1 次印刷
定　　价	68.00 元

前　言

亲爱的读者，当您拿起这本《人民币国际化：路径与展望》时，您就已经开始了一场跨越时空的经济之旅。这不仅是一部探讨货币国际化的经济学书籍，更是一部揭示国家发展战略、全球经济格局变迁与中国在其中所扮演的重要角色的历史书。

货币，即我们日常生活中常常接触到的纸币和硬币，背后其实蕴藏着一个国家的经济智慧和战略远见。从古典金本位时期，经历布雷顿森林体系，到如今的牙买加体系，每一个阶段都是全球经济大戏的重要篇章。在这部大戏中，美元如同一位经验丰富的老演员，长时间占据着舞台的中心。但现在，随着中国经济的崛起，人民币正如一位新星，逐渐走入人们的视野，为这部大戏注入新的活力。

经济学告诉我们，货币不仅是交换的工具，更是权力和信任的体现。货币的国际化，更是一个国家经济实力和全球影响力的直接反映。在这里，我们将带您走进国际货币体系的神秘园地，从宏观角度解读其背后的逻辑与规律，同时也会深入微观层面，探索货币如何影响每个人的日常生活。

中国，这个古老而又充满活力的国家，正处于一个历史性的转折点。人民币国际化并不是一蹴而就的过程，而是与中国经济发展的脚步紧密相连。汇率改革、资本市场的开放，每一步都是经过深思熟虑、稳健前行的。而“一带一路”倡议和《区域全面经济伙伴关系协定》(RCEP)等，更是为人民币国际化注入了强大的动力。这些国家级的战略合作不仅加强了中国与其他参与国的经济联系，更为人民币在国际交易中的使用提供了广阔的空间。数字时代的到来为货币带来了前所未有的机遇。数字人民币，这个新的概念，正逐渐成为人们关注的焦点。我们将为您揭开它的神秘面纱，带您探索它的无限可能，以及它如何与传统货币相辅相成。上海，这座东方之珠，正扮演着至关重要的角色。作为中国的金融中心，上海如何与人民币国际化相互促进，又将如何影响全球经济的未来，都是本书关注的焦点。我们将深入探讨上海的金融历史、现状以及未来，为您呈现一幅全面而细致的画面。在这本书中，我们还将为您展示人民币国际化背后的各种机制与制度，包括汇率制度、资本市场、跨境资本流动等。这些机制与制度，如同一部精密的机器，支撑着人民币国际化稳健前行。

最后，我们将展望人民币国际化的未来，探讨在全球经济格局不断变迁的今天，人民币如何更好地发挥其作用，为全球经济的稳定与发展做出更大的贡献。在全球化的今天，货币的流动不仅仅是经济活动的需要，而且是国家之间互信与合作的桥梁。人民币国际化，不仅仅是中国经济发展的必然选择，而且是中国与世界更加紧密地联系在一起的重要纽带。从这个角度看，人民币国际化不仅仅是一个经济问题，而且是一个政治、文化、社会的综合问题。

亲爱的读者，希望您在阅读这本书的过程中，不仅能够获得知识，更能够对中国与世界的关系有一个更加深入的了解。这是一个充满挑战与机遇的时代，让我们一起见证人民币在这个时代中所扮演的角色。

目　录

第一章　国际货币体系的发展脉络

随着世界市场的不断拓展和融合，以及国际货币交易的日趋活跃和复杂化，为了适应全球化的需求，国际货币体系的形成成为世界经济发展的必然结果。国际货币体系主要探讨各国之间的经贸互动关系，尤其是在外汇、资本和商品市场中的货币与信贷工具的应用，为国际贸易和资本流动提供了框架和支撑。世界银行和国际货币基金组织（IMF）等重要的国际金融机构，在确保国际货币体系秩序方面，起着不可或缺的作用。当下，由主要大国支配和主导的国际货币对整个货币体系有着显著且深远的影响。随着 2008 年国际金融危机的爆发，这种大国主导的弊端逐渐显现，对国际货币市场的平衡与稳定带来严峻挑战，国际货币体系急需改革。中国作为世界第二大经济体，在推动国际货币体系改革过程中，应肩负大国责任，提供大国智慧。

第一节　国际货币体系

（一）国际货币体系的概念

国际货币体系是各国政府对货币在国际范围内发挥世界货币职能所确定的原则、采取的措施和建立的组织形式的总称。这一体系不仅是维护国家间经济秩序与经济稳定的核心机制，也是全球经济运作的基石。它包括国际本位货币或主导货币的确定及其形成机制、国际汇率的波动、货币汇兑、国际储备构成的确定及其结算机制以及国际收支调节等方面。此外，还涉及国际资本的流动规则，以及国际金融危机期间的危机管理和协调机制。一系列国际金融组织，如 IMF 和世界银行，在调控、监督和协调全球货币政策方面发挥着关键作用。整体而言,国际货币体系是一套复杂而综合的体系,涵盖了货币政策、金融市场、国际贸易、经济发展等多个方面,强调全球合作与协调,以实现经济稳定增长和繁荣,反映了全球经济的互依性和复杂性。在全球化日益深入的今天,国际货币体系的重要性不言而喻。

(二)国际货币体系的作用

国际货币体系扮演着黏合剂的角色,通过规范化和制度化的世界货币,紧密整合全球经济,促进国际市场的平稳运行,维护国际经济秩序。

首先,国际货币体系的核心作用是确保外汇市场的稳定。国际货币体系确立了国际市场中的主导货币,不仅明确了主导货币的地位,还通过稳定的汇率机制提高全球经济的效率和透明度,防范金融风险。在世界经济不断发展的背景下,美元虽仍是现在的主导货币,但去美元化和多元化的需求不断升温,促使国际货币体系不断演变。识别和维护外汇市场的主导货币、明确其他各国货币在国际市场中的作用,以及保持整体市场的和谐和稳定,构成国际货币体系的主要任务。

其次,国际货币体系的任务之一是保持国际收支平衡。一方面,国际货币体系通过建立和维护合理的汇率机制,防止货币的恶性贬值,为跨国支付清算和国际金融活动的正常运行提供了坚实的基础;另一方面,国际货币体系通过国际组织,如IMF和世界银行,为遭受经济冲击和财政压力的国家提供资金和技术援助,包括紧急贷款、政策建议等,以帮助这类赤字国调整经济政策和改善经济结构,从而减轻收支不平衡的压力。

再次,国际货币体系通过建立国际协调和监督机构,协调各国货币政策。一方面,国际货币体系通过建立国际协调机构,为解决跨境问题提供合作平台,共同解决金融危机和其他全球性挑战。例如,通过达成国际协议和共识,如《巴塞尔协议》等,确立了统一的规则和标准;同时通过制定国际规则、惯例和制度,包括汇率政策、货币供应、国际借贷、投资保护等方面,确保各国政策的一致性和透明性,保证国家间公平竞争,维持国际金融市场的有序运行。另一方面,国际货币体系通过设立监督机制，评估和监测各国的经济和货币政策，定期审查和报告，确保各国遵守国际规范，并及时发现和解决潜在风险。

最后，国际货币体系的最终目标是促进全球经济的健康、持续增长。通过保持货币的稳定、确保国际贸易和投资的畅通、提供国际经济协作和援助，国际货币体系在促进世界经济繁荣和维护世界经济稳定方面起到了重要作用。这是评价国际货币体系的重要标准之一。

第二节　国际货币体系的历史演进

随着世界经济的发展和国际格局的改变，国际货币体系不断演变和调整。国际货币体系的发展过程主要分为以下四个时期：1870—1914 年的古典金本位时期，1919—1935 年的金汇兑本位时期，1946—1971 年的布雷顿森林体系时期，1973 至今的牙买加体系时期。

（一）古典金本位时期（1870—1914 年）

古典金本位制主要盛行于一战之前。随着第二次工业革命的兴起，全球生产力得到极大的推动，各国之间的经济联系更加紧密，贸易交流愈发频繁，黄金开始在资本主义国家中广泛流通。自 1870 年起，黄金作为本位货币的体系在国际市场上逐渐确立。金本位顾名思义是以黄金为本位货币的货币制度，黄金作为世界货币发挥职能，每一单位货币的价值等同于特定重量的黄金。在此体系下，不同国家货币的汇率正好反映了它们的货币含金量之比。古典金本位制通过固定货币与黄金的兑换比例，维护了全球货币政策的稳定，避免了物价的剧烈波动。这一时期，英国凭借工业革命成为世界头号强国，以英镑为核心的国际贸易和投资体系逐渐形成。黄金和英镑共同成为主要的国际储备，英镑更肩负起国际主要的清算手段的职责。古典金本位制的成功基于“三自由原则”，即自由铸造、自由兑换和自由流通。如此便构筑了一个坚实稳定的国际货币体系，使得金本位制国家的经济得以迅速发展。然而，这一体系并非完全无懈可击。当黄金交易与上述三自由原则背道而驰时，体系的稳定性便无法持续。

好景不长,一战对古典金本位制造成了沉重冲击。四年的战争消耗了巨额资金,各国的黄金储备无法支撑战争开支,纸币大量印发成为必然结果。在古典金本位制下,纸币与黄金挂钩,而黄金储备有限,导致各国政府开始限制黄金的输出,这无疑动摇了古典金本位制的基础。

除战争的影响外,世界经济发展的不平衡也促使古典金本位制衰落。这一体系自身存在诸多问题,如国际收支不平衡加剧,贸易盈余国积累大量黄金,而贸易赤字国则黄金储备不足;金融业的快速发展导致金融危机频发,削弱了古典金本位制的稳定性和可信度;英镑的地位受到挑战和威胁,英镑曾是古典金本位制下的主导货币,但随着美国、德国等国的崛起,英镑的地位逐渐削弱。新兴强国的挑战引发货币竞争和不确定性加剧。这些潜在危机共同撼动了古典金本位制的根基。

在这 44 年里,各国对古典金本位制的执行力度并不一致,长期严格执行的国家少之又少。同时,也有一些国家采用了银本位制,比如清朝初期的中国。古典金本位制的衰落并非偶然,而是多方面因素共同作用的结果。

(二) 金汇兑本位时期(1919—1931 年)

古典金本位制的终结与全球政治和经济局势紧密相连。1919 年到 1931 年这段一战之后、二战之前的时期,国际货币体系经历了剧烈的震荡与波动。由于国际格局的改变,古典金本位制确定的固定汇率无法维持,部分国家物价飞涨。1922 年,在意大利热那亚召开的经济与金融会议上,各国讨论了如何重建有生命力的国际货币体系问题,决议建议采取金汇兑本位制以节约黄金的使用。

虽然金汇兑本位与古典金本位均属于金本位制范畴,但两者间的差异却颇为显著。金汇兑本位制下,虽然国家依然以黄金作为货币本位,但却不再铸造和使用金币。相反,国家会发行一种特殊的银行券,这种银行券具有一定的含金量。在国内市场上,这些银行券并不能直接兑换为黄金或现金,而只能兑换成外汇。这样的安排使得本国货币与采用古典金本位制的其他国家的货币之间的兑换率保持固定。这种固定兑换率机制构成了金汇兑本位制运行的核心与根基。战后复杂的债务结构使欧洲国家债务水平飙升，特别是战败国如德国；赔款的要求使债务问题更加复杂，而许多战胜国，如英国和法国，也积累了大量债务，并依赖美国的贷款来维持。这种相互依存的债务结构使全球金融体系变得极为脆弱。同时，政府的单方面干预和规则的破坏，如法国在1928年以后大量兑换黄金积累储备，加剧了黄金流通困难和短缺。1929年，美国股市崩溃触发全球范围的金融恐慌，金汇兑本位使得各国货币政策紧密相连，也遭受金融危机的冲击。为维持与黄金的兑换比例，各国政府采取紧缩政策，导致内需收缩、失业率飙升、银行破产。伴随着1929年经济大萧条的到来，国际货币体系再一次面临崩溃。很多国家开始不顾货币制度的运行规则，迫于经济压力和国家利益的驱动，开始任意破坏规则。在各国试图通过外汇冲销来维护国内货币市场稳定的过程中，黄金逐步失去了可自由兑换的属性，导致国际市场上黄金的流通出现严重困难，各国的国际储备中黄金占比大幅下降。由于政府的连续干预和对原有规则的破坏，古典金本位制的运行变得扭曲。大萧条时期的全球保护主义政策兴起，各国设立关税壁垒来保护本国工业，导致全球贸易大幅下降，进一步削弱了金汇兑本位制的运行。

古典金本位时期与金汇兑本位时期的另一个主要区别在于英国与英镑的国际地位。在古典金本位时期，经历过两次工业革命的英国在国际社会中处于绝对领先地位，英镑也因此成为国际货币体系的核心。但是一战后，美国受战争影响较小，经济迅猛发展，经济总量逐渐超过英、法、德三国的总和，成为世界最大的经济体和黄金储备国，美元逐渐取代英镑成为国际储备货币，这一转变打破了国际货币体系的平衡。

从1931年开始，许多国家纷纷离开金汇兑本位制，转向更灵活的货币政策，标志着金本位制时代的结束。金汇兑本位时期是国际货币体系发展过程中的一个重要时期，它的推行和失败揭示了战后世界秩序的深刻变革。

（三）布雷顿森林体系时期（1946—1971年）

二战对全球经济造成了毁灭性的打击，国际社会迅速意识到重建全球经济秩序的紧迫性。1944 年 7 月，44 个国家在美国的新罕布什尔州布雷顿森林召开的会议上，签署了以美国财政部官员怀特提出的“怀特计划”为基础的《国际货币基金协定》和《国际复兴开发银行协定》。这标志着战后国际货币体系——布雷顿森林体系的正式建立，为战后世界秩序的重塑和全球经济的稳定与复苏奠定了基础。

布雷顿森林体系的形成不仅是一次国际金融秩序的重塑，而且是美元与英镑货币霸权地位的一场激烈角逐。二战后，国际经济格局发生了深刻的变化，美国经济实力在战争中得到了急剧增长，大量黄金流入美国，作为当时世界最大的债权国，美国的黄金储备占世界储备总量的 59%，奠定了美国在全球金融体系中的霸主地位。这一地位有助于初步构建以美元为核心的，有利于美国经济扩张的国际货币体系。“怀特计划”在此背景下被提出，其核心在于将黄金与美元直接挂钩，各国货币再与美元挂钩，确定美元的中心地位和世界货币职责，进而巩固美国在世界市场和国际货币体系中的主宰地位。

布雷顿森林体系在构建过程中，特别设立两个国际机构：IMF 和世界银行。上文中已经提到这两个机构的建立对于稳定世界经济的发展具有深远影响。IMF 的主要使命是促进国际货币合作、保障货币稳定和提供紧急融资。世界银行成立的初衷是为战后欧洲的重建提供贷款，后来其角色逐渐扩展至为全球发展融资。然而，值得注意的是，IMF 在布雷顿森林体系下并未完全实现其促进世界经济发展的目标。一些主要货币发行国，如英、法等国，常常忽视 IMF 的规定，通过贬值刺激自身经济增长。

布雷顿森林体系下的国际收支调整机制存在着明显的不均衡和深层次的冲突，即“特里芬两难”（Triffin Dilemma）。“特里芬两难”由比利时经济学家罗伯特·特里芬（Robert Triffin）在其 1960 年的著作《黄金与美元危机——自由兑换的未来》（*Gold and the Dollar Crisis: The Future of Convertibility*）中提出：“由于美元与黄金挂钩，而其他国家的货币与美元挂钩，美元虽然取得了国际核心货币的地位，但是各国为了发展国际贸易，必须用美元作为结算与储备货币，这样就会导致流出美国的货币在海外不断沉淀，对美国来说就会发生长期贸易逆差；而美元作为国际货币核心的前提是必须保持美元币值稳定与坚挺，这又要求美国必须是一个长期贸易顺差国。这两个要求互相矛盾，因此是一个悖论。”也就是说，如果美国的国际收支保持顺差，则国际市场上会出现美元短缺，干扰宏观经济的平稳运行，对全球经济的平衡发展造成不利影响；如果美国的国际收支保持逆差，则意味着国际市场上美元泛滥，国际社会对美元整体信心下降。“特里芬两难”描述了固定汇率体系下，国际储备货币国家的困境。

从20世纪50年代后期开始，朝鲜战争和越南战争使美国的军事开支激增，这引发美国国际收支的恶化，黄金储备迅速减少，导致美国丧失了按固定汇率将美元对外兑换为黄金的能力。美元的信誉因此受到动摇，国际金融市场的波动性增强。为了挽救岌岌可危的布雷顿森林体系，满足各国外汇需求，IMF提出了创设特别提款权（SDR）的方案，以此作为一种补充性的国际储备资产，用以稳定全球金融市场。然而，即使有了这一措施，体系的根本问题也并未得到解决。1971年，尼克松总统宣布停止美元兑换黄金。这一举动标志着美元不再与黄金挂钩，也意味着布雷顿森林体系彻底崩溃，结束了一个时代的金融秩序。布雷顿森林体系从创立到崩溃，反映了霸权稳定结构在一段时间内不稳定性的逐渐增强。布雷顿森林体系时期既是国际金融体系演变的一个重要阶段，也是全球经济政治力量均衡变动的缩影。

（四）牙买加体系时期（1973年至今）

随着美元与黄金停止兑换，布雷顿森林体系彻底瓦解，不仅标志着一个时代的结束，而且为国际货币体系的全面改革敲响了警钟。此时的世界经济呼唤一套新的、更具弹性的货币体系，以适应日益复杂的全球化时代。1976年1月，在牙买加的金斯敦，IMF各成员代表聚集一堂，经过密集的磋商与讨论，最终达成了具有历史意义的《牙买加协议》。这一协议明确了各国货币与SDR之间的关系，取消了黄金作为主要储备资产的中心锚地位。1976年4月，《IMF协定第二修正案》正式通过，标志着新的国际货币体系——牙买加体系正式形成。《牙买加协议》不仅推动了黄金从传统货币角色解构，还在国际金融法规中确立了浮动汇率制的合法地位。该协议认为浮动汇率和固定汇率可以在国际金融市场上共同存在,赋予各国根据自身经济状况和战略目标自由选择汇率制度的灵活性。此外,该协议在强调 SDR 的重要性方面也做出了突出贡献。它鼓励各国在其国际储备中扩大 SDR 的份额,有意识地减弱了美元在全球货币体系中的支配地位,促进了国际储备货币的多元化和平衡。该协议提升了各个成员的基金份额和信贷额度,以此增加对发展中国家的支持和援助,推动了全球经济的复苏和增长。在这一时期,国际货币体系呈现出货币区域化与美元化的趋势,反映了全球金融格局的新变化。

牙买加体系相比之前的国际货币体系有以下几个方面的显著区别:首先,与布雷顿森林体系下的系统性和统一性相比,新的国际货币体系更加灵活和多元。各国出于保护和推动本国经济利益的需求,纷纷选择更加适合自身的汇率制度。尤其一些全球影响力较大的资本主义国家,如美国,在认识到固定汇率制的内在缺陷后,采用浮动汇率制以实现本国经济利益的最大化。其次,虽然新体系下,国际金融市场受到不稳定因素的冲击加剧,金融危机爆发的频次和影响范围均有所扩大,但国际合作与协调在此背景下显得更加紧迫和重要。例如,欧盟建立后在欧洲市场引入欧元,不仅促进了欧洲区域内经济的共同发展,还在一定程度上平衡了美国在全球金融体系中的主导地位。另一方面,南北之间的合作日益加深。通过亚太经合组织、上海合作组织等国际组织的共同努力,各国之间的政治和经济联系得到了深化,不仅加速了全球经济一体化的进程,还促进了全球贸易和投资的多样化。

牙买加体系的建立也催生和暴露了许多弊端。由于各国汇率政策的灵活选择,全球范围内的汇率波动失去了有力的约束,从而导致汇率风险显著提升,进一步加剧全球经济的不确定性,频繁爆发金融危机。美元虽然与黄金脱钩,但美国在国际社会的强势地位使得美元仍然保持着国际储备货币的主导地位。远离黄金的束缚反而进一步巩固了美元的霸权地位,为全球货币体系增添了复杂性。随着国际金融市场的持续扩张和复杂化,不确定性因素在国际贸易争端中日渐增加。许多国家的贸易表现出结构性的不平衡和矛盾,导致国际金融市场的失衡加剧,国家间的经济和贸易冲突不断升级。自布雷顿森林体系崩溃以来的 30 多年时间里，全球共爆发了100余次金融危机，大型金融危机平均每8年就会发生一次。这些危机覆盖面广泛，影响深远，不仅对经济发达国家造成重大冲击，而且对许多发展中国家造成灾难性的打击，国际社会各种矛盾冲突不断加剧。

这种灵活的缺乏中心化管理和调控的牙买加体系，被部分学者讽刺地称为“无体系的体系”，国际货币体系进入无政府状态，引发广泛的质疑和挑战。牙买加体系在演变过程中经历了多次变革，但每次变革都留下了不彻底的遗憾。当下，全球各国必须共同努力，寻找有效的解决方案，以应对百年未有之大变局下日益严峻的全球经济和金融问题。

第三节 美元霸权还能走多远

国际货币体系决定了世界上主要用于计价结算以及储备功能的货币，这一核心货币的确立反映了货币发行国的政治、经济和军事实力。从历史的长河中，我们看到国际货币体系的演变与世界经济格局的密切联系。我们见证了英镑到美元霸权的国际货币格局演变，以及现在以美元为主导，欧元、英镑、日元、人民币以及SDR等作为储备货币的多元化国际货币体系。这一多元化的格局和“去美元化”的呼声，反映了全球经济力量的重新整合和协调。二战后至今，美元一直处于国际金融体系的核心地位，其霸权地位来之不易，去之亦难。

(一) 美元霸权之路

1. 美元霸权的崛起

一战爆发之后，全球经济格局发生重大变化，国际货币体系也随之重构。昔日的资本主义强国因战争而负债累累，经济遭遇重创。曾经被誉为“日不落帝国”的英国，受到全方位的摧残，经济实力不复从前。相反，美国通过此次战争，渔翁得利，尤其是与战争国的商品贸易和战争贷款，巧妙地扩展了美元的国际影响力，实现了美元在国际上的循环流动，从而为之后的美元霸权打下了坚实基础。

2. 美元霸权的确立

二战严重挫伤了各国的经济实力,美国却依靠其庞大的黄金储备和金融能力站稳了世界的中心舞台,为美元建立主导地位铺平了道路。随着二战后期的经济复苏需求,美国和英国分别提出了怀特计划与凯恩斯计划。经过多轮的协商与角力,英国已经不复昔日辉煌,最终各国政府达成一致,确立了以美元为中心的布雷顿森林体系,即美元与黄金挂钩、其他货币与美元挂钩的“双挂钩”固定汇率制度。美元也因此占据国际货币体系的核心地位。美元在充当黄金等价物的同时,也充当国际清算的支付手段和重要储备货币。布雷顿森林体系的建立标志着以美元为核心的国际货币体系正式形成,从此开启美元霸权时代。美元霸权的建立为美国带来巨大收益。在国际货币市场上,美国逐渐发挥着类似于世界央行的职能,主导全球货币政策,控制世界基础货币水平,不仅影响着全球经济的发展方向,而且还享有向全球收取货币税的特权。

3. 美元霸权的发展

布雷顿森林体系的形成和存在,并非是一个偶然的现象,它是战后英、美两国争夺世界货币霸权的产物,但其制度本身存在“特里芬两难”缺陷,最终,在1971年落下帷幕,美元面临国际社会的质疑,霸权地位岌岌可危。为维持原有的美元霸权地位,美国锁定当时作为全球经济的“血液”的大宗商品——石油。石油在20世纪中后期已经成为全球经济的主要动力来源,是国际贸易中的关键商品。由于在1973年的中东战争中西方国家支持以色列,石油输出国组织(OPEC)的阿拉伯成员对这些国家实施石油禁运,导致石油价格飙升。美国巧妙地抓住了机会,在1974年与沙特阿拉伯秘密达成石油交易以美元结算,并将沙特阿拉伯部分石油收入购买美国国债的协议。该协议确定美元作为石油的唯一定价货币,将美元与石油紧密挂钩,开创了“石油美元”体系,[①]美国掌握全球工业生产和能源供应的命脉,美元一跃成为国际大宗商品的主要结算

---

① 1976年,美国经济学家奥维斯(Ibrahim Oweiss)提出“石油美元”(petro-dollar)的概念,它是指产油国在石油价格大幅提高后,出售石油获取的美元收入扣除本国发展所需资金的盈余。

及计价货币。1983年，纽约商品交易所（NYMEX，现已并入芝加哥商业交易所集团）推出了西得克萨斯轻质低硫原油期货合约（WTI），并逐步成为北美乃至世界原油定价基准。随着WTI和其他石油期货合约的推出，美元不仅是石油交易的货币，"石油美元"更被赋予金融属性，使美元在全球金融市场中的霸权地位更加稳固。

4. 美元霸权的挑战

继布雷顿森林体系解体之后，牙买加体系的确立标志着国际货币体系的一次重大转变。牙买加体系的核心特点包括黄金的非货币化、汇率制度的多样化以及以美元为主导的多元化国际储备体系的构建。时至今日，美元仍是世界上国际化程度最高、影响力最大的货币，但是越来越多的货币，如欧元、日元、英镑、人民币等正随着各国或地区经济的发展脱颖而出，向美元的霸权地位发起挑战。一方面，伴随全球化进程的加快，亚洲、拉丁美洲和非洲的部分经济体经历了快速的工业化和现代化，在全球经济中的份额逐步上升。尤其是新兴经济体，如中国经过40多年的改革开放，GDP已跃居全球第二（见图1.1）。另一方面，随着全球经济的深度一体化，区域货币合作成为众多经济体探索的策略之一。如欧元的推出标志着欧盟在货币一体化方面取得了历史性的突破，使得欧元迅速成为国际贸易和投资的主要货币之一。东亚的经济一体化进程亦是如此，使区域内的货币和投资流动增多，部分地区国家之间的贸易开始降低对美元的依赖。

这些新的发展不仅反映了全球经济力量的重新分配，也揭示了一个更加复杂、多样化的国际货币体系正在形成。虽然美元的霸权地位仍然稳固，但是越来越多的货币正在充实和丰富国际货币体系的内涵和功能。国际货币体系的多元化是全球金融秩序演变的必然趋势。这一趋势不仅有助于提高全球金融体系的稳定性和弹性，也为各国在全球经济舞台上追求自身利益和目标提供了更广阔的空间。

（二）美元霸权何去何从

尽管国际货币体系在过去数十年间发生了重大结构性转变，美元凭

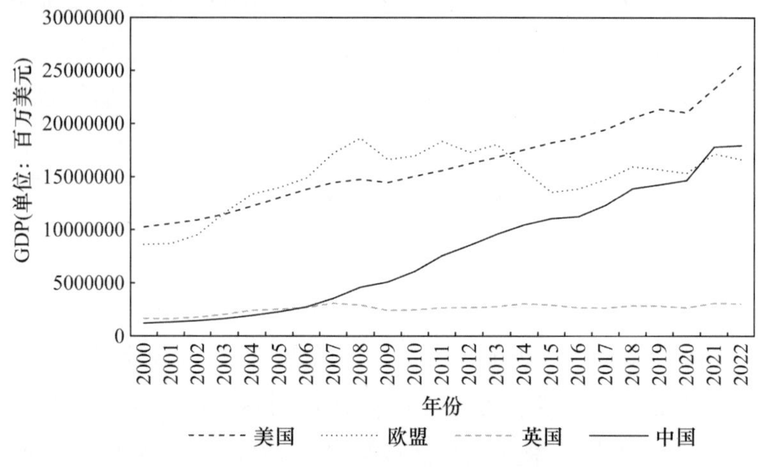

图 1.1 主要国家 GDP 变化趋势

数据来源:世界银行和 IMF。

借美国强大的经济实力、发达的金融市场、强大的国际储备以及在全球清算体系中的重要地位,显著影响世界经济的发展。

新冠病毒感染疫情(以下简称"新冠疫情")爆发后,美国再次将美元霸权用到了极致。2020 年 3 月下旬,美国开启大规模经济刺激政策以应对新冠疫情冲击下的经济衰退,大量增发美元,通货膨胀(以下简称"通胀")随之而来。2020 年 8 月,美联储公布新的货币政策框架——《关于长期目标和货币政策战略的声明》,将 2012 年定下的 2%的通胀上限目标修改为 2%的平均通胀目标,允许通胀超调。仅从 2020 年年初到 2022 年 2 月末,美联储总资产就从 4.2 万亿美元扩张至 8.9 万亿美元,增长幅度高达 112%,扩表速度惊人。这种"大水漫灌"的货币政策导致通胀压力、社会压力、资产泡沫压力不断外溢。通胀屡创新高,消费者价格指数在 2022 年达到 40 年来最高水平,逼近 10%(见图 1.2)。2022 年 3 月,美联储紧急刹车,转变风向,开启全新的加息周期以抑制通胀,让本已风雨飘摇的国际金融市场再遭打击,世界经济复苏进程严重受阻。从表 1.1 的加息时间可见,短短一年半时间,美联储加息 11 次,目标利率飙升至 22 年来最高点。伴随加息进程,美元一路飙升,非美元货币纷纷受挫,欧元、英镑对美元汇率均跌至数十年最低点,使得许多国家的外汇储备受到严重侵蚀，新兴市场货币也遭受重创。此外，国际地缘政治摩擦不断，俄乌冲突加剧，美国对俄罗斯开展金融制裁，冻结俄罗斯外汇储备，禁止大多数俄罗斯银行使用环球银行金融电信协会(SWIFT)国际资金清算系统，这一“金融核弹”打压了俄罗斯经济，冲击了全球的能源市场和粮食市场，进一步推动全球进入高通胀时代，同时也给国际社会敲响了警钟。

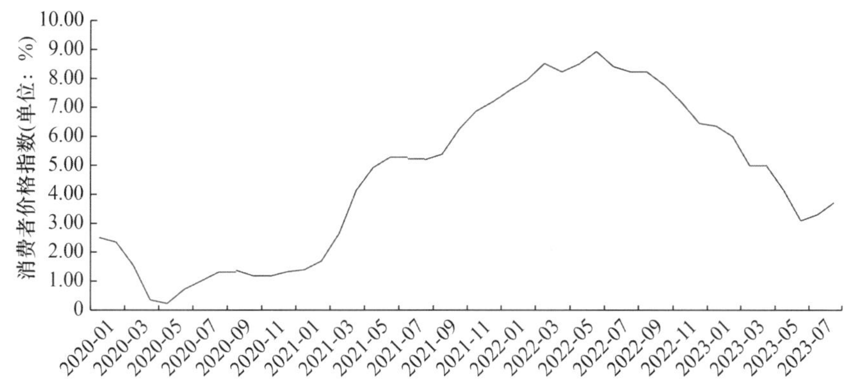

图 1.2 美国消费者价格指数

数据来源：CEIC。

表 1.1 美联储 2022 年 3 月至 2023 年 9 月加息情况

次序	时间	加息基点数	目标利率
1	2022 年 3 月	25 个基点	0.25%—0.5%
2	2022 年 5 月	50 个基点	0.75%—1.00%
3	2022 年 6 月	75 个基点	1.50%—1.75%
4	2022 年 7 月	75 个基点	2.25%—2.50%
5	2022 年 9 月	75 个基点	3.00%—3.25%
6	2022 年 11 月	75 个基点	3.75%—4.00%
7	2022 年 12 月	50 个基点	4.25%—4.50%
8	2023 年 2 月	25 个基点	4.50%—4.75%
9	2023 年 3 月	25 个基点	4.75%—5.00%
10	2023 年 5 月	25 个基点	5.00%—5.25%
11	2023 年 6 月	暂停	5.00%—5.25%
12	2023 年 7 月	25 个基点	5.25%—5.50%
13	2023 年 9 月	暂停	5.25%—5.50%

资料来源：美联储。

在全球经济日渐低迷的环境下，美国利用其特有的美元霸权，通过更为低廉的成本占有全球资源和商品，吸收资本，缓解美国自身的通胀压力；并进一步在全球范围内大肆征收铸币税、资源税和金融税，紧紧地捆绑了其他经济体的财政空间和经济潜力，而且肆意打压其认为存在威胁的国家。这一霸权行径暴露了美元体系的高风险和局限性。美元霸权已经对广大经济体的生存利益和经济发展造成了严重的损害，使得"去美元化"逐渐成为一个全球性的时代趋势。各国货币开始在国际货币体系中谋求更大的话语权，力求解脱美元的束缚。此外，美元霸权不仅面临着自身的信用危机，还面临着主权数字货币革命的挑战。新的技术和金融模式正在塑造一个更加多元、灵活的全球货币体系。各国需共同努力，协调合作，以构建一个更加公平、稳定和可持续的国际货币体系。

第二章　国际货币体系改革声中的人民币国际化

国际货币体系改革已经成为时不我待的时代命题。作为全球第二大经济体，中国的经济实力和贸易地位在全球持续上升，使得人民币逐渐崭露头角，成为最具成长潜力的国际货币之一。在这个全球金融秩序重组的关键时刻，人民币国际化不仅是中国经济高质量发展的自然延伸，更是一项对全球金融稳定和经济可持续发展具有里程碑意义的任务。人民币国际化的推动不仅代表了多元化的国际货币体系的形成，而且反映了全球经济合作与平衡发展的追求。中国的长远战略眼光和实际行动都表明，人民币国际化不仅是国家利益的体现，还是全球金融体系公正、平衡和稳定的重要支撑。这一进程的成功将对整个世界的未来产生深远影响，是全球经济治理体系创新和完善的必然选择。

第一节　人民币国际化是中国和世界发展的必然

(一) 货币国际化的概念

货币国际化指一国货币从本国境内使用，逐渐发展成被该货币发行国之外的国家、个人或机构所普遍接受和广泛使用，并在全球范围内行使世界货币的主要职能。美国学者科恩(Cohen)在其 1971 年的专著《国际货币英镑的未来》(*The Future of Sterling as an International Currency*)中，从货币交易中介、价值尺度和价值储藏三大职能的角度较早地定义了国际货币的概念，认为国际货币的职能是货币国内职能在国外的扩展，当私人部门和官方机构出于各种各样的目的将一种货币的使用扩展到该货币发行国以外时，这种货币就发展到国际货币层次（Benjamin Cohen，1971）。Tavlas（1997）把国际货币定义为，货币职能从国内扩展到国外，在国际交易中充当计价单位、交换媒介和保值手段三种职能。哈特曼（Hartmann，2002）认为，作为支付手段，国际货币在国际贸易和资本交易中被私人用于直接的货币交换以及两个其他货币之间的间接交换，也被官方部门用作外汇市场干预和平衡国际收支的工具；作为记账单位，国际货币被用于商品贸易和金融交易的计价，并被官方部门用于确定汇率平价；作为价值储藏手段，国际货币被私人部门选择金融资产时运用，如表示非居民持有的债券、存款、贷款价值，官方部门将国际货币和以它计价的金融资产作为储备资产。蒙代尔（Mundell，2002）指出，当货币流通范围超出法定的流通区域，或该货币的分数或倍数被其他地区模仿时，该货币就国际化了。从上述不同时间不同专家的定义来看，货币国际化包括流通范围国际化和货币职能国际化两部分。货币国际化是一个漫长的过程，必须经历从其起源国或初始使用区域逐渐向周围地区、各大地域甚至全世界推广的多个阶段，以至于最后可能转变成被全球普遍接受的通用货币，行使国际货币职能。这个过程并不是一蹴而就的，它涉及许多复杂的因素，包括经济环境、政策调整、金融市场的发展等。不同货币的国际化程度不同，不仅包括所使用的范围，而且包括职能国际化的深度，例如，有的货币可能主要作为交易的媒介，而有的货币还承担了资本保值、投资、记账和储备等多重职能。这些职能的国际化程度也会影响货币在全球金融体系中的地位和作用。因此，货币国际化不仅是一种经济和金融现象，更是一项涉及全球金融结构、国际贸易和经济合作的宏大议题。

（二）人民币国际化的意义

人民币国际化是中国金融改革的核心内容，是中国统筹“两个大局”、彰显大国责任和担当、积极推动国际货币体系改革的国家发展战略。人民币国际化是指人民币能够跨越国界，在境外流通，成为国际上普遍认可的计价、结算、投资及储备货币的过程。因此，人民币国际化的含义包括三个核心方面：第一，人民币在海外具有一定规模的流通度；第二，人民币在全球贸易中的结算份额需达到一定水平。第三，也是最重要的，是以人民币计价的金融产品成为国际各主要金融机构，包括中央银行的投资选择，实现以人民币计价的金融市场规模不断扩大，即世界货币职能的实现。这三方面共同构成人民币，乃至其他货币国际化的通用标准。当前的国际形势下，货币竞争可视为国际经济角逐的先锋阵地。若人民币能晋升为国际货币，则不仅能够实现中国经济高质量发展，更有望重塑全球货币和金融体系，甚至影响东西方国际地缘政治格局。因此，推动人民币国际化，将人民币纳入全球货币体系，使其担任世界货币的重要职责，无疑是一项关键且必要的战略任务。人民币国际化对中国以及世界来说，主要意义如下：

1. 获得铸币税收益

当某一主权货币升格为国际通用货币时，将为其发行国带来诸多经济回报和利益，如铸币税，这是中央银行或货币当局在货币铸造过程中收取的税额。美元，作为国际上的主导货币，使美国成为全球铸币税收益最丰厚的国家之一。事实上，美国可通过增加美元发行量来购买全球各地的商品和服务，每次增加美元发行，相当于以极低的成本获得了巨额的回报。美国联邦储备委员会每年都会对新货币需求进行预测并编制年度货币预算表，由美国印钞局印制。以 2023 年的预算方案为例，2023 年的美国货币运营预算为 9.314 亿美元，其中包括 2.655 亿美元的平均分摊成本（包括印刷每张纸币所需的纸张、墨水、劳动力和直接管理成本）和 5.87 亿美元的固定成本（包括间接制造费用，支持、管理、研发以及印前和印刷费用），约占总成本的 91.5%。表 2.1 提供了每种面额的印刷平均分摊成本，例如，2023 年，印制 1 美元和 2 美元的纸币，每张平均分摊成本仅 2.8 美分；5 美元和 10 美元纸币的平均分摊成本为 4.8 美分；即便是成本最高的 100 美元纸币，也只有 8.6 美分的成本。换言之，去除固定成本，2023 年，美国印制一张 100 美元的纸币，其纯利润就超过 99 美元；且与 2022 年相比，分摊的印刷成本还大幅下降，成本的变化与 2022 年的美国高通胀和市场对货币的需求有关。这个巨大的利润由需要美元的世界人民分担，最终流入美国的国库，反映了美国作为国际货币发行国,通过货币发行垄断权获得了直接经济收益——铸币税。随着国际货币发行量的增加,其在国际金融体系中所占的份额也随之扩大,铸币税的金额也会相应增加,成为货币发行国源源不断的收入。

表 2.1 美联储货币运营预算中纸币印刷可变成本

纸币面额	平均分摊成本(2023 年)	平均分摊成本(2022 年)
1 美元和 2 美元	2.8 美分	7.5 美分
5 美元	4.8 美分	12.7 美分
10 美元	4.8 美分	12.4 美分
20 美元	5.3 美分	13.8 美分
50 美元	5.2 美分	13.3 美分
100 美元	8.6 美分	17.0 美分

资料来源:美联储。

对于中国来说,人民币国际化意味着人民币将在国际商品市场和金融市场中流通,并逐渐成为主要的储备货币。世界市场对人民币需求的增加将促使其发行量增加,从而提升铸币税的收益。此外,一旦国际货币获得全球大宗商品市场定价权,如美元对石油的定价权,铸币税的收益就会显著提升。这不仅是一项财政优势,更是国际货币地位的体现,为发行国带来了明显的经济利润。

2. 降低汇率风险和外汇储备风险

在 2010 年以前,人民币在国际贸易中的运用相对有限。中国除了与少数贸易伙伴签订的人民币结算协议外,大部分交易均以美元作为结算和计价货币,这也凸显了中国对美元的依赖性,使得美元汇率的波动在很大程度上影响着中国的货币兑换成本,从而增加了人民币外汇交易风险。鉴于此,推动人民币国际化,不仅有助于改善市场中的外汇风险,还能在全球范围内提升人民币的使用范围和频率,通过不断扩展人民币的结算和计价范围,减少货币兑换的环节,在一定程度上降低外汇交易风险。时至今日,人民币国际化进程已取得显著成效。中国国家外汇管理局发布的数据显示,人民币在中国银行代客涉外收付款中的占比从 2010 年的接近零升至 2023 年 3 月底创纪录的 48%,为 13 年来新高;美元同期份额则从83%降至47%。这一重要转变标志着人民币跨境支付占比首次超过美元，人民币成为中国跨境交易最常用的货币。

人民币国际化不仅有助于降低汇率风险，还能降低外汇储备的风险。中国的外汇储备结构大致由美元现金、欧元现金、美国国债、日元、英镑和贵金属等组成。其中，美元的占比最大，约占外汇储备总额的70%。2014年，中国的外汇储备余额高达3.84万亿美元，居世界第一，而到2022年年底，这一数字已降至3.13万亿美元。但截至目前，日本与中国仍是美国最大的两个海外债权国。尽管美国国债被视为风险较低、收益和流动性较为均衡的重要国际储备资产，但历史上曾多次出现美债风险预警。自1960年以来，美债触及债务上限78次，债务违约议题时常成为市场关注的焦点。2011年，因美国两党未能就提高债务上限达成共识，国际信用评级机构标准普尔将美国的长期主权债务评级下调至“AA+”，打破了其近百年的最高评级纪录，引发全球对美债危机的担忧。2023年8月1日，国际评级机构惠誉基于美国政府治理标准持续恶化和财政赤字加剧等原因，宣布将美国长期外币发行人违约评级从“AAA”下调至“AA+”，美债违约风险一触即发。新冠疫情期间，美国政府实施的量化宽松政策导致财政赤字激增，2020年达到创纪录的3.13万亿美元。尽管后疫情时代，美国财政赤字率有望下降，据美国独立研究机构联邦预算问责委员会当时估算，2023财年，财政赤字或达2万亿美元。对于财政赤字的增加，美国往往通过发行国债应对，债务雪球越滚越大，一旦主权信用危机爆发，美债收益率上升将导致其资产价值大幅缩水。对于持有大量美元债券的中国来说，这无疑构成了巨大外汇储备风险。

因此，人民币国际化可以一定程度上缓解这些风险。通过扩大人民币在国际中的支付和定价范围，中国将不再局限于单一化的外汇储备结构，能够降低对特定货币（美元）和资产的依赖，提高对金融风险的抵御能力。

3. 推动国家金融体系改革

一国货币的国际化与其经济规模、贸易总量和金融市场的成熟度紧密相连。金融市场的成长能够促使货币国际化加速;反之,货币的国际地位的提高也有助于推进金融市场的发展。两者相辅相成,互相制约。

在当前阶段,中国的金融市场并不成熟,存在资本项目尚未全面开放、利率市场化进程不完善、金融衍生品较为匮乏,以及金融监管体系不足等问题。这些问题在一定程度上限制了人民币国际化的步伐。要推动人民币在全球范围内的使用,必须构建一个自由、开放的金融市场,配备完善的市场机制、丰富多样的金融衍生品以及健全的监管制度。只有这样的市场才能更有效地吸引外资,降低人民币与外币之间的汇兑成本和风险,进而增强人民币的结算和定价功能,并推动人民币国际化进程。同时,人民币国际化也将倒逼金融市场改革加速。人民币交易范围的拓宽有助于促进国内金融市场的多样化和稳健发展。人民币离岸金融市场的扩展将深化国内金融市场,从而推动中国金融体系国际化进程。只有进一步完善和开放金融市场,才能应对和化解人民币国际化带来的潜在金融风险。

总之,人民币国际化不仅促进了金融体系的全方位深化改革,还扩大了人民币的国际流通范围,为中国经济带来更广阔的发展空间。金融市场的成熟与货币的国际化是相互促进的双向过程。通过进一步改革开放,以及加强金融体系的监管,人民币国际化将为中国的经济发展带来新的机遇和挑战。

4. 推动国际货币体系改革

人民币走向国际化并不是一个偶然的现象,而是中国经济增长、市场变革以及全球经济政治格局发生变化的自然产物。近年来,中国经济成为拉动全球经济增长的新引擎,在全球经济可持续发展中贡献了重要力量。2023 年,IMF 和世界银行的春季年会中指出,中国将引领全球经济增长。由此可见,中国经济与全球经济的联系日益紧密,中国逐渐从国际制度制定和全球经济治理的追随者转变为参与者,中国在国际市场上的地位不断上升。

世界经济结构与国际货币体系紧密相连。世界经济结构决定了各国在全球贸易和投资中的地位,国际货币体系基于经济结构决定了国际贸易和投资的结算方式、货币的价值和汇率制度等。如果两者长期不匹配，必然成为全球金融风险爆发的导火索。而现行国际货币体系的弊端不断暴露，国际货币体系改革势在必行。人民币国际化并不是一个零和游戏，其目标并非要取代美元或其他主要货币。相反，人民币国际化是一种推动力，旨在促进国际货币体系的改进，使其更加公平、合理和公正。

第二节 人民币国际化助力国际货币体系改革

人民币国际化是新时代国际货币体系改革的重要组成部分。人民币国际化的目的之一，就是积极推进国际货币体系改革，促进国际经济运行秩序稳定，履行中国作为一个发展中大国的国际担当和责任。

（一）当前国际货币体系的困境

目前的国际货币体系实际上就是以美元为本位币的体系，即由一国主权货币充当世界货币。这种国际货币体系存在制度的内在缺陷，导致形成不平衡的货币结构，不可避免地产生了三种结构性问题：货币结构不平衡、协同合作缺乏，以及整体发展不足。这三种问题的共同作用强化了美元在全球金融市场中的特权地位，使其偏离了世界货币应有的中立属性，最终使得美国频繁利用自身的金融霸权将美元“武器化”。

1. 货币体系和经济格局不平衡问题

二战结束后，欧洲的经济受到巨大打击，亚洲也在战争的炮火中承受了极大的伤害。相反，美国在这一时期获益匪浅，经济迅速增长。1945 年，美国的 GDP 占全球比重达到了 56%，超过世界其他国家的总和，这一数字赋予美国在全球的话语权、主导地位以及规则制定的权力，布雷顿森林体系更将美国推上世界霸主的宝座。数十年后，世界经济格局也发生了翻天覆地的变化。“东升西降”的新趋势在全球范围内逐渐显现，新兴经济体和发展中国家，特别是中国，正快速崛起。如表 2.2 所示，根据 2023 年 4 月 IMF 发布的《世界经济展望》，2022 年，全球经济体量约达 100 万亿美元。中国的 GDP 占全球比重从 1945 年的 4%增长到 2022 年的 18.1%,逐渐成为世界经济增长的中心力量。而美国虽然仍是全球最大的经济体,但其 GDP 占全球比重已从 1945 年的 56%下降到 2022 年的 25.5%。除中国外,印度、俄罗斯、巴西和韩国四个新兴经济体也逐渐崭露头角,分别位列全球第 5、8、11 和 13 位,高于发达国家平均水平。加上中国,这五大新兴经济体的 GDP 占全球比重已达 27.2%,超过了美国。IMF 在 2023 年 7 月《世界经济展望》中预测,2023 年全球经济增速将为 3.0%,中国经济增速将达到 5.2%,印度将高达 6.1%,而美国将下降至 1.8%,欧元区仅为 0.9%。[①] 这一变化标志着全球经济格局终结了二战后"一超独大,霸权治理"的模式,全球经济正在向多极化方向发展,显示出世界经济新的多样化和平衡化趋势。

表 2.2　2022 年主要国家 GDP 总量和人均 GDP(IMF 版)

排名	国家	2022 年 GDP 总量(亿美元)	2022 年人均 GDP(美元)
1	美国	254645	76348
2	中国	76348	12814
3	日本	42335	33822
4	德国	40754	48636
5	印度	33864	2379
6	英国	30706	45295
7	法国	27840	42409
8	俄罗斯	22153	15444
9	加拿大	21398	55085
10	意大利	20120	34113
11	巴西	19241	8995
12	澳大利亚	17019	65526
13	韩国	16652	32550
14	墨西哥	14141	10868
15	西班牙	14005	29421

数据来源:IMF。

① The Global Recovery Is Slowing Amid Widening Divergences among Economic Sectors and Regions. https://www.imf.org/en/Publications/WEO/Issues/2023/07/10/world-economic-outlook-update-july-2023, 2023-07-10.

随着此消彼长的经济格局的演变，国际利益平衡已经发生了巨大的变化，多极化发展背景下，虽然依旧以美元霸权为核心，但国际货币体系的稳定性受到影响。“特里芬两难”这个古老的命题又开始吸引经济学家的注意。“特里芬两难”在美元与黄金脱钩后，暂时得到“解决”。随着时代的发展，世界经济状况的不断变化，新的“特里芬两难”被提出。周小川(2009)认为，“特里芬两难”在现行货币体系下依然存在，储备货币发行国无法在为世界提供流动性的同时确保币值的稳定，即“新特里芬两难”。

“新特里芬两难”并没有统一的理解。其中一个主流观点是，美国正陷入全球流动性供应和国内财政可持续性之间的矛盾。美元作为国际储备的主要组成部分，肩负着满足其他国家流动性需求的重任。然而，近年来美国国债违约风险不断被提及，国债与 GDP 之间的比例也显示出失衡现象。由于美元担任着维持汇率稳定和金融稳定的国际货币角色，这自然对美国的债务安全提出了更严格的要求，从而产生了流动性和债务安全之间的矛盾，这种情况即可称为“新特里芬两难”。美债是被广泛认可的国际避险工具，是银行和金融机构投资组合中首要的避险资产。由图 2.1 可以看到，截至 2023 年 7 月，持有美国国债的前 20 个国家和地区，占全球美债总额 7.65 万亿美元的 82%。可见，美债作为避险工具颇受国际欢迎。Gourinchas 和 Sauzet(2019)认为，随着新兴经济体的快速崛起和美国在全球经济中所占比重的逐渐减小，美国无法永远成为世界安全资产的唯一提供方。全球经济正朝着多极化方向发展，而美国国债的价值和流通能力在很大程度上受到美国实体经济增长的限制。美国财政存在债务上限，这一限制并不能完全满足全球对安全避险资产的渴求。债务上限能否提升，以及能提升多少，都将对美国国债的稳定性和流通性产生直接影响。在这一背景下，寻找新的国际金融秩序和均衡点将是一个复杂而紧迫的挑战。

“新特里芬两难”归根结底是国际货币体系单一化、霸权化的结果，世界货币发行国美国无法同时满足避险资产的流动性和安全性需求。这不仅增加了国际金融市场的潜在风险，而且反映了现行货币体系的不平衡和不公正。解决这一问题的关键是根据当前国际经济的新格局，对

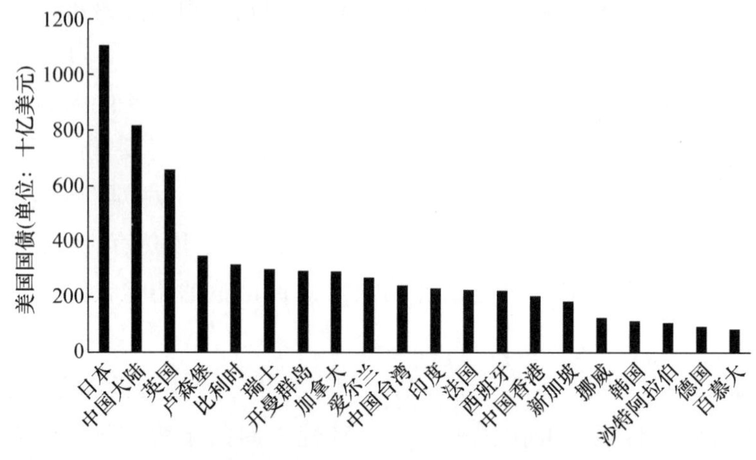

图 2.1　持有美国国债前 20 国家和地区(2023 年 7 月)

数据来源:美国财政部。

国际货币体系进行适度调整。我们必须认识到,对单一主权货币的过度依赖不符合现今全球化的经济形势,应当追求的是能够真实反映各国经济实力与地位,促使国际储备资产回归其本来的支付和定价功能的国际货币体系。

2. 宏观政策国际协调不足问题

现行国际货币体系中美元霸权导致政策协调不足。全球第一大经济体美国的经济是国际宏观经济发展的风向标,其经济政策对全球经济增长具有决定性影响。特别是美联储的货币政策,无疑成为各国政府、金融机构乃至普通民众紧密关注的焦点,稍有风吹草动,都会引发金融市场动荡。然而,这种全球关注并未转化为全球范围内的政策协调。美联储在制定和执行货币政策时,首要考虑的是美国国内经济情况和人民利益,这些政策调整往往与全球经济的整体周期不同步。例如,在新冠疫情之后,各国经济发展周期错位。经过大水漫灌的刺激政策后,2022年,美国通胀迅速攀升,当年 6 月,美国消费者价格指数(CPI)高达 9.1%,创 40 年来新高,美联储启动加息计划抑制通胀直至现在。但中国等国家物价稳定,诸多经济学家预测美国正在进入衰退通道,而中国还在底部蓄势待发。另有部分国家,如巴西在 2022 年甚至出现通缩现象。由于美元在国际货币体系中的主导地位，美联储的加息政策调整不可避免地会引发各国央行作出相应反应。同时，美国加息决策不仅引发了外汇市场的波动，还一度导致美债和美股双跌并波及其他国家，新兴市场更是面临资本外流的风险。这一系列连锁反应在国际金融市场上产生了深远影响，暴露出现行货币体系下的不平衡和缺陷。

全球金融周期实际上变成了所谓的美元周期。美联储每次发布加息和降息政策，就标志着一轮“美元潮汐”的到来。当美联储采取降息政策时，“放水”般的美元进入全球金融市场，使各国能够在美元低息时期进行大规模的建设投资和经济发展。此时的世界经济犹如春潮涌动，活力四射。随着美联储加息的“回潮”，全球各个经济体便会面临资本外流和货币贬值的双重压力，股市、债市以及房地产市场均出现下跌，甚至有可能触发更广泛的经济危机。在这一过程中，美国收割全球财富，引发严重的国际社会动荡。历史上因为美联储货币政策引发的金融危机比比皆是。从 20 世纪 80 年代的拉美债务风暴，到 90 年代的日本经济低迷，再到 1997 年的东南亚金融风波、2000 年的互联网泡沫崩溃，以及 2008 年的全球金融危机，都反映了所谓的“美元潮汐效应”的影响力，而究其根本是美元的霸权地位。美元霸权不仅放大了美联储政策的外溢性，而且使许多国家和地区陷入对美元和美国金融市场的过度依赖，增加了全球金融体系的脆弱性。在现有的国际货币体系下，各国的经济周期和国家利益大不相同，宏观政策的目标和工具也有差异。因此，在缺乏有效的全球协调机制的情况下，美元霸权可能会导致一些国家的政策选择受限，甚至可能与各国自身的经济利益和发展阶段不完全匹配，影响宏观政策有效性。

3. 全球金融安全网发展不足问题

随着经济全球化的加速，各国金融市场紧密相关。由于这种高度的关联性，当一个国家遇到金融危机时，可能需要通过国际合作来制定和执行解决策略，否则单一国家的金融危机可能迅速扩散到世界各国。由于全球缺乏一个具有综合性的央行体系或统一的金融安全合作网络，全球金融安全无法得到充分的保障，国际金融安全因此变得极为脆弱。

2010 年,G20 首尔峰会首次提出金融安全网问题,指出要建立一个更加稳定、具有恢复力的国际货币体系,其中包括进一步巩固全球金融安全网。2011 年,G20 法国峰会再次强调建立更加稳定和具有弹性的国际货币体系的重要性以及加强全球金融安全网的构建。布雷顿森林体系崩溃之后,全球金融安全网从单一的 IMF 主导转向多层级网络,该金融安全网络由本国外汇储备、IMF 应急贷款、区域货币协作三个层级组成,旨在构建一个全方位的金融安全保护网,以阻止和化解全球金融风险。然而,尽管这一网络体系在理论上显得完善,但实际操作中暴露了许多问题。规模有限的本国外汇储备、附带要求的 IMF 应急贷款以及备受限制的区域货币协作等问题导致安全网络的覆盖并不均匀,对新兴经济体和发展中国家的保障不足,救助机制缺乏协调,而且深受美联储政策的影响。美联储是发行世界货币的机构,但却并不具备世界央行的职责,它仅是美国的央行,也仅代表美国的国家利益。在全球金融危机期间,即使部分国家能够向美联储借款,但美联储并不承担相应的责任。这些问题都限制了全球金融安全网的效能,为潜在的金融风险留下了隐患。

4. 美元的“武器化”问题

美元在当前国际货币体系中占据核心地位是不争的事实。但它所承担的权益和责任却并不完全对等。美元作为国际储备货币,拥有极高的特权。美国作为美元的发行国,不断向全世界征收“铸币税”和“通胀税”,使美国得以长期维持双赤字,通过以美债作为安全资产,将世界各地视为其财政的提款机,持续以较低成本的方式进行融资。全球重要的金融基础设施 SWIFT 支付系统,也受到美国的控制,成为美国对其他国家、企业、金融机构等施加单边制裁的武器,使美元具有了“武器化”的特性。美元作为许多国家的汇率锚,虽然降低了这些国家的汇率风险,使其享受锚定美元的贸易和金融市场优势,然而,这一切的代价是,这些国家的货币政策不得不受到美联储政策的左右,从而丧失了货币政策的独立性。

相比美元的特权,美元在实践中所承担的义务是明显不对等的。主权货币作为国际货币,不可避免会面临我们提到的“特里芬两难”。此外，主权货币国际化和国内货币政策优先存在矛盾。作为国际货币的发行国，美国本应承担起国际货币的责任，但是在实践中却没有履行义务。一方面，美国具有向全球提供合理流动性的义务，但美元发行并未受到限制和监管。2008 年国际金融危机后，美联储多次实行量化宽松政策，投放天量美元，造成全球流动性泛滥，导致产生金融泡沫。美国稀释自身债务，对世界经济产生了负面影响。另一方面，作为美元发行国，美国具有保持美元汇率稳定的义务。但实际情况却并非如此。美联储的货币政策，因为美元的特殊地位，具有强烈的外溢效应。由于美国与其他国家的经济周期不一致，导致产生宏观政策协调问题，资本流动加剧汇率波动，容易诱发金融危机。这些问题凸显了美元作为国际储备货币所承担的特权与义务之间的失衡。

美国尼克松总统时期的财政部长约翰·康纳利曾说过："美元是我们的货币，却是你们的麻烦。"这句话正是美元"武器化"的真实写照。美元的国际货币权利和义务不对等，是国际货币体系问题的根源之一。

（二）国际货币体系改革方向

国际货币体系的内在缺陷和问题不断暴露，源自经济格局和现有国际货币体系不匹配，改革势在必行。那么，国际货币体系应如何改革以适应新时代和新形势呢？

尽管某些学者提议回归金本位制，以控制通胀并防范由浮动汇率带来的金融风险，但在今日全球化背景下，把黄金视作唯一的储备资产已不再切合实际。黄金的供应无法满足全球持续扩大的结算需求。此外，面对国际金融危机，央行在金本位制下的政策调控手段也相对受限。这种思考方式显得过于简单。美国著名经济学教授麦金农 2014 年在"布雷顿森林：奠基人与未来"会议上提出美元本位的修正方案。他主张，美元作为全球储备货币的地位不容易被动摇，但全球货币体系的未来应当着重于美国修正其货币和汇率策略。这一方案需要美国消除财政赤字、调整国际收支，以及降低美国在国际资本市场上的负债水平，推动资本更广泛地流向其他国家。尽管该修正方案强调对美元霸权的反思和约束，以求解决长久以来的"特里芬两难"，但这种自我修正过于单纯。

相较而言,被部分学者认可的以下两个方案更为务实,且在实践中具有更高的可行性。

1. 国际货币多元化

一个多元化的货币结构能够有效对冲单一货币的波动和不稳定性,从而为全球经济提供更为稳固的支撑。国际货币的多元化不仅可以分散风险,更重要的是,它可以为国际货币制度带来健康的竞争机制。在这样一个环境中,各个货币发行国会更加注重其经济基本面的稳健和货币政策的透明度,因为他们知道,任何不负责任的行为都可能导致资本外流或信用下降。这种健康的竞争机制会推动各国逐渐采纳更加稳定、可预测和透明的货币政策,从而减少全球金融市场的不确定性和波动。而当各国均遵循这些高标准的货币政策时,整体的国际货币体系就会展现出更加稳定和可持续的特性,从而更好地服务于全球经济的繁荣与发展。

从长期来看,该方案并不能解决所有问题,面对复杂的国际货币体系,我们必须在实际情况和长远目标之间找到一个平衡。从现实来看,在短期,甚至中期,这是较为可行的方案。国际货币体系改革将是一个长期、渐进的过程,近期的迫切任务是逐步建立一个兼顾统一性和多样性的国际货币体系框架。为了使国际货币体系更为稳健和高效,遵循以下六个基本原则显得尤为关键:第一,强化 IMF 的角色。需要确保 IMF 在全球金融体系中占据核心地位,使其在国际市场监督和经济技术支持上更为公正和透明,同时赋予其发行 SDR 作为储备货币和维护全球金融稳定的关键职责。第二,调整货币储备结构。为了减少对美元的过度依赖,应在储备货币中实现更好的平衡。第三,加强国际经济政策的协作。为了防止金融危机和大规模资本流动,各国需要更加紧密地协调其经济政策。第四,确保货币汇率的稳定。IMF 应被授权监督主要经济体的汇率政策,确保其货币汇率保持稳定,避免竞争性贬值。同时,针对那些违反规定的国家,IMF 应当有权采取行动。第五,严格的货币监管。主要储备货币发行国的货币政策以及跨国资本流动都应受到更严格的监管,以确保全球金融市场的健康和稳定。第六,保护和指导发展中国家。必须确保发展中国家的利益得到保障，避免货币政策的霸权性和武器化。

在未来的国际货币体系中，短期可行的构想是“3＋1＋N”多元国际货币模式。“3”包括美元、欧元和人民币三大核心储备货币，它们之间存在健康的竞争，并在国际金融市场上发挥主导作用。“1”指的是将SDR作为世界货币，与前三大主权货币共同扮演国际储备的角色。“N”则涵盖了其他在国际市场上占有一定份额的主权货币。

此框架的最大优势在于它融合了多重储备货币的灵活性与全球通用货币的稳定性。其核心理念是：IMF扮演全球央行的角色，确保对主要货币的发行和流动等政策有统一的监管机制；保证SDR价值持续稳定、供应机制公正透明，以及其总量能够根据全球经济的需求进行相应调整；美元、欧元和人民币与SDR储备货币的职能相辅相成，共同保证国际金融体系的多元化和稳定性。为了确保这一体系的公正性和透明性，所有参与的主权货币都应在IMF的监管框架下行动。

2. 超主权货币充当国际货币

另一种思路是，主权货币作为国际储备，具有其内在缺陷，必然导致“特里芬两难”。马克思在对货币的研究中认识到了国际货币的核心特质和功能。他强调货币在此角色下已经成为普通商品，不再受制于与特定国家或文化的联系，而是展现出“世界主义”的全球性特点，超越国家或文化的局限，成为全球交流和交易的桥梁。基于货币和商品之间的双向关系，国际货币在执行其职能时，需要满足三大基本原则：首先，必须有一个稳固的物质基础，以防止因某一国家的经济波动而对全球产生剧烈的影响；其次，它应当超越单一国家的主权界限，真正代表和服务于全球经济的根本利益；最后，考虑到国际贸易和投资的需求，国际货币的供给应当具有一定的弹性。为保障全球经济稳健运行，国际货币必须满足这三大原则，确保其在国际交易中的稳定和功能发挥。

为了塑造一个稳健理想的国际货币体系，可以着眼于构建一种与各主权国家独立，同时能确保货币价值长期稳定的国际储备货币，从而克服主权信用货币作为储备货币的内在缺陷。超越主权的储备货币有助于消除主权信用货币的风险,由一个全球性机构管理的国际储备货币还能使全球流动性的创造和调控成为可能。同时,当某个国家的货币不再作为国际贸易的衡量标准时,其汇率政策的调控能力将会得到加强,对国际的外溢效应会降低。这种模式不仅能够降低金融危机发生的可能性,还能加强对危机的响应和管理。然而,打造并获得广泛认可的稳定储备货币是一个长期过程,如已经发行的 SDR,使其发展成为超主权的国际储备货币依然是任重而道远。

(三) 人民币国际化在国际货币体系改革中扮演的角色

无论是从短期,还是从长期的视角看,人民币国际化都会持续推进国际货币体系改革,在国际金融市场中承担起更多的大国责任。

1. 从短期看人民币助力多元国际货币体系的形成

自 2009 年启动人民币国际化进程至今,已经过去了 15 年。人民币国际化从 2010 年起快速发展,到 2015 年达到高点,之后回落调整,形成了一个完整的发展周期。在这期间,人民币取得了令人瞩目的成就。人民币国际化的成果包括:首先,跨境人民币结算迅速推进,人民币结算功能得到显著增强,为全球贸易与金融活动提供了高效便捷的工具。其次,离岸人民币市场蓬勃发展,人民币计价的金融产品逐渐丰富,不断满足国际市场的需求。此外,货币互换等金融合作逐步加深,全球范围内的金融基础设施得到进一步完善,从而为人民币的国际使用提供了坚实的基础。随着人民币国际化的推进,其国际货币地位也在稳步提升。如今,人民币已经成为全球第五大支付货币,以及第五大储备货币。人民币逐渐在国际贸易、投资等领域发挥着越来越重要的作用,货币锚定效应在某些领域逐渐显现。这种提升不仅对中国经济具有积极影响,也为全球多元化的国际货币体系的形成做出了有力贡献。

人民币国际化的目标不是取代美元,而是为了构建一个更为均衡、稳健的国际货币体系,进一步推动形成多元化的货币框架。多元货币体系不仅可以通过扩大储备资产的供应来缓解国际流动性短缺,而且还能为各国提供调整储备策略的机会,从而在更大程度上防范和分散因货币汇率波动导致的风险。此外，多元体系能够让发展中国家摆脱对美元的依赖，使其更加灵活地应对国际经济贸易的复杂情况，国际市场也将得到长足的发展。在多极化格局下，多元化货币体系既解决了霸权问题，也解决了当下超主权货币公信力不足问题。

目前，中国正在通过扩大人民币使用范围逐渐实现人民币三大国际货币职能，通过增加流动性供给提高国际社会话语权和人民币公信力，助力人民币成为世界主流储备货币之一，从而构建稳定的多元货币体系。

2. *从长期看人民币以超主权货币体系的重要组成部分实现国际化*

从长期看，人民币国际化与国际货币体系改革应当紧密配合，形成相互支持的关系。国际货币体系改革的长期理想方向是构建一个超越单一主权的国际货币体系，即所谓的超主权货币体系。这种体系不应根据经济实力依赖于任何单一主权国家的货币，而是要基于全球主要国家的货币组合，形成一种"货币篮子"。

随着中国经济实力的逐步增强，人民币在国际经济与贸易中的应用将不断扩大，其在结算和计价方面的使用也会逐步增多。这不仅会提高人民币在国际舞台上的影响力，还会加强中国在全球事务上的话语权和主导地位，从而为转变国际货币体系至超主权体系奠定坚实基础。这有些类似于德国与欧元的关系：虽然德国的主权货币马克消失了，但是德国强大的经济实力使得德国在欧元区享受到欧元作为通用货币的诸多好处。在中长期发展的视野中，无论是在未来的区域货币体系，还是在全球的超主权货币体系中，人民币都应作为其关键的组成部分发挥作用。如果 SDR 能发展成超主权货币，人民币仍可以凭借其强大的经济实力和在货币篮子中的重要份额，享受超主权货币带来的稳定和公平等优势。

超主权货币保障的是世界的集体利益。人民币国际化进程不仅能够推动区域和全球经济的健康发展，还能确保中国经济的可持续高质量增长。最重要的是，这将为保障中国在国际经济事务中的正当权益提供坚实基础。

第三章　汇率制度改革和国际贸易往来

人民币国际化与人民币汇率制度改革紧密相连，互相影响。市场化的汇率制度不仅能够提高各个国家对人民币的信赖，进而促进其在国际交易中的使用，而且当人民币在国际上的应用增加时，同样会推动人民币汇率制度的持续完善。通过反映真实的供求关系，汇率制度改革有助于实现外部经济均衡，并为人民币在全球范围内的应用创造良好的经济环境。然而，这一过程极具挑战，如面对短期资本流动和汇率波动，中国需要采取宏观审慎策略进行应对。汇率制度的市场化使得中国与其他国家间的经济互信得到加强，同时推进了资本账户的开放，进一步加强了人民币在国际市场的流动。中国贸易与投资和汇率密切相关，为确保人民币在国际舞台上的稳定发展，汇率制度的市场导向、透明度和规范性是至关重要的。

第一节　人民币汇率改革的演进

汇率制度指各国对于确定、维持、调整与管理汇率的原则、方法、方式和机构等所作出的系统规定。现在世界上各国的汇率制度可以分为：固定汇率制、自由浮动汇率制、有管理的浮动汇率制、盯住浮动汇率制和联合浮动汇率制。自 1953 年中国建立统一的外汇和外贸体系开始，人民币历经四大发展阶段：1981—1993 的“双轨制”；1994—1996 年的“并轨”和 1997—2005 年的“钉住美元”；2005—2015 年的“721”汇改；2015 年至今的“811”汇改和“加入 SDR”。人民币汇率制度改革不仅仅是简单的制度变更，而且是中国根据自身发展和经济策略对外汇政策的逐步调整，与中国市场经济的发展和改革开放进程相适应，符合完善社会主义市场经济体制的改革方向。图 3.1 显示出这几个不同阶段人民币兑美元的汇率变化。图 3.2 则是人民币实际有效汇率自 1994 年之后的变化趋势，是考虑各国经贸往来，通过加权获得。虽然人民币实际有效汇率有所波动，但自 2010 年之后基本呈现上升趋势，反映出中国经济实力的

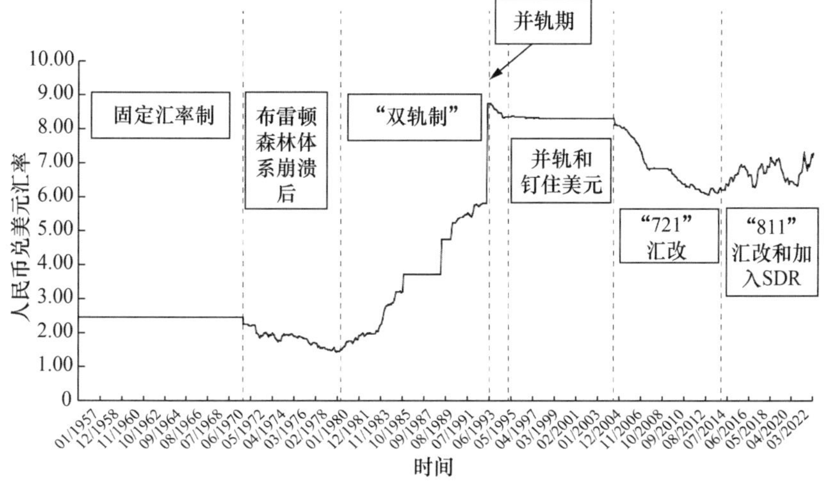

图 3.1　人民币兑美元汇率

数据来源：CEIC。

图 3.2　人民币实际有效汇率

数据来源：Wind。

增强。中国应主动地、可控地、渐进地推进人民币汇率制度市场化改革,使汇率能够更加真实地反映外汇市场供求关系变化,提高人民币的国际认可度和接受度,逐渐推动人民币国际化进程,为中国式现代化建设奠定基石。

(一)“双轨制”时期的探索

1978 年十一届三中全会确立了以经济建设为中心和实施改革开放的重要决定,开始了具有深远影响的改革开放进程。1993 年十四届三中全会通过了《中共中央关于建立社会主义市场经济体制若干问题的决定》,为社会主义市场经济制度描绘出清晰的蓝图。这 15 年是中国计划经济向市场经济转轨时期,一个重要的特点就是汇率的双轨制。汇率双轨制经历了两个主要阶段:一是贸易内部结算汇率与官方汇率共存时期(1981—1984 年);二是官方汇率与外汇调剂市场汇率共存时期(1985—1993 年)。这一过程不仅展现了中国经济制度改革的步履与决策,也凸显了在转轨时期如何通过灵活策略应对外部环境变化的智慧。

第一阶段是贸易内部结算汇率与官方汇率共存时期(1981—1984 年),外汇贸易内部结算汇率仅适用于出口贸易,而当时的官方汇率则适用于进口和服务贸易。1978 年之前,中国进出口贸易外汇和非贸易外汇的结算采用单一汇率。自中华人民共和国成立以来,我们的汇率制度经历了多个阶段,包括与美元、英镑挂钩的固定汇率制,与“一篮子货币”对接的浮动汇率制。1978 年十一届三中全会之后,改革开放拉开序幕,随着外贸体制改革,人民币单一汇率的不合理性逐渐暴露。在贸易外汇方面,人民币汇率作为单纯的经济核算工具被显著高估,与进出口物价变动脱节,无法及时反映市场供需,使得出口商品普遍亏损。在外贸体制改革之初,这种亏损在国营外贸公司统一经营下,可以通过进口补贴出口的方式解决。但外贸体制改革以后,私营外贸企业打破了国营垄断格局,企业自负盈亏,无法弥补高汇率造成的亏损,不利于外贸发展。1979 年,中国出口 1 美元的商品,平均换汇成本约为 2.75 元人民币,若按官方牌价 1∶1.4962,企业要亏损约 1.25 元人民币。而在非贸易外汇方面,人民币汇率却偏低,限制了旅游业的发展。针对这两方面的问题,

1978 年 8 月，国务院着手汇率制度改革。依据当时的情况，一种人民币汇率显然不能同时解决这两方面的问题。为了发展出口贸易，吸引外资，从 1981 年起，中国试行双重汇率制度。一种是适用于贸易外汇收支的贸易内部结算汇率，按照 1978 年全国出口平均换汇成本加上给出口企业预留的 10%利润得出。根据当年全国出口平均换汇成本，最终设定内部结算汇率为 2.8 元人民币/美元。非贸易官方牌价仍然按一篮子货币加权平均得出，适用于进口和服务贸易期初，人民币官方牌价为 1.5 元人民币/美元，远远高于 2.8 元人民币/美元，对中国出口贸易起到了显著的支持作用，调动了企业出口的积极性，中国外汇储备转负为正(见图 3.3)。除此之外，为了进一步优化外贸环境，国家开始实行外汇留成制，允许企业保留一定比例的外汇，可以自由支配，避免因为强制换汇带来的损失。同时，政府颁布各类外商直接投资的优惠政策以吸引外资，弥补国内资金的不足。由于用汇需求的增加，1981 年，中国逐步建立和完善外汇储备管理制度。但是，这种双轨制存在内在缺陷。一方面，两种外汇价差和外汇留成创造了套利空间，导致外汇黑市出现和发展。另一方面，贸易内部结算汇率是固定不变的，而官方牌价却由市场来决定。用汇需求的缺口再加上当时较高的通胀，人民币贬值压力较大。最终，官方牌价逐步向贸易内部结算价收敛，官方汇率和贸易内部结算汇率的双重汇率制度名存实亡。

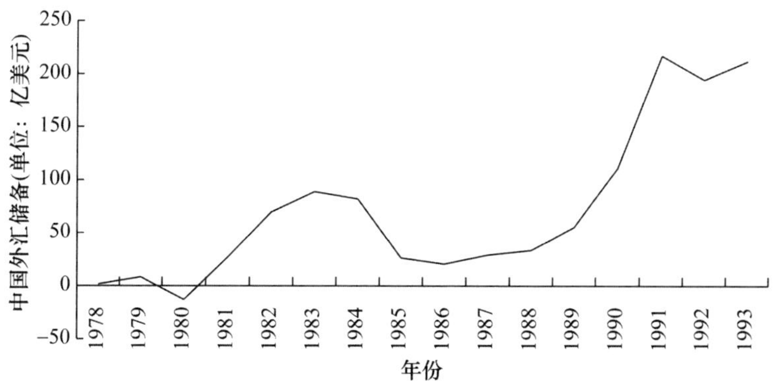

图 3.3　1978—1993 年中国外汇储备

数据来源：各年《中国统计年鉴》。

第二阶段是官方汇率与外汇调剂市场汇率共存时期(1985—1993年)。1985年,内部贸易结算价被取消,官方汇率一步到位贬值至2.8人民币/美元,并被应用于贸易结算和非贸易外汇兑付,这意味着中国恢复以贸易汇率为基础的钉住美元的单一汇率制。由于前一阶段国家实施外汇留成制,交易混乱,导致进口企业外汇缺口严重,黑市交易发展迅速,为了平衡外汇供需,外汇调剂市场应运而生。

外汇调剂业务始于1980年10月,外汇调剂市场是企业和金融机构之间的"场外"交易市场,因为当时各地分中心不联网,调剂价格存在差异,以贸易内部结算汇率为基础上浮5%—10%,但官方有限价。1985年下半年,深圳等地成立外汇调剂中心,10月上海开始进行外汇调剂价格试点,并于1988年4月在上海成立全国第一家外汇调剂公开市场。时至1993年年底,全国各地共建立了121个外汇调剂中心,其中18个是公开市场。这些外汇调剂市场的价格与官方牌价并不一致,从而形成了一种新型"双轨制"。外汇调剂市场的价格由出口企业(外汇供给方)和进口企业(外汇需求方)决定。外汇调剂市场的出现和规模的迅速扩大,逐渐体现出市场对汇率的决定作用,是中国通向汇率市场化改革的重要里程碑。

汇率双轨制的优缺点是显而易见的。优点方面,首先,外汇调剂市场的形成为进出口商提供了一个新的交易平台,提高了企业的积极性。其次,外汇调剂市场解决了用汇需求,加快了外汇资金的流通,平衡了供需,促使外汇资源得到更优化的分配。中国外汇调剂成交额从1986年后三季度的18.9亿美元猛增到1987年的42亿美元,1992年更是达到251.05亿美元。最后,汇率双轨制是中国汇率制度市场化改革的初次尝试。相较于中国长期实施的固定汇率制,汇率双轨制是中国将市场调节机制引入汇率制度的重要举措。缺点方面,首先,外汇调剂市场的产生和发展对官方汇率造成冲击。加之市场监管不足,违规交易盛行,影响了国家利益和宏观政策调控效果。其次,当时的外汇调剂市场并非真正的市场化外汇市场,外汇价格受空间和区域的影响,频繁波动,降低了出口企业创汇积极性,阻碍了统一调剂汇价的形成。由于各企业在此背景下的竞争水平不同,进一步放大了地区间的经济发展差异。从国际视角看,汇率双轨制未得到国际社会认可。西方资本主义国家认为,双轨制是贸易不公平的表现。因此,1991年,美国发起针对中国的贸易政策调查,甚至在1992年将中国列为汇率操纵国。

(二) 汇率并轨和钉住美元

汇率双轨制是中国经济转轨时期的过渡机制。1994年,由于中国在前期采纳较为宽松的经济政策,导致CPI同比激增至27.5%,通胀压力显现。货币政策的重心逐渐转向对内抑制通胀和对外稳定汇率。汇率制度改革在此背景下,主要体现为汇率并轨、外汇市场的建立及完善、外汇重估。

1991—1994年,中国的宏观经济逆转,市场呈现出明显的过热迹象,无论是政府支出、M2还是固定投资、进口,系列指标都迅速上升。随即,中国经常账户出现逆差,外汇储备也持续下降。到了1993年末,中国外贸逆差高达121亿美元,而外汇储备仅为212亿美元(见图3.3)。当时,人民币对美元官方汇率与调剂市场汇率分别为5.7人民币/美元和8.7人民币/美元。可见,当时外汇调剂价格显著高于官方定价,调剂市场汇率承受巨大的贬值压力。1993年2月,中国人民银行果断采取行动,对外汇调剂市场实施限价措施。紧接着在7月,中国人民银行进一步采取措施,通过出售部分外汇储备来平稳外汇市场,成功使汇率维持在8.7附近直至1994年。1992年邓小平南方谈话和沪深两大交易所的建立,标志着改革开放的新篇章,也宣告了中国资本市场的正式启动。这一历史性的时刻,也促进了后续的汇率改革。

随着中国改革开放和经济市场化改革的不断深化,汇率双轨制已不再适应开放的需求。为适应新的经济形势,1993年12月,国务院发布了《关于金融体制改革的决定》,决定建立在国务院领导下独立执行货币政策的中央银行宏观调控体系,让中国人民银行专门行使中国国家中央银行职能,建立货币政策委员会。为进一步完善外汇制度,该决定还提出改革外汇管理体制,协调外汇与货币政策。1994年1月1日,中国人民银行结束长达8年的汇率双轨制,将官方外汇市场与外汇调剂市场并轨,实施以市场供求为基础的、单一的、有管理的浮动汇率制。同年4

月,中国外汇交易中心在上海成立,以中国外汇交易中心为载体的银行间市场以及外汇指定银行与企业之间的结售汇市场共同组成了统一规范的中国外汇市场,实行经常项目下人民币有条件的兑换(张明,2016)至此,中国取消了外汇留成制度和强制结汇制度,实行结售汇制度,并禁止任何形式的境内外币计价结算、流通以及金融机构以外的外汇买卖。中国人民银行规定以 8.72 人民币/美元作为全国统一的人民币市场汇率牌价,较 1993 年贬值约 30%。这一重估行动有效地缓解了市场对人民币贬值预期的担忧。1994 年之后,中国恢复经常账户盈余,外资加速流入,外汇储备实现增长,从 1993 年年底的 212 亿美元上升到 1996 年年底的 1050 亿美元(见图 3.4)。1996 年 6 月,中国人民银行将外商投资企业纳入银行的结售汇体系,使得人民币进一步实现经常项目可完全自由兑换目标。1994 年的汇率并轨成效非常显著。一方面,稳定了处于贬值通道的人民币;另一方面,实现了贸易顺差,扭转了资本外流的趋势。1997 年的东南亚金融风暴给整个亚洲带来了前所未有的经济冲击,东南亚各国货币纷纷贬值,人民币汇率制度改革也受到了巨大考验。这一时期,人民币持续 7 年单一钉住美元在 8.28 附近,虽然这一策略一定程度上稳定了汇率,但缺乏弹性,中断了汇率市场化改革。钉住美元或可降低中国企业对美国出口的不确定性,但同时也可能放大与其他国家的贸易波动。国际经济形势的转变和缺乏弹性的汇率最终会扭曲全球资源配置。到 2005 年,中国盈余飙升至 1019 亿美元,外汇储备增至 8200 亿美元,国际收支失衡问题严重(见图 3.4)。中国人民银行不得不采取在公开市场上对冲外汇占款的做法以介入市场运行,使得央行货币政策的独立性和有效性受到很大挑战。显然,单纯钉住美元的汇率制度弊端明显,阻碍了中国经济的长期稳定与健康发展。基于这些压力和挑战,人民币摆脱单一钉住美元,重归有管理的浮动汇率安排被提上议程。

虽然汇率市场化改革被迫中断,但 1994—2004 年,中国经济进入高速增长阶段,GDP 增速从 2000 年的 8.5%攀升至 2004 年的 10.1%。随着经济的快速增长,中国外汇市场也获得了飞跃式的发展,但相较于国际成熟的外汇市场,中国外汇市场在规模、流动性和多样性上仍显不足。

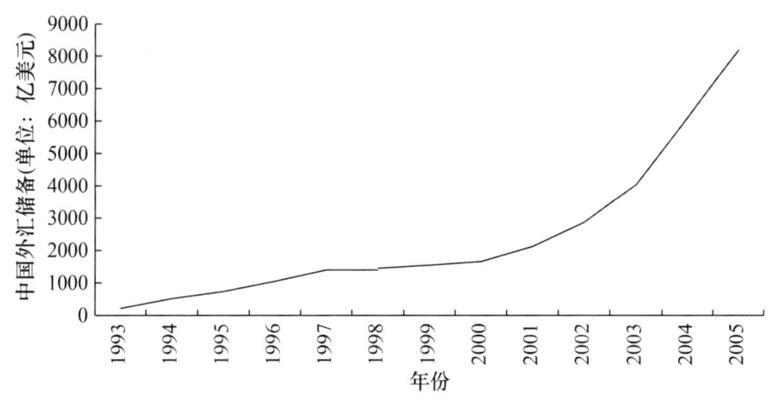

图 3.4 1993—2005 年中国外汇储备

数据来源：各年《中国统计年鉴》。

首先，市场的整体规模相对较小，这在一定程度上限制了其对大规模资金流入和流出的吸纳能力。其次，市场参与者过于单一，主要由商业银行和一些大型企业组成，这导致市场的交易种类和风险管理手段相对有限。最后，由于流动性问题，市场的价格发现机制并不完善，容易导致短期的价格波动和不稳定。中国人民银行在这一时期还直接介入外汇市场，导致市场失衡和风险累积。

（三）参考一篮子货币的“721”汇改和汇改重启

随着单一钉住美元的问题逐渐凸显，人民币又面临单边升值压力，2005 年 7 月 21 日，中国人民银行宣布对人民币汇率进行深层次改革，即“721”汇改。“721”汇改主要围绕两大核心内容展开。一方面，将当日人民币兑美元汇率交易价上调 2%，至 8.11 人民币/美元，并作为次日的中间价，开始实行以市场供求为基础、参考一篮子货币调节、有管理的浮动汇率制度。这一改革实质上结束了自亚洲金融危机以来，人民币单一钉住于美元的策略，人民币汇率重归 1994 年的有管理的浮动汇率制。中国人民银行也多次强调，人民币汇率是参考一篮子货币调节，并不是钉住篮子，市场供求才是人民币汇率决定的基础。另一方面，调整了中间价的定价方式。人民币汇率中间价由“参考上日银行间市场加权平均价确定”改为“参考上日收盘价确定”，维持人民币汇率日浮动区间±0.3%

不变。2006 年 1 月 4 日,中国人民银行引入做市商制度和询价交易机制,将中间价定价方式改为由做市商在开市前向中国外汇交易中心报价,去掉最高价和最低价后加权平均形成。之后,银行间市场人民币兑美元汇率相对中间价的日浮动区间逐步扩大到 2014 年的±2%。人民币汇率弹性显著提高,市场化程度逐步加深。

和之前的汇率机制相比,“721”汇改进一步促进了汇率市场化。首先,它极大地提升了汇率制度的灵活性与政府调节能力。过去,单纯与美元挂钩的策略使中国面临汇率贬值的压力,并制约了货币政策的自主性。现在,通过参照一篮子主要贸易伙伴货币,中国在汇率策略上展现出更大的主动性和灵活性。其次,它缓解了中国人民银行在外汇市场上的调控压力,并使得其干预策略更为精准。过去,单一钉住美元的汇率制度导致央行不断介入外汇市场,这不仅扭曲了外汇市场,还引发了资源错配。现在,引入货币篮子参考机制不仅强化了汇率的弹性,还对资本的流动有一定的自主调整,促进了经济平衡的同时,也减少了人民币单方向的价值波动,减少了市场投机行为,以维持汇率的稳定。最后,“721”汇改有助于更好地分散与管理外汇风险。参考货币篮子机制,能进一步优化外汇储备结构,逐渐向多币种储备货币转型,有效地降低了外汇储备的整体风险。

“721”汇改的效果是显著的,为中国的金融体系与国际经济环境带来了许多积极影响。一方面,人民币汇率表现出稳健的态势。到 2005 年年底,人民币汇率中间价仅升值了 2.6%。另一方面,跨境资本流动状况也没有恶化。但是,此次汇改确实催生了外界对人民币可能进一步升值的预期,导致大量热钱涌入。为稳定市场,中国政府通过加强对跨境资金的监管,对外贸异常的企业进行特别关注,以及调整金融机构的外债比例,对资本流动进行有效监管。同时,外汇管理局调整跨境投资政策,鼓励外商的直接和间接投资行为。“721”汇改后,人民币汇率走上了一条渐进式升值的道路,有效改变了钉住美元时期的汇率低估状况。2006 年年底召开的中央经济工作会议明确指出,中国国际收支的主要矛盾已经从外汇短缺转为贸易顺差过大、外汇储备增长过快,并提出把促进国际收支平衡作为保持宏观经济稳定的重要任务。这表明,虽然

"721"汇改取得了初步成功，但中国汇率市场化的道路依然任重而道远。

2008年，当美国次贷危机撼动全球，最终升级为全球性金融危机时，全球包括中国经济面临衰退和不确定性。许多东南亚国家出口下行，资金逃离，货币对美元大幅贬值。人民币在此时期间也同样面临贬值压力，资本流入放缓，企业出口困难，为抵御外部冲击和金融风险，确保国内经济稳健运行，中国政府被迫调整汇率政策，收窄人民币汇率波幅，汇率市场化进程再次中断，货币篮子中的美元比重重归1左右，即钉住美元。从2008年7月以来，人民币兑美元中间价基本维持在6.82—6.84之间窄幅波动。虽然汇改中断，但在金融危机期间的这一选择，有效地抵御了危机冲击，也体现了中国汇率制度的灵活性。

2010年6月19日，中国人民银行发布了重要声明，决定进一步提高人民币汇率的弹性，结束自2008年全球金融危机以来一直实施的实际上钉住美元的汇率制度，重新启动汇改，人民币兑美元汇率中间价结束横盘，恢复了2005年7月开始实行的参考一篮子货币的有管理的浮动汇率制。在这个新阶段，人民币汇率呈现出更为明显的双向波动，淡化了市场单边预期，增加了汇率弹性。这一转变不仅代表了汇率制度的进一步市场化，也为人民币走向国际舞台奠定了坚实基础。事实上，全球金融危机成为推动全球经济新格局形成的关键因素，而在这样的背景下，人民币国际化迅速从学术圈的讨论跃升为实际政策议题。2009年是人民币国际化的起始之年，标志着中国货币在全球金融体系中的地位开始发生深刻变革。

（四）"811"汇改

在2015年之前，中国采用的是属于国际货币基金组织所归类的爬行盯住汇率制度"BBC"型，即以浮动幅度（band）、货币篮子（basket）以及爬行（crawling，在某一方向对汇率进行微调）为基础的有管理的浮动汇率制（余永定，2005），一定程度上兼顾了市场化与官方干预两方面的需求。2015年8月11日，中国人民银行宣布调整人民币对美元汇率中间价报价机制，做市商参考上日银行间外汇市场收盘汇率，向中国外汇交易中心提供中间价报价，也就是实施"中间价＝收盘价"的单因子定价机制。新的报价机制增强了汇率与实际市场供求关系之间的紧密性,意味着官方汇率会随着外汇市场供求关系的变化而变化,能够更真实地反映当期外汇市场的供求关系。这一调整标志着人民币兑美元汇率中间价机制进一步市场化,开启了中国转向浮动汇率制度的大门。

"811"汇改的初衷是让汇率更好地反映市场供求,增强人民币汇率弹性。2015年,中国经济形势面临内外压力,下行趋势明显。经济增长的三大驱动力——投资、消费和出口,均出现增长乏力,制造业下滑,资本外流。国际上,美元走强、油价下跌、主要经济体货币政策分化、新兴经济体增速放缓。2014年,随着美联储宣告终结其量化宽松政策,美元指数持续上行。美元走强使得人民币跟随美元兑其他货币上升过快,以至于人民币呈现汇率高估的情况。在此背景下,"811"汇改应运而生。

此次汇改符合国内外经济形势的变化和市场需求,然而,汇改的结果并没有达到预期,选取的时间叠加了美联储加息预期高涨,加之国内股市的大幅下跌和持续的资本外流,这些因素共同推动了全球的股、债、汇三重市场同步震荡。报价机制的改变几日内引发人民币兑美元汇率中间价迅速下跌,人民币贬值近3.5%,人民币的连续贬值引发多个新兴市场国家货币跟随贬值,而且幅度更大,如俄罗斯、马来西亚、土耳其等。由于人民币贬值预期加剧与资本外流问题对中国经济造成下行压力,稳定汇率迅速升级为中国人民银行的当务之急。迫于压力,中国人民银行不得不在外汇市场上进行干预,在在岸与离岸市场上卖出美元、买入人民币,试图以此稳住人民币兑美元汇率。据商务部统计,2005年,中国资本流出共计7738亿美元。尽管贸易顺差接近5700亿美元,中国人民银行仍然消耗了3500亿美元外汇储备用于维持汇率稳定(见图3.5)。2015年12月11日,中国外汇交易中心发布人民币对一篮子货币的汇率指数,即人民币汇率指数(CFETS)(见图3.6),从2005年至今,CFETS进一步反映出人民币汇率以市场供求为基础。2016年年初,中国央行从单因子定价机制转变为"中间价=收盘价+一篮子货币汇率变化"的双因子定价机制,以遏制人民币单边贬值趋势。双因子定价机制意味着人民币对美元汇率中间价的制定要同时参考前一日收盘价,以及相对于一篮子货币的汇率变化。

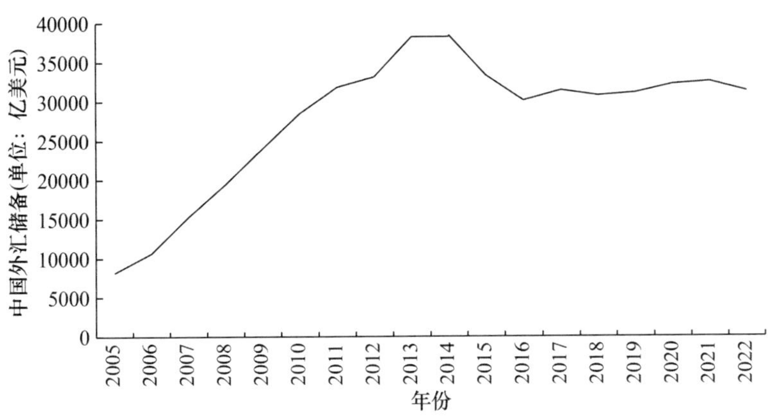

图 3.5 2005—2022 年中国外汇储备

数据来源：各年《中国统计年鉴》。

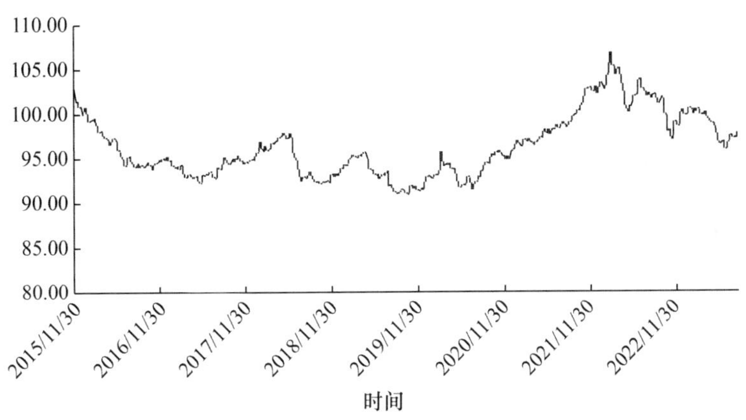

图 3.6 2015—2022 年 CFETS(周)

数据来源：Wind。

在实施双因子定价机制后，人民币汇率贬值预期有所缓解，但并未完全消失，为维持人民币汇率稳定，中国已经消耗大量的外汇储备。2017 年 5 月，中国人民银行引入逆周期因子，宣布实施"中间价＝收盘价＋一篮子货币汇率变化＋逆周期因子"的三因子定价机制，进一步遏制市场单边贬值预期。人民币中间价报价行在计算逆周期因子时，从上一日收盘价较中间价的波幅中剔除篮子货币变动的影响，由此得到主要反映市场供求的汇率变化,再通过逆周期系数调整得到逆周期因子。逆周期因子的引入,旨在对冲市场情绪波动导致中间价严重偏离经济基本面的情况,人民币兑美元汇率的单边贬值预期显著削弱。

"811"汇改是中国汇率制度改革的分水岭,人民币汇率彻底摆脱单边升值的模式,转向有弹性的双向浮动模式。2018年1月,随着跨境资金流与外汇市场供求逐渐趋于稳定,逆周期因子被调整至中性;同年8月,由于美元指数走强和外汇市场的顺周期情绪旺盛,人民币中间价报价行调整了逆周期系数以稳定汇率。2020年10月30日,中国人民银行宣布暂停逆周期因子的使用,停止对外汇市场的干预。

(五) 2015年加入SDR货币篮子至今

2010年,中国人民银行开始向IMF申请将人民币加入SDR货币篮子。SDR是IMF于1969年创设的一种补充性国际储备资产。图3.7是SDR的设立和变迁历史。创设之初,SDR与黄金挂钩,1单位SDR=0.888671克黄金,与当时1美元等值,即与美元挂钩。但随着布雷顿森林体系的解体,主要货币采取浮动汇率制,1974年,IMF决定用16种货币定义SDR货币篮子,后于1980年调整为5种主要货币(美元、英镑、日元、德国马克、法国法郎)。2001年欧元的出现替换了德国马克和法国法郎。SDR货币篮子的组成货币及其所占权重反映出世界经济格局的发展与变化,同时也会随世界经济的发展与变化不断调整。IMF对于SDR货币篮子的筛选标准主要有两个:一是货币发行国在过去5年内货物和服务出口贸易规模位居世界前列;二是货币可以自由使用,但对货币的自由使用性并没有明确的定义。由于人民币国际化当时尚在起步阶段,无法满足货币可自由使用的标准,申请并未得到批准。

2015年,中国人民银行再次向IMF提出申请,此次人民币已基本满足IMF对加入SDR货币篮子的标准。中国在此前5年,货物和服务出口额占全球份额的10%左右。2013年,中国货物进出口总额达到4.16万亿美元,超过美国的3.91万亿美元,成为世界第一货物贸易大国,同时也是第三大服务贸易国。尽管"货币可自由使用"这一准则并没有明确的定义,但IMF还是设定了四项关键指标对SDR成员货币进行评估,

图 3.7 SDR 的发展史

资料来源：根据公开资料整理。

包括：该货币在全球外汇储备中的占比、该货币用于国际银行借贷的规模、以该货币计值的国际债券以及即期外汇交易规模。人民币虽然自 2009 年开始国际化进程，但它的早期表现相较于其他成员来说并不优异。随着人民币逐渐融入全球金融体系，其在国际金融市场上的地位也急速上升。虽然 2014 年第三季度关于国际外汇储备份额的考查中，人民币被归为仅占比 3.2%的“其他货币”，但截至 2014 年末，人民币已经取代加元，成为全球第五大常用货币。根据中国自身统计，2014 年年底，离岸人民币存款已高达 2.8 万亿元，与此同时，拥有 14 个离岸人民币结算中心。人民币在境外的投资空间也持续拓宽，人民币合格境外机构投资者(RQFII)安排已经扩大到 10 个经济体，总配额达 8700 亿元，是仅次于美元、欧元、英镑、日元的第五大流通货币。国际清算银行(BIS)数据库显示，2014 年第四季度，在国际债券计值货币排名中，人民币位列第八，所占份额从 2010 年的 0.1%上升至 0.54%。在全球外汇交易市场方面，2015 年第一季度离岸人民币指数为 1.27%，较上季度上升 0.07 个百分点，再次创下人民币在国际金融市场使用水平的新高。人民币国际化进程进一步加快，有助于提升人民币在国际外汇储备中的份额及以人民币计价的金融交易比重。但是，境内居民尚无法自由使用人民币对外投资,海外居民也无法自由使用人民币投资中国市场。所以,人民币究竟是否满足 IMF 关于“货币可自由使用”的标准,是存在分歧的。从狭义上来说,“可自由使用”只是要求该货币能被 IMF 成员的中央银行类机构便利地在国际上使用和交易,并满足调节国际收支的需要,而不要求货币完全可自由兑换。

为确保人民币尽可能满足狭义上 IMF 对 SDR 篮子货币的要求,中国在 2010 年后的 5 年里不断尝试,实施多项金融改革措施,首当其冲的是中国债券市场的开放。2015 年,中国人民银行发布公告,允许境外中央银行类机构(包括境外中央银行、货币当局、其他官方储备管理机构、国际金融组织及主权财富基金)进入国内银行间债券和外汇交易市场。2015 年 7 月《中国人民银行关于境外央行、国际金融组织、主权财富基金运用人民币投资银行间市场有关事宜的通知》和 2015 年 11 月《国家外汇管理局关于境外中央银行类机构投资银行间市场外汇账户管理有关问题的通知》,明确境外中央银行类机构可在中国大陆市场自由交易和使用人民币,使人民币更加符合国际储备资产标准和“可自由使用”标准。其次,确定加入 SDR 货币篮子的人民币汇率和利率。选择加入 SDR 货币篮子需要考虑两个问题:一是使用哪个人民币汇率。考虑到在岸与离岸人民币汇率的差异,选择任何一方都存在风险对冲上的挑战。二是确定适宜的人民币利率。IMF 于每周五发布 SDR 利率,IMF 建议使用其通常采用的成员 3 个月主权债券收益率作为 SDR 利率,但中国 3 个月主权债券流动性不足。鉴于这两个问题,中国进行了相应改革,自 2015 年 8 月 24 日,中国在每个交易日公布 4 个人民币参考汇率。由于下午 4 点钟外汇市场流动性最充裕,最接近伦敦外汇市场开盘时间,这一时点的人民币基准汇率最适合作为 SDR 计价采用的人民币/美元汇率。此外,财政部于 2015 年第四季度开始每周发行一期 3 个月贴现国债,以满足债券的流动性(肖立晟,2016)。同时,为了进一步符合“可自由使用”的标准,中国采取了一系列措施,如加快人民币经常账户和资本账户的开放进程;全面推广跨境贸易结算试点;创建并逐渐减少对合格境外机构投资者(QFII)的管理限制,扩大人民币合格境外机构投资者试点范围;通过沪港通连通两地资本市场,放大双方的互换规模,并在多个国家设立清算行以促进人民币的全球应用。

经过5年的努力，2015年12月1日，IMF宣布正式将人民币纳入SDR货币篮子，决议于2016年10月1日生效，新的SDR汇率计算方法在2016年9月30日开始执行。这不仅是SDR历史上首次扩容货币篮子，而且也标志着人民币正式跻身于国际储备货币的行列，与美元、欧元、日元和英镑并驾齐驱。尽管跻身SDR并不是货币实现国际化的必要条件，但无疑是国际社会对中国经济和金融市场改革的一大肯定。这不仅增强了人民币的国际声誉和公信力，而且有助于稳定市场对人民币的期望，并进一步提升人民币在国际竞争舞台上的地位。人民币作为新兴大国货币正式入驻SDR，见证了人民币国际化进程的持续深化，也为全球货币体系改革奠定了坚实基础。

当然，人民币加入SDR货币篮子也给中国带来新的挑战。首先，倒逼式的金融改革固然助力中国进一步融入国际舞台，但不完善的金融市场也进一步加大金融风险。SDR货币篮子的要求助推人民币利率和汇率改革，但市场化改革也意味着国家调控空间缩小。加之，随着资本账户逐渐开放，资本流动性增强，可能诱导国内资本大规模外流，加剧市场波动。更为宽松的监管环境中，企业、金融机构和个人都可能寻求海外资产配置机会。由于中国金融市场的风险应对能力尚待加强，大幅度市场波动可能对央行的管理策略构成挑战，从而触发系统性金融风险。其次，储备货币的责任和中国货币政策目标的协调问题。作为储备货币，人民币不得不面对更大的外部经济压力和承担更多的国际责任，尤其是在保持币值稳定性上。在制定货币政策时，需要平衡国内和国际货币需求，并与国内宏观经济状况保持一致，这对中国人民银行在货币政策制定上提出了更高的挑战。在逐步开放资本账户和采取有管理的浮动汇率制度的背景下，中国人民银行可能经常面临两难选择：如何在保障宏观经济平稳增长和确保人民币稳定之间找到平衡。

自从“811”汇改至人民币加入SDR货币篮子，人民币汇率双向波动特征逐步显现，反映了市场供求关系和宏观经济因素的影响，同时也反映了中国经济的日益开放，为人民币国际化进一步打下基础。汇率波动是金融市场和国际贸易市场的重要特征之一。在人民币弹性逐步增强的环境下,人民币汇率也发挥出其对宏观经济和国际收支的自动稳定器作用。

第二节 人民币汇率与贸易伙伴商品贸易收支之间的联系

本节将阐述人民币汇率变化对国际贸易的影响,进一步探讨人民币国际化进程中,汇率逐渐市场化后对国际贸易收支的影响。

每个国家的汇率政策都是稳定经济增长政策的主要组成部分,中国也不例外。欧美国家曾多次指责中国将人民币汇率维持在较低水平以刺激出口贸易,但事实并非如此。政策制定者更多关注的是出口收益(收入)和进口成本(支出)。诸多文献研究了货币贬值对一个国家贸易收支的影响。例如,Haynes 等(1986)研究了美国和日本制造业商品贸易,发现汇率变动对两国间贸易收入和支出都没有显著效应。Bergstrand(1987)也证实了相同的结论。但 Cushman(1987)在研究美国与日本、德国、加拿大、英国、法国、意大利和荷兰 7 个贸易伙伴的国际收支时,却发现汇率变动的显著效应。当 Bahmani-Oskooee 和 Ratha(2008)将美国的贸易伙伴从 7 个扩大到 19 个时,他们发现美元贬值可以改善美国和样本中半数贸易伙伴的收支情况。在上述文献研究的样本周期中,中国并不是全球经济的主要参与者。现在,中国显然已成为世界上最大的贸易国,而且随着汇率市场化改革的深入,汇率弹性不断增加。研究汇率变化对中国与 21 个主要贸易伙伴间的收支影响有重要意义。目前,更有研究表明商品进出口价格会因汇率变化而产生非对称的调整(Bussieree,2013),即汇率升值或者贬值一单位,对一国商品贸易价格的传递程度不同,对进口价格和出口价格存在非对称影响,从而影响国际收支。若汇率对进出口存在非对称传递,央行在调整汇率或者政府在实施贸易激励政策时如不加以考虑,货币政策或激励政策将无法达到预期效果。因此,本部分将分析人民币汇率变化对中国与 21 个贸易伙伴的收支情况可能造成的非对称影响。与传统的线性模型研究方法相比较,非线性模型中,汇率对国际收支的影响更为显著。因此,本研究将采用非线性模型(Bahmani-Oskooee and Xu, 2021)。

(一) 模型和方法

我们将中国从贸易伙伴 j 获得的出口收益(收入)用其出口的名义价值(VX_j)来衡量,将中国向同一贸易伙伴支付的进口成本(支出)以其进口的名义价值(VM_j)来衡量。根据以往文献,特别是基于 Bahmani-Oskooee 和 Arize(2019)对美国及其非洲贸易伙伴的研究,我们假设中国的出口收入和进口支出模型如下:

$$\mathrm{LnVX}_{j,t} = \alpha_0 + \alpha_1 \mathrm{LnY}_{j,t} + \alpha_2 \mathrm{LnREX}_{j,t} + \varepsilon_t \tag{1}$$

$$\mathrm{LnVM}_{j,t} = \beta_0 + \beta_1 \mathrm{LnY}_{CH,t} + \beta_2 \mathrm{LnREX}_{j,t} + \mu_t \tag{2}$$

出口收入模型(1)假设中国从贸易伙伴 j 获得的出口收入,取决于贸易伙伴 j 的经济活动水平 Y_j,即其实际 GDP,以及 REX_j,即人民币与贸易伙伴 j 货币之间的实际汇率。同样,进口支出模型(2)表示中国向贸易伙伴 j 支付的进口支出,取决于中国的经济活动水平 Y_{CH},即中国的实际 GDP,以及 REX_j。模型中对解释变量和被解释变量均取对数。

我们认为一国经济活动水平与出口收入和进口支出都呈正相关关系,即一国经济活动水平越高,居民消费越多,对于国际贸易的需求就越大,因此,假设 α_1 和 β_1 为正值。关于汇率变动的影响,根据 REX_j 的定义,如果 REX_j 下降,则表示人民币相对贸易伙伴 j 货币的实际汇率贬值,理论上将促进中国出口,并增加中国对贸易伙伴 j 的出口收入,我们假设 α_2 的估计值为负值。如果人民币实际汇率贬值,则意味着 j 货币升值,中国将减少来自贸易伙伴 j 的进口,并最终降低进口支出,我们假设 β_2 的估计值为正值。[①]

模型(1)和(2)仅能用于估计长期效应。为了一次性评估收支和汇

---

① 以往不少文献仅研究贸易流量与汇率之间的关系,并进行 Granger 因果检验,这类研究皆假设汇率波动对贸易的影响是对称的,如 Gradojevic 和 Neely(2008)。还有一些研究评估了汇率波动的非对称效应,而不是汇率本身,如 Fang 等(2009),Yuan 和 Yang(2016),Bahmani-Oskooee 和 Aftab(2017)以及 Bahmani-Oskooee 和 Nouira(2020)。

率变化的长期和短期效应，我们遵循 Pesaran 等（2001）的方法，将模型（1）和（2）重新构建成如下误差修正模型（ECM）：

$$\Delta \mathrm{LnVX}_{j,t} = \alpha + \sum_{i=1}^{n1} \beta_i \Delta \mathrm{LnVX}_{j,t-i} + \sum_{i=0}^{n2} \delta_i \Delta \mathrm{LnY}_{j,t-i} + \sum_{i=0}^{n3} \phi_i \Delta \mathrm{LnREX}_{j,t-i} + \lambda_0 \mathrm{LnVX}_{t-1} + \lambda_1 \mathrm{LnY}_{j,t-1} + \lambda_2 \mathrm{LnREX}_{j,t-1} + \xi_t \tag{3}$$

$$\Delta \mathrm{LnVM}_{j,t} = \alpha' + \sum_{i=1}^{n1} \beta'_i \Delta \mathrm{LnVM}_{j,t-i} + \sum_{i=0}^{n2} \delta'_i \Delta \mathrm{LnY}_{CH,t-i} + \sum_{i=0}^{n3} \phi'_i \Delta \mathrm{LnREX}_{j,t-i} + \lambda'_0 \mathrm{LnVM}_{t-1} + \lambda'_1 \mathrm{LnY}_{CH,t-1} + \lambda'_2 \mathrm{LnREX}_{j,t-1} + \xi'_t \tag{4}$$

出口收入模型（3）和进口支出模型（4）基于 Pesaran 等（2001）的 ARDL 边界检验（ARDL bounds test）方法，这个方法主要用于检验非平稳时间序列变量之间是否存在长期协整关系。ARDL 边界检验的核心思想是，对于一个给定的错误修正模型，可以使用 F 检验或 t 检验来检查滞后变量的联合显著性，从而确定是否存在长期关系。这种检验方法的一个主要优点是，它适用于 $I(0)$、$I(1)$ 或混合型变量，而无须预先对数据进行单位根或协整检验。① Pesaran 等（2001）认为 F 检验和 t 检验都具有非标准分布，因此，他们制定了新的临界值表格。换句话说，无须预先确定模型中所有变量的积分顺序。模型（3）和（4）中一阶差分所附系数的估计值为短期效应，而模型（3）中 λ_1 和 λ_2 的归一化 λ_0 的估计值以及（4）中 λ'_1 和 λ'_2 的归一化 λ'_0 的估计值为长期效应。

模型（3）和（4）假设汇率变化对中国收支产生对称性影响。Shin 等（2011）对误差修正模型进行修改，采用部分和的概念检测是否存在不对称效应。部分和（partial sum）是时间序列分析中的一个概念，尤其是在研究非对称效应时常用到。部分和被用于从一个连续的时间序列中分离正的和负的变化，从而能够单独考察某个特定方向的累积效应。我们

① 这种方法的另一个优点是，在样本较小的模型中表现更好。该优点由 Panopoulou 和 Pittis（2004）所证明。

遵循他们的方法，使用部分和的概念将汇率升值与贬值区分开，模型如下：

$$\mathrm{POS}_t=\sum_{i=1}^{t}\max(\Delta\mathrm{LnREX}_j,0)\quad \text{and}\quad \mathrm{NEG}_t=\sum_{j=1}^{t}\min(\Delta\mathrm{LnREX}_j,0) \tag{5}$$

在部分和模型(5)中，POS_t 是实际双边汇率正变化的部分和，是仅反映人民币对贸易伙伴 j 货币升值的一个新的时间序列变量。同样，NEG_t 表示实际汇率负变化的部分和，仅反映了人民币对贸易伙伴 j 货币的贬值。接下来，我们将模型(3)和(4)中的 LnREX_j 解释变量替换为两个部分和变量，得出以下模型：

$$\begin{aligned}\Delta\mathrm{LnVX}_{j,t}=&\alpha+\sum_{i=1}^{n1}\beta_i\Delta\mathrm{LnVX}_{j,t-i}+\sum_{i=0}^{n2}\delta_i\Delta\mathrm{LnY}_{j,t-i}+\sum_{i=0}^{n3}\varphi_i^{+}\Delta\mathrm{POS}_{j,t-i}\\&+\sum_{i=0}^{n4}\varphi_i^{-}\Delta\mathrm{NEG}_{j,t-i}+\gamma_0\mathrm{LnVX}_{t-1}+\gamma_1\mathrm{LnY}_{j,t-1}\\&+\gamma_2^{+}\mathrm{POS}_{j,t-1}+\gamma_2^{-}\mathrm{NEG}_{j,t-1}+\xi_t\end{aligned} \tag{6}$$

$$\begin{aligned}\Delta\mathrm{LnVM}_{j,t}=&\alpha'+\sum_{i=1}^{n1}\beta_i'\Delta\mathrm{LnVM}_{j,t-i}+\sum_{i=0}^{n2}\delta_i'\Delta\mathrm{LnY}_{CH,t-i}\\&+\sum_{i=0}^{n3}\varphi_i'^{+}\Delta\mathrm{POS}_{j,t-i}+\sum_{i=0}^{n4}\varphi_i'^{-}\Delta\mathrm{NEG}_{j,t-i}+\gamma_0'\mathrm{LnVM}_{t-1}\\&+\gamma_1'\mathrm{LnY}_{CH,t-1}+\gamma_2'^{+}\mathrm{POS}_{j,t-1}+\gamma_2'^{-}\mathrm{NEG}_{j,t-1}+\xi_t'\end{aligned} \tag{7}$$

由于部分和变量的构建将非线性关系引入模型(6)和(7)中，这类模型通常被称为非线性自回归分布滞后模型(NARDL 模型)。四个模型(3)(4)(5)(6)均采用 OLS 回归，并且都接受相同的检验。①

对模型(6)和(7)进行回归后，就可以就汇率变化对中国与贸易伙伴的收支影响进行系列的非对称效应假设的检验。首先，当处于相同的滞后阶数 i 时，如果正负部分和估计值不相等，即模型(6)中 $\varphi_i^{+}\neq\varphi_i^{-}$，模型(7)中 $\varphi_i'^{+}\neq\varphi_i'^{-}$，则短期非对称效应成立。其次，如果 Wald 检验拒绝模型(6)中的 $\sum\varphi_i^{+}=\sum\varphi_i^{-}$ 和模型(7)中的 $\sum\varphi_i'^{+}=\sum\varphi_i'^{-}$ 的原假设，则短

① 在采用 F 检验进行协整检验时，Shin 等(2011)建议将两个部分和变量视为一个变量，这样 F 检验的临界值在线性和非线性模型中都保持在相同的高水平。

期累积的非对称效应成立。最后，如果 Wald 检验拒绝模型(6)中的$-\frac{\gamma_2^+}{\gamma_0}=-\frac{\gamma_2^-}{\gamma_0}$和(7)中的$-\frac{\gamma_2'^+}{\gamma_0'}=-\frac{\gamma_2'^-}{\gamma_0'}$的原假设，即如果分配给正负部分和 POS 和 NEG 变量的标准化长期估计值不同，则汇率变化对中国双边贸易收支的长期非对称效应将成立。①

（二）实证结果

我们采用中国与 21 个主要贸易伙伴 2000—2018 年的季度数据，体会汇率和贸易的长期变化，通过线性和非线性模型分析汇率变动对中国贸易收支的影响。我们根据 2019 年中国与主要贸易伙伴进出口占比，选取 21 个贸易伙伴，如表 3.1 所示。可以看出，2019 年，美国是中国最大的贸易伙伴，出口占比高达 16.75%。由于实证结果较多，相关数据结果统一放于附录中。为了了解每个贸易伙伴相关变量在样本区间的统计特性，我们在附录表 0-1 中提供描述性统计。根据标准差统计，在样本区间内，中国对韩国的出口收入波动最小，对印度的出口收入波动最大。进口方面，自中国香港的进口支出波动最小，自巴西的进口支出波动最大。

表 3.1　2019 年中国与主要贸易伙伴贸易占比

贸易伙伴	出口占比	进口占比	总贸易占比
美国	16.75%	5.91%	11.83%
中国香港	11.17%	0.44%	6.30%
日本	5.73%	8.27%	6.88%
德国	3.19%	5.06%	4.04%
澳大利亚	1.93%	5.85%	3.71%
马来西亚	2.09%	3.46%	2.71%
新加坡	2.19%	1.70%	1.97%
英国	2.49%	1.15%	1.89%

① 需要注意的是，Shin 等（2011）推荐对 F 检验使用相同的临界值，但在从线性模型转向非线性模型时，t 检验不使用相同的临界值。

（续表）

贸易伙伴	出口占比	进口占比	总贸易占比
泰国	1.82%	2.22%	2.01%
巴西	1.42%	3.84%	2.52%
印度	3.00%	0.87%	2.03%
荷兰	2.96%	0.54%	1.86%
俄罗斯	1.99%	2.94%	2.42%
印度尼西亚	1.83%	1.64%	1.74%
法国	1.32%	1.57%	1.43%
加拿大	1.48%	1.36%	1.42%
意大利	1.34%	1.03%	1.20%
墨西哥	2.99%	0.23%	1.74%
南非	0.66%	1.25%	0.93%
西班牙	1.08%	0.41%	0.78%
韩国	4.44%	8.36%	6.22%
总占比	71.87%	58.10%	65.63%

数据来源：国家统计局。

在估计每个模型时，我们对每个一阶差分变量最多取 8 个滞后期，并用 Akaike 信息准则（AIC）来选择最佳模型。为了体现 2008 年全球金融危机的影响，我们在模型中加入一个虚拟变量，该变量在危机前取值为 1，危机后取值为 0。此外，由于不同的估计值和检验受到不同临界值的影响，我们在每个表下备注所需的临界值，以体现变量是否显著。我们对模型（3）即出口收入线性模型进行估计。由于结果数据较多，我们仅在附录表 0-2A 中罗列了 $\Delta LnREX_j$ 变量的短期系数估计值。可以看出，除了中国香港、泰国和西班牙外，各贸易伙伴都至少存在一个滞后的显著短期系数估计值。也就是说，人民币汇率变化对中国来自这 18 个贸易伙伴的出口收入产生短期显著影响。附录表 0-2B 显示，中国香港、英国、意大利和韩国这 4 个贸易伙伴的 $LnREX_j$ 变量具有经过标准化的显著系数，并通过协整 F 检验或 t 检验，即对这 4 个贸易伙伴的出口受到人民币汇率的长期显著影响。我们发现人民币实际贬值只会增加中国对韩国的出口收入。而在剩下的 3 个贸易伙伴中，人民币实际贬值减少了中国的出口收入。我们猜测，这可能是因为这些贸易伙伴对中国商品的进口需求缺乏弹性导致。

附录表 0-2B 除了报告协整检验外，还报告了一些其他检验结果。为了验证每个模型中的残差是否受序列相关性的影响，我们采用拉格朗日系数检验(LM)。从结果可见，大多模型中 LM 结果都不显著，即大多数残差都不受序列相关性的影响。我们还采用 CUSUM(CS)和 CUSUMSQ(CS^2)检验残差，以确定所有估计系数是否稳定。如果估计稳定，则用"S"表示；如果不稳定，则用"U"表示。附录表 0-2B 结果显示，估计都是稳定的。另外，附录表 0-2B 还报告了调整后的 R^2 大小，以判断模型拟合的优度。

以上是出口收入线性模型的结果，如果我们采用非线性模型，结果会发生什么样的变化呢？

从附录表 0-3A 和 0-3B 报告的短期结果来看，ΔPOS 或 ΔNEG 变量在中国对所有贸易伙伴的出口收入中至少具有一个显著滞后系数；而且显著系数从前面线性模型的 18 个贸易伙伴增加到非线性模型的所有贸易伙伴。此外，对任何给定的滞后阶数 j，ΔPOS_{t-j} 的估计值都不同于 ΔNEG_{t-j} 的估计值，验证了汇率变化对中国出口收入的短期非对称影响。这一结果的变化证明非线性模型更加适用于本研究，即存在非对称效应。然而，仅与中国香港、德国、马来西亚、英国、荷兰、俄罗斯、印度尼西亚和墨西哥等贸易伙伴存在短期累积的不对称效应，因为附录表 0-4 中，这些贸易伙伴的 Wald-S 检验是显著的，拒绝了 ΔPOS_{t-j} 和 ΔNEG_{t-j} 变量系数之和相等的原假设。

那么，短期不对称效应是否会转化为长期效应？从附录表 0-4 的长期估计值中，我们看到无论是 POS 还是 NEG 变量，中国香港、德国、澳大利亚、新加坡、英国、巴西、荷兰、印度尼西亚和法国 9 个贸易伙伴都具有显著且有意义的系数。与线性模型实证结果中的 4 个贸易伙伴相比，长期效应在非线性模型中增加到 9 个贸易伙伴，结果的改变归因于模型中汇率变化的非线性调整。此外，线性模型的结果表明，只有在与韩国的贸易中，人民币贬值才会增加中国的出口收入。然而，附录表 0-4 中的

NEG 变量在德国、澳大利亚、英国、荷兰、印度尼西亚和法国的情况下都具有显著的负向影响，说明人民币贬值将增加中国对这 6 个贸易伙伴的出口收入。另一方面，由于 POS 变量在中国香港、新加坡和巴西的情况下是显著正系数，表面人民币升值将增加中国对这些贸易伙伴的出口收入，这也可能是因为这些贸易伙伴对于中国产品的需求缺乏弹性导致。这些皆证明人民币汇率变化对于中国对部分国家的出口收入存在长期非对称影响，附录表 0-5 中的 Wald-L 检验也支持了这一点。

接下来，我们分析模型(4)即进口支出线性模型。从附录表 0-5 的结果可以看出，ΔLnREX 这一变量的短期影响在除法国之外的所有贸易伙伴中都存在至少一个滞后的显著系数，这意味着人民币汇率变化对中国自大部分贸易伙伴(除法国)的进口支出都具有显著的短期影响；而且这 20 个贸易伙伴中有 11 个短期效应持续到长期。有趣的是，对于几乎所有贸易伙伴(除了中国香港)，这一估计系数都是负值，这意味着人民币贬值会增加中国自这些贸易伙伴的进口支出。这可能是因为中国自这些贸易伙伴的进口需求缺乏弹性，导致支出增加。

附录表 0-6 报告的是非线性支出模型(6)的短期估计结果。其结果与附录表 0-5 中的线性模型相似，ΔPOS 或 ΔNEG 均至少具有一个滞后的显著系数；并且结果显示，短期效应似乎是非对称的。中国与中国香港、马来西亚、新加坡、英国、泰国、印度、俄罗斯、法国、加拿大、墨西哥和韩国之间的结果证明汇率变动具有短期累积的非对称效应。附录表 0-7 中的 Wald-S 检验也拒绝了 ΔPOS 和 ΔNEG 变量所附系数之和的相等性。在 11 个贸易伙伴中，短期效应转化为长期显著且有意义的效应。只有在与中国香港的贸易中，人民币贬值会降低中国的进口支出，而人民币升值会增加进口支出。在其余的贸易伙伴中，结果与线性模型基本吻合。有 7 个贸易伙伴，人民币贬值会增加中国的进口支出；有 9 个贸易伙伴，人民币升值会降低中国的进口支出。这也说明中国的进口需求缺乏弹性。而汇率变化的长期效应仅在泰国和加拿大的情况下是非对称的，因为 Wald-L 统计量只在这两种情况下是显著的。

(三) 结论

本部分的主要目的是研究人民币汇率变化对中国与21个主要贸易伙伴的出口收入和进口支出的短期和长期效应。我们除了参考现有文献中的模型以外,还研究了进出口收支对汇率变化的非对称效应。由于非对称分析需要使用非线性模型,我们重点比较了线性模型和非线性模型估计结果。

我们首先使用Pesaran等(2001)的线性自回归分布滞后模型,然后使用Shin等(2011)的NARDL方法估计了中国与21个主要贸易伙伴之间的收支模型。我们的研究结果主要如下:在线性出口模型中,我们发现人民币汇率变化对于中国对18个贸易伙伴的出口收入产生了短期影响,这种短期影响在4个贸易伙伴中持续到了长期。仅在与韩国的贸易中,中国才因人民币贬值而增加出口收入。而在非线性模型中,我们发现,所有21个贸易伙伴均存在汇率的短期不对称效应,有9个贸易伙伴的短期效应持续到了长期。最有趣的发现是,人民币贬值增加了中国对德国、澳大利亚、英国、荷兰、印度尼西亚和法国的出口收入,而人民币升值增加了中国对中国香港、新加坡和巴西的出口收入。

在线性进口支出模型中,人民币汇率变化对中国自20个贸易伙伴的进口支出具有短期影响,这种影响在11个贸易伙伴中持续到长期。其中,除中国香港外,人民币贬值会增加中国自11个贸易伙伴的进口支出。而在非线性进口支出模型中,受到显著影响的贸易伙伴数量有所增加。此外,我们发现所有贸易伙伴都存在汇率短期不对称效应,其中11个贸易伙伴的短期效应持续到长期。

虽然我们的发现是基于特定的贸易伙伴之间和给定的ARDL模型的,但总的来说,人民币汇率变化存在非对称效应,这些非对称效应可以累积,甚至延续到长期。虽然不少国家试图通过货币贬值获得国际竞争力以增加出口,但是汇率贬值或者升值对于进出口收支的影响还受到需求弹性的影响。中国人民银行在调整汇率、政府在支持进出口贸易的同时,要考虑汇率变化的非对称短期效应和长期效应,适时调整,以实现预期目标。

(四) 数据来源和变量定义

我们的实证分析采用 2000—2018 年的季度数据，数据来源主要有以下两个：

(1) 国际货币基金组织(IMF)。

(2) 国际金融统计(IFS)。

所有变量都采取自然对数形式，具体包括：

(1) VX_j：中国对贸易伙伴 j 的出口额或出口收入(来源：IMF)。

(2) VM_j：中国自贸易伙伴 j 的进口额或进口支出(来源：IMF)。

(3) Y_{CN}：中国的总产出，用中国的实际 GDP 衡量(来源：IFS)。

(4) Y_j：贸易伙伴 j 的总产出，用 j 的实际 GDP 指数衡量(来源：IFS)。

(5) REX_i：人民币对贸易伙伴 j 的货币的实际汇率。定义为 $REX_j = (P_{CN} \cdot NEX_j / P_j)$，其中 NEX_j 为名义汇率，定义为贸易伙伴 j 的货币单位数/人民币，P_{CN} 为中国的价格水平(CPI)，P_j 为贸易伙伴 j 的价格水平。因此，REX_j 的下降反映了人民币的实际贬值(来源：IFS)。

第三节　人民币汇率与服务贸易收支之间的联系

本章第二节分析了人民币汇率变化以及汇率波动对商品贸易的影响，第三节将研究人民币汇率对中国服务贸易的影响。(Xu *et al.*，2022)

一国贸易不仅涉及有形产品，还包括旅游、保险服务等服务贸易。然而，由于货物贸易量远远大于服务贸易量，因此许多文献都仅研究汇率变化对货物贸易的影响。尽管 Bahmani-Oskooee 和 Ratha(2004)以及 Bahmani-Oskooee 和 Hegerty(2010)对贸易文献进行了综述，但关于服务贸易的文献还是比较有限。Cheng(2021)研究了美国与六大贸易伙伴(英国、加拿大、德国、法国、日本和澳大利亚)的金融和保险服务贸易，并分析了实际双边汇率变化对美国和这六大贸易伙伴国际收支的影响，发现只有部分国家受到汇率变化的短期显著影响。Bahmani-Oskooee 和 Karamalekli(2021)认为 Cheng(2021)的结论存在问题,与货物贸易一样,汇率变化对服务贸易的影响应该存在非对称效应。他们采用 Shin 等(2011)的非线性 ARDL 方法,发现汇率变化不仅对美国与其大多数贸易伙伴的服务贸易产生短期显著影响,而且短期影响还持续到长期。他们将新发现归因于非线性模型。

我们发现,与中国相关的文献主要研究的是汇率变化对中国货物贸易的影响。Bahmani-Oskooee、Bose 和 Zhang(2018)分析了中国与 21 个贸易伙伴的双边贸易,Bahmani-Oskooee、Bose 和 Zhang(2019)对中美商品贸易按行业分类进行分析。但是以往的研究鲜少关注服务贸易。本节将通过分析人民币实际有效汇率的变化对中国进出口服务贸易的影响来补充这一领域。我们关注的服务贸易种类主要包括:加工服务,维护和修理服务,运输服务,旅行服务,建设服务,保险和养老金服务,金融服务,知识产权使用服务,电信、计算机和信息服务,其他商业服务和总服务贸易。

(一) 模型和方法

本研究基于 Cheng(2021)以及 Bahmani-OSkoee 和 Karamelikli(2021)的贸易模型并作出一定修改:

$$S_t^M = \alpha_0 + \alpha_1 E_t + \alpha_2 Y_t + \varepsilon_t \tag{8}$$

$$S_t^X = \beta_0 + \beta_1 E_t + \beta_2 Y_t^* + \xi_t \tag{9}$$

模型(8)中,S_t^M 是中国从其他国家或地区进口的某项服务进口额(进口支出)。模型(9)中,S_t^X 是中国对其他国家或地区的某项服务出口额(出口收入)。由于这是中国与其他国家或地区的服务贸易,我们在模型中加入了人民币实际有效汇率 E_t。E_t 下降,意味着人民币实际贬值。理论上来说,货币贬值会促使该国增加出口,减少进口,因此我们预期模型(8)中的 α_1 估计值为正,模型(9)中的 β_1 估计值为负。但是,如果中国或者其他国家或地区的进口需求缺乏弹性,则 α_1 的估计值可能为负,β_1 的估计值可能为正。此外,进出口还受中国以及其他国家或地区经济活动水平的影响。因此,模型(8)中加入中国自身

的经济活动水平 Y_t，模型(9)中加入其他国家或地区经济活动水平 Y^*。这里，我们采用 OECD 国家的经济活动水平代表其他国家或地区经济活动水平。

和前文研究一样，上述模型中的系数估计为长期估计值。为了研究汇率变化的短期影响，我们基于模型(8)和(9)构建误差修正模型：

$$\Delta S_t^M = a_0 + \sum_{j=1}^{n1} a_{1j} \Delta S_{t-j}^M + \sum_{j=0}^{n2} a_{2j} \Delta E_{t-j} + \sum_{j=0}^{n3} a_{3j} \Delta Y_{t-j} + \rho_0 S_{t-1}^M + \rho_1 E_{t-1} + \rho_2 Y_{t-1} + \omega_t \tag{10}$$

$$\Delta S_t^X = b_0 + \sum_{j=1}^{n1} b_{1j} \Delta S_{t-j}^X + \sum_{j=0}^{n2} b_{2j} \Delta E_{t-j} + \sum_{j=0}^{n3} b_{3j} \Delta Y_{t-j}^* + \lambda_0 S_{t-1}^X + \lambda_1 E_{t-1} + \lambda_2 Y_{t-1}^* + \vartheta_t \tag{11}$$

模型(10)和(11)也是基于 Pesaran 等(2001)的 ARDL 边界检验方法，其中一阶差分的系数反映短期效应。汇率变化的长期影响由模型(10)中 ρ_1 归一化函数 ρ_0 的估计值和模型(11)中 λ_1 归一化函数 λ_0 的估计值反映。为了使长期效应具有意义，我们同样进行 Pesaran 等(2001)提出的协整检验：F 检验用于验证两个模型中滞后变量的联合显著性，t 检验用于确定模型(10)中 ρ_0 和模型(11)中 λ_0 的显著性。

模型(10)和(11)中的主要假设是，所有外生变量对服务贸易额具有对称效应。然而，情况并非如此。当人民币升值时，贸易者的反应和预期可能与人民币贬值时不同，从而导致服务贸易对汇率变化存在非对称效应。与上文一样，我们构建非线性 NARDL 模型，以便研究汇率变化对服务贸易产生非对称效应。根据 Shin 等(2011)部分和的方法，将一个变量(这里为人民币实际有效汇率)分解为两个新的时间序列变量。模型修改如下：

$$\Delta S_t^M = c_0 + \sum\nolimits_{j=1}^{n1} c_{1j} \Delta S_{t-j}^M + \sum\nolimits_{j=0}^{n2} c_{2j} \Delta \mathrm{POS}_{t-j} + \sum\nolimits_{j=0}^{n3} c_{3j} \Delta \mathrm{NEG}_{t-j} + \sum\nolimits_{j=0}^{n4} c_{4j} \Delta Y_{t-j} + \pi_0 S_{t-1}^M + \pi_1 Y_{t-1} + \pi_2 \mathrm{POS}_{t-1} + \pi_3 \mathrm{NEG}_{t-1} + \tau_t \tag{12}$$

$$\Delta S_t^X = d_0 + \sum\nolimits_{j=1}^{n1} d_{1j} \Delta S_{t-j}^X + \sum\nolimits_{j=0}^{n2} d_{2j} \Delta \mathrm{POS}_{t-j} + \sum\nolimits_{j=0}^{n3} d_{3j} \Delta \mathrm{NEG}_{t-j} + \sum\nolimits_{j=0}^{n4} d_{4j} \Delta Y_{t-j}^*$$

$$+\chi_0 S^X_{t-1} + \chi_1 Y^*_{t-1} + \chi_2 \mathrm{POS}_{t-1} + \chi_3 \mathrm{NEG}_{t-1} + \xi_t \quad (13)$$

模型(12)和(13)中,POS(实际有效汇率正变化的部分和)仅反映人民币升值,NEG(实际有效汇率负变化的部分和)仅反映人民币贬值。我们构造部分和变量将非线性关系引入原有模型中。

我们也对四个模型进行 OLS 回归,并进行相同的检验。如果在给定的滞后阶数 j 下,模型(12)中 $c_{2j} \neq c_{3j}$ 和模型(13)中 $d_{2j} \neq d_{3j}$,则人民币升值或贬值对服务贸易的短期效应将是非对称的。此外,如果模型(12)中 $\sum c_{2j} = \sum c_{3j}$ 和模型(13)中 $\sum d_{2j} = \sum d_{3j}$ 的原假设被 Wald 检验所拒绝,则存在短期累积非对称效应。最后,如果 Wald 检验拒绝模型(12)中 $\frac{\pi_2}{-\pi_0} = \frac{\pi_3}{-\pi_0}$ 和模型(13)中 $\frac{\chi_2}{-\chi_0} = \frac{\chi_3}{-\chi_0}$ 的原假设,则长期非对称效应存在。

(二) 实证结果

我们采用 2015 年 1 月至 2021 年 8 月中国主要服务贸易月度数据进行回归,服务贸易类别主要包括:加工服务,维护和修理服务,运输服务,旅行服务,建设服务,保险和养老金服务,金融服务,知识产权使用服务,电信、计算机和信息服务,其他商业服务和总服务贸易。我们也使用 AIC 来选择每个模型中的最优滞后阶数。我们先对中国进口服务贸易线性模型(10)进行估计,并将结果报告在附录表 0-8 中。

从附录表 0-8 的短期估计结果中,我们发现,除旅行服务、建设服务和金融服务外,实际有效汇率在其他八个服务贸易类别中至少有一个显著的滞后系数,这意味着实际有效汇率对中国这些进口服务贸易具有短期显著影响。表 0-8B 报告了汇率的长期估计结果,我们发现短期影响在 5 个服务贸易类别中持续到长期,主要包括进口总额,维护和修理服务,金融服务,知识产权使用服务,电信、计算机和信息服务。F 检验和 t 检验均证明长期估计值有效。长期系数除金融服务为正值以外,其余四类均为负,即人民币汇率贬值仅减少中国在金融服务领域的进口。而在维护和修理服务,知识产权使用服务,电信、计算机和信息服务,以及总服务贸易领域，人民币汇率贬值将增加中国在这些类别上的支出。这可能是由于中国的进口需求缺乏弹性。此外，中国的经济活动水平是增加服务贸易进口的一个重要因素，在大部分进口服务类别中，Y_t 与进口服务贸易支出正相关。

附录表 0-9 中报告了中国出口服务贸易线性模型(11)的结果。由于中国是出口大国，我们希望有更多的证据表明人民币实际有效汇率与中国出口收入的内在关系。从表 0-9A 短期估计结果可以看到，实际有效汇率在所有服务贸易类别中至少有一个显著的滞后系数。然而，短期显著影响仅在金融服务和知识产权使用服务贸易中持续到长期，且实际有效汇率系数为负值，这意味着随着人民币贬值，中国在金融服务和知识产权使用服务贸易领域出口增加。

我们再看看非线性模型，结果将如何变化？首先，附录表 0-10 报告了中国非线性进口模型(12)的估计结果。从附录表 0-10A 的短期系数估计值可以看出，每一个服务贸易类别中，ΔPOS 或 ΔNEG 都至少具有一个显著系数，这意味着人民币实际有效汇率的变化对中国的服务贸易进口具有显著的短期影响，且显著影响从线性模型中的 8 个服务贸易类别增加到 11 个。该结果的变化要归因于模型的非线性调整。此外，短期效应是非对称的，因为在任何给定的滞后期 j 下，ΔPOS_{t-j} 与 ΔNEG_{t-j} 的估计值都不同。但是，附录表 0-10 的 Wald-S 检验拒绝了 ΔPOS_{t-j} 所附系数之和与 ΔNEG_{t-j} 所附系数之和的相等性，说明实际有效汇率的短期累积非对称效应仅在旅行服务、金融服务和其他商业服务贸易三个类别中显著。

那么，在哪些服务贸易类别中，实际有效汇率的短期非对称效应能转化为长期非对称效应？附录表 0-10B 和 C 的结果说明 POS 或 NEG 在以下六个服务贸易类别中具有显著系数：进口总额、维护和修理服务，金融服务，旅行服务，建设服务以及电信、计算机和信息服务贸易。此外，附录表 0-10 中 F 检验和 t 检验至少有一项结果证明了长期非对称效应的有效性。相较于之前进口线性模型的长期非对称效应结果，模型(12)的估计结果认为，旅行和建设服务也具有长期不对称效应，这两个行业长期非对称的显著影响应该归因于模型的非线性调整。需要注意的是,我们发现结果显示人民币贬值将促进中国的总进口服务,而人民币升值将阻碍总进口服务。由于总进口服务数据存在聚合偏差,如果我们考虑到服务贸易类别,结果就会不一样,例如,在建设服务行业,我们发现其 NEG 为正值,即人民币贬值会减少建设服务行业进口支出。而在金融服务行业,结果显示其 POS 系数为正且 NEG 系数不显著,即人民币贬值对金融服务行业进口没有长期显著影响,但人民币升值长期来看会增加金融服务行业进口。Wald-L 检验也证明了长期非对称效应的存在。

最后,附录表 0-11 报告了中国出口服务贸易非线性模型(13)的估计结果。我们发现 ΔPOS_{t-j} 或 ΔNEG_{t-j} 在所有服务贸易类别中至少有一个显著滞后系数,说明人民币实际有效汇率对所有出口服务存在短期显著影响,而且这些短期影响在所有情况下都是非对称的。此外,除了加工服务、知识产权使用服务和其他商业服务贸易外,其他服务贸易类别均存在显著的短期累积影响。为了确定哪些服务贸易类别的短期效应能够持续到长期,我们根据附录表 0-11 的结果和检验,发现 POS 或 NEG 在八个服务类别中具有显著且有意义的系数。将该结果与线性模型相比,长期效应从线性模型的两个类别(金融服务和知识产权使用服务贸易)增加到非线性模型的八个类别,这也证明了非线性模型更加可靠。同样,我们的研究结果是具有行业异质性的。以附录表 0-8 线性模型中的金融服务行业出口为例,其人民币实际有效汇率系数为负,这意味着人民币贬值会增加金融服务行业出口,但人民币升值会减少其出口。然而,附录表 0-10 中非线性模型的金融服务结果表明,尽管人民币贬值将增加该行业的出口,但人民币升值不会对其产生长期影响,这亦证明汇率变化非对称效应的存在。

(三) 结论

尽管 Wang(2020)和 Liu(2020)回顾了中国的汇率对贸易的影响,但都仅分析人民币汇率变化对中国与世界其他国家或地区或者中国与其双边贸易伙伴之间商品贸易往来的影响。Brada 等(1993)、Zhang(1998, 1999)、Weixian(1999)的研究都假设贸易对人民币汇率变化的反应是对称的。然而，Bahmani-Oskooee 和 Fariditavana(2015)以及 Bahmani-Oskooee、Bose 和 Zhang(2018)认为汇率的影响存在非对称效应。但上述文献都没有研究人民币汇率变化对中国服务贸易的影响。我们采用 Pesaran 等(2001)和 Shin 等(2011)的线性和非线性模型，通过分析人民币实际有效汇率对中国 11 个服务贸易类别进出口的对称和非对称影响来填补这一空白。

研究结果证明，人民币实际有效汇率对中国所有服务贸易类别的进出口具有显著的短期非对称效应。通过线性模型发现五个进口服务贸易类别和两个出口服务贸易类别的短期效应转化为长期效应。而非线性模型结果则显示汇率对六个进口服务贸易类别和八个出口服务贸易类别具有长期效应。显然，引入人民币实际有效汇率的非线性调整会产生更显著的结果。

与文献中使用行业层面贸易数据的结果一样，我们采用的服务业分类数据也证明了行业异质性的存在。例如，维护和修理服务贸易。线性模型结果表明，人民币实际有效汇率对维护和修理服务的出口并没有长期影响。然而，非线性模型结果表明，人民币贬值会增加维护和修理服务行业出口，人民币升值会减少该行业出口。这些被线性模型所掩盖的结果，对于服务行业出口商、汇率政策制定者，以及政府来说是非常重要的信息。

(四) 数据来源和变量定义

我们的实证研究采用 2015 年 1 月至 2021 年 8 月的月度数据进行估算。数据来源如下：

(1) OECD 数据库。

(2) IFS。

(3) 中国国家外汇管理局。

(4) Wind 数据库。

所有变量都采取自然对数形式，具体包括：

(1) S^M：中国服务进口额或进口支出(来源：中国国家外汇管理局)。

(2) S^X：中国服务出口额或出口收入(来源：中国国家外汇管理局)。

(3) E:人民币实际有效汇率。汇率下降反映了人民币的贬值(来源:IFS)。

(4) Y:以工业生产指数衡量的中国经济活动水平,这是唯一以月度频率衡量经济活动水平的指标(来源:Wind 数据库)。

(5) Y^*:以 OECD 国家经济活动水平代表的其他国家或地区的经济活动水平(来源:OECD 数据库)。

第二和第三节的实证研究说明汇率变化对中国商品贸易和服务贸易都有显著的短期和长期非对称效应。中国人民银行在进行汇率改革或者采取调整政策时应该注意其对商品贸易和服务贸易进出口的影响。在人民币汇率进一步市场化的今天,汇率对一国国际收支的影响将起到稳定器的作用,从而实现一国国际收支平衡。

第四节　汇率制度改革的方向

在中国迈向全球舞台的进程中,我们所面临的最大挑战之一是如何平衡其日益增长的经济实力与外部压力之间的关系。人民币国际化、汇率制度和资本项目开放在这一挑战中起到了核心作用,它们之间的相互关联和影响,形成了中国金融市场的骨架。

人民币国际化是这一进程的先驱。随着中国在国际经贸活动中的角色逐渐增强,人民币在全球金融体系中的地位也随之上升。更多的国家和地区开始将人民币纳入其外汇储备,并将其作为交易和投资的选择。这背后,不仅仅是对人民币本身的信心,而且更深层次上是对中国经济长期稳健和持续增长的信任。但要达到这样的国际地位,稳定、市场化和可预测的汇率制度是关键。

汇率制度的选择和管理对于任何经济体都是至关重要的。对于中国,一个健全和稳定的汇率体制不仅能够支持人民币国际化,还能为国内经济提供稳定的宏观经济环境。首先,在开放资本账户的过程中,汇率制度作为防范外部冲击和避免大幅度资本流动的防线,其稳健性尤为关键,这也意味着当下汇率改革的主要方向是更具弹性,更加灵活,增加浮动空间。这不仅有利于防范化解资本流动风险,而且也不用依赖外汇储备的干预手段。同时,要加强央行的信息化管理,提高政策透明度,在更具弹性的汇率制度下正确引导市场,维持市场情绪稳定。

其次,资本项目的开放是双刃剑。它为国外企业和个人提供了更加公平和开放的市场,促进了国际金融市场的融合,但同时也使得中国经济更加暴露于全球金融风险之中。我们需要认识到,中国资本账户的开放并不意味着资本随意流通。在逐步开放资本项目的同时,要加强资金项目的外汇调控,争取实现"管理得当,开放有序"的效果。而资本项目开放的步伐必须与金融监管能力的增强相匹配,渐进式推进,确保金融市场的健康和稳定。在当下金融监管和金融体系并不完善的情况下,风险并不可控,资本项目的推进还需有序进行。离岸金融市场的发展是人民币国际化的主战场,只有资本项目具备完全开放的成熟条件,在岸金融市场才能为人民币国际化提供长足的发展空间。在岸和离岸金融市场的协调发展是人民币国际化的重要路径。

此外,与全球其他主要经济体的合作和对话变得越来越关键。分享经验、建立机制和协调政策可以确保中国在全球经济体系中的角色既有力又稳健。

回顾整个过程,可以看到这三个方面即人民币国际化、汇率制度和资本项目开放是紧密相连的。它们之间的关系如此错综复杂,以至于在推进一个方面时,必须全面考虑其他两者的影响。全方位的策略思考和综合权衡,是确保中国经济在全球舞台上稳健前行的关键。

第四章　跨境资本流动的发展与风险

人民币汇率制度、跨境资本流动和人民币国际化三者之间的关系紧密而复杂。一个更加市场化和灵活的人民币汇率制度能为跨境资本流动提供稳定的预期,吸引海外投资者进入中国市场并鼓励中国投资者海外投资。随着跨境资本流动的增加,人民币在国际交易中的使用频率也逐渐提高,从而推动人民币国际化。而人民币国际化的推进又能反哺人民币在国际金融体系中的地位,提高其作为结算、投资和储备货币的吸引力,进一步扩大跨境资本流动的规模和频率。因此,人民币汇率制度、跨境资本流动和人民币国际化形成一个相互促进的闭环,共同推进中国在全球经济中的地位和影响力。

第一节　跨境资本流动的主要渠道和形成原因

(一) 跨境资本流动的主要方式

在当今经济全球化背景下,跨境资本流通显得尤为关键。它是资金和投资在全球范围内流动和交易的过程。这意味着各式各样的资本,如现金、股票、债券和不动产等,跨越国界进行交易、注资或转移。无论这些行为背后是个体、企业、金融机构,还是政府,资本的跨境流动都是全球经济一体化的结果,它为不同国家与区域搭建了桥梁,实现了全球资源、风险和机遇的互联互通,从而为全球经济繁荣和进步创造了便利条件。

跨境资本流动形式在全球经济一体化下,呈现多元化特点。从外商直接投资、股票和债券交易,到国家间的借贷、外汇交易,再到跨国企业的跨国支付结算与跨境资金转移，这些流通方式对于全球经济发展起到举足轻重的作用，但同时也为金融安全和风险外溢埋下伏笔。为了保障资本流动的顺畅与健康，各国通过制定系列相关法律法规和监管制度，进行监督管理甚至在必要时限制资本流动，确保其沿着有序、稳固的轨迹行进，以防范金融风险或维系内部金融稳定。显然，如何高效管理跨境资本流动已成为现代国际经济决策和金融监督领域的热点议题。就中国而言，其跨境资本流动通过两大主要渠道：国际贸易与投资。流通手段涉及多种方式：跨境贸易结算、外商直接投资、资本项目下的跨境投资、跨境债务融资、跨境股票交易、跨境资金转移、资本账户下的个人财富管理，以及金融衍生品的买卖等。

首先，跨境贸易结算是中国主要的跨境资本流动方式之一。通过进出口贸易的支付和结算，货物和服务得以在国家间进行跨境交易，促进了贸易的顺利进行，加强了中国与其他国家的经济互动。其次，外商直接投资也在跨境资本流动中扮演着重要角色。外国投资者在中国设立企业或收购现有企业，这样的投资行为不仅吸引了海外资金，更带入了尖端技术和管理经验，助推中国经济和世界经济深度融合。同时，资本项目下的跨境投资也是中国跨境资本流动的重要方式。无论是中国居民和企业在境外进行投资，还是境外居民和企业在中国进行投资，如股权、债权和房地产等资本项目，都进一步促进了全球资源的优化配置。跨境债务融资以及跨境股票交易也为企业融资需求提供丰富的渠道。中国企业在境外上市或境外投资者在中国股票市场的交易，均推动了中国资本市场的国际化，提高了中国企业的国际竞争力。此外，跨境资金转移是个人和企业之间进行跨境汇款和资金转账的主要方式，为个人和商业实体提供了资金调配的便利性。而在资本账户下，跨境财富管理也逐渐成为趋势，居民通过投资海外金融产品和不动产等方式，加深资本的国际循环和配置，降低个人理财风险。最后，跨境金融衍生品交易，如外汇、利率、股票指数等金融衍生品的跨境投资，为国内外投资者提供了多种风险管理和投资工具，丰富了跨境资本流动的形式和手段。

这些方式不断更新迭代，综合塑造了一个日渐多元、活跃并高效的国际金融生态，有力地推进了中国经济的全球化融入和可持续发展。

(二) 跨境资本流动的主要动因

跨境资本流动的驱动因素是多元而复杂的，每一环节都对资本流向产生微妙的影响。下文将进一步深入探讨这些动因的细节，以更全面系统地了解它们如何影响跨境资本流动。

首先，投资机会是跨境资本流动的主要驱动因素之一。投资者由于利益驱动，往往寻求其他国家或地区更有吸引力的投资机会和回报。比如，某些国家或地区具有更高的经济增长潜力，他们的市场处于高速扩张阶段，或者拥有未开发的新兴产业。此外，低成本的生产环境，如低廉的劳动力和丰富的自然资源，也会吸引许多投资者。通过跨境资本流动，投资者可以实现投资组合的多样化，将资金投资于不同国家或地区的不同资产，降低风险并分散投资。其次，贸易需求也与资本流动息息相关。随着全球化的不断加深，跨境贸易的规模持续扩大，使得大量资金在国家间进行支付和结算。贸易逆差或顺差决定资本流动的方向和规模。例如，某国持续的贸易逆差导致该国需要吸引更多海外投资来调节，进而促进资本流入。再者，利率差异和汇率波动是另一个影响资本流动的重要因素。高利率国家通常吸引资金流入，因为投资者可以获得更高的利息收入。反之，低利率国家可能会面临资金流出的压力。中央银行的政策调整和国家之间的利率差异都可能影响投资者的决策。汇率波动亦是如此，会改变投资决策。投资者可能会寻找汇率波动带来的投机机会，或者在汇率波动不确定的情况下进行资金转移，以保护投资收益。汇率的波动导致资本流入或流出，从而影响资本市场和经济的稳定性。政策因素也对跨境资本流动产生显著影响。一国政策和法规可以鼓励或限制资本流动。开放的外汇管理制度、鼓励外商投资和资本项目可兑换等政策通常会促进资本流动。相反，限制性的政策可能会抑制跨境资本流动，以维护金融稳定或防止资本外流。政策稳定性和透明度对投资者的信心至关重要，会影响他们是否愿意将资本投资到特定国家或地区。最后，经济条件和政治稳定性是资本流动的重要考量因素。国家的经济增长、通胀率和就业水平等经济条件，以及政治的稳定与否，都会影响投资者对特定国家的投资决策。稳定的经济和良好的经济前景通常会吸引更多资本流入。而政治动荡和不确定性可能导致资本外流，政治相对稳定的国家通常更具吸引力。

综上所述，跨境资本流动的动因是多方面的，涵盖了投资机会、贸易需求、利率差异、汇率波动、政策因素、经济条件和政治稳定性等多个方面。这些因素相互交织，共同塑造了全球资本的流动格局，影响着国际金融市场的发展和全球经济的走向。

第二节 跨境资本流动的变化和现状

随着中国金融市场逐步开放，跨境资本流动展现出更多元、更活跃的特征。在1994年以前，中国经常账户和资本账户的运行模式多呈“一顺一逆”的态势。但1994年之后，外商直接投资大量涌入，经常账户和资本账户都转为顺差，形成了双顺差的新格局。因此，总体来说，2000年以前，中国的国际收支状况维持在一个较为稳定的水平。这一阶段的经常账户和非储备性金融账户多为顺差或者出现轻微的逆差，外汇储备缓慢增长。2000年之后，中国的国际收支开始出现明显的变化，大致可以分为以下三个主要阶段：

（一）“双顺差”时期（2001—2013年）

2001年，中国加入世界贸易组织，迈出了对外开放和国际经济合作的重要步伐，对外贸易与投资蓬勃发展，经济开始快速腾飞。在此背景下，2001—2013年，中国国际收支长期维持“双顺差”态势（除2012年）。

一方面，中国的经常账户顺差在这一时期增长极快且数额巨大。如图4.1所示，2001年至2008年这段时间内，经常账户顺差保持强劲的增速，从仅有174.05亿美元迅速上升到4206亿美元，增幅高达2317%。如此强劲的增速，主要归因于这一时期中国经济的爆发式增长，大量商品和服务贸易的出口拉动了经常账户顺差。国际上通常认为，经常账户顺差和GDP之比的合理水平应该维持在4%以下，过大的顺差会影响汇率和通胀水平。而2005—2009年，中国经常账户顺差占GDP比重一直高于4%,甚至在2007年和2008年,该比例接近10%。出口贸易虽然拉动了经济增长,但持续的巨大顺差也诱发国际上对人民币升值的呼吁,加剧对外贸易摩擦,引发国际关注和批评。另一方面,作为新兴经济体代表的中国发展迅速,政府出台积极政策以吸引外资。2002年实施的QFII制度使得国内证券市场逐步开放,吸引大量跨境资本通过资本市场流入境内,引发资本账户顺差膨胀,出现了违背国际收支一般规律的"双顺差"现象。特别是在2008年末,中国政府为缓解全球金融危机对经济的影响,推出了大规模经济刺激计划:"四万亿"投资计划。而这一时期,欧美国家正陆续经历金融危机和欧债危机,全球主要发达国家集体启动量化宽松政策,降低利率,造成全球流动性过剩。在国内外环境共同作用下,国际资本大规模涌入中国,资本流入呈倍数增长。外来资本的涌入虽然带来了生产技术的提高和经济总量的增长,但同时也加剧了人民币升值的压力和资产泡沫化,对中国经济发展带来一定的风险。在如此"双顺差"的格局下,中国的外汇储备高速增长,2008年达到19460亿美元高点。中国经常账户顺差带来的净出口收入会以外汇的形式流入国家的储备,而资本账户顺差带来的外国资本流入也需要兑换成本国货币,又进一步增加了外汇储备。

2001年至2013年,这种持续的"双顺差"现象对于经济学界来说是颇具挑战性的,因为在传统的国际收支结构理论中,同时拥有这两种顺差的情况并不常见。要深入了解这一现象,必须从国际经济背景以及中国的特殊国内环境入手。随着全球化浪潮的推进,发达国家和新兴经济体重新进行产业格局调整和资源分配,全球供应链重塑。为了削减生产成本和寻求更具竞争力的制造基地,一些发达国家将部分产业和生产线逐渐转移到劳动力成本较低的国家或地区。中国凭借其巨大的人口红利、优越的地理位置以及日益完善的基础设施,成为全球供应链重塑的主要受益者之一,吸引众多外国投资和产业转移,进而刺激了更大规模的出口需求和贸易机遇。中国政府通过建设经济特区、自由贸易试验区以及推出一系列税收优惠等政策,成功地吸引了大量外国资本进入中国。来华投资的外商主要采取利用中国廉价劳动力的策略,通过来料加工的方式进行出口加工贸易生产,再将加工后的产品销往发达国家。这

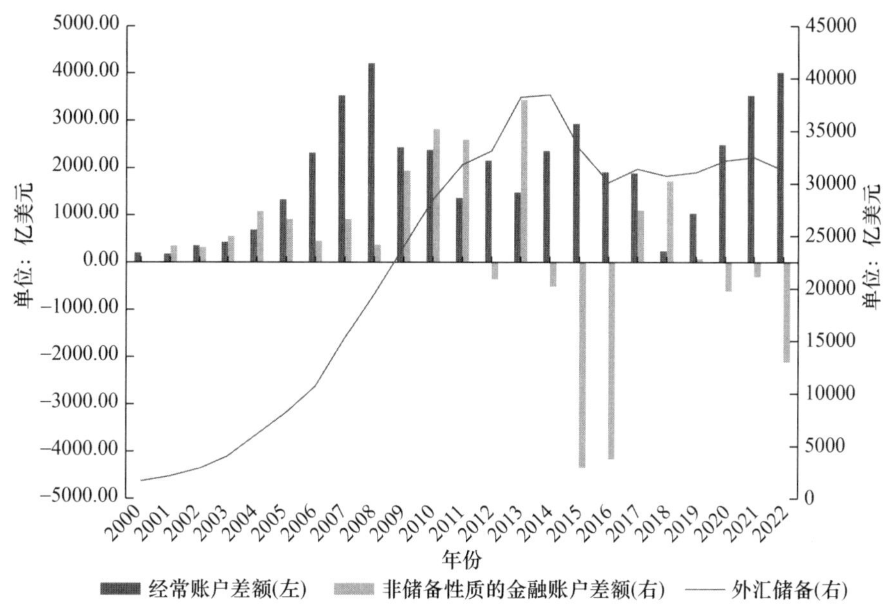

图 4.1　2000—2022 年中国国际收支状况

数据来源：根据国家外汇管理局数据整理。

种贸易模式极大地促进了贸易顺差的扩大，也进一步增加了中国经常账户的盈余。深度融合的加工贸易模式，实际上成为连接经常账户与资本账户“双顺差”的核心桥梁，是理解“双顺差”现象的关键。

（二）“一顺一逆”时期（2014—2016 年）

这一时期，中国国际收支呈现“一顺一逆”的格局，即经常账户顺差，非储备性质的金融账户逆差（见图 4.1）。其主要特征如下：首先，尽管经常账户依旧保持顺差，但占 GDP 的比例下降至合理区间。从图 4.2 可以看出，在 2010 年之后，中国经常账户余额占 GDP 的比例一直稳定在 4%以下，反映出中国贸易结构的优化和对外经济关系更加平衡。其次，资本外流压力显著。非储备性质的金融账户出现大额逆差（见图 4.1），2015 年达到 4345 亿美元逆差，资本外逃现象明显，引发中国的外汇储备出现负增长的现象。这一阶段非储备性质金融账户的逆差源于三种因素的综合作用。一是 2014 年美国宣布结束长期以来的量化宽松政策，并正式于2015年开始加息。这导致包括中国在内的新兴经济体普遍出现资本外流、货币贬值的现象。二是2015年"811"汇改,人民币兑美元汇率中间价机制进一步市场化,短期内出现人民币贬值现象。三是2015年年中股市大幅波动,市场对经济发展的前景普遍感到悲观。随着资本的撤离和中国投资回报率的回落,来料加工贸易模式逐渐削弱,中国经常账户收支顺差持续增长期也一去不复返。但从另一个角度来看,这也体现出中国经济结构发生重大转变,从出口依赖型国家逐渐转向内需驱动型国家。

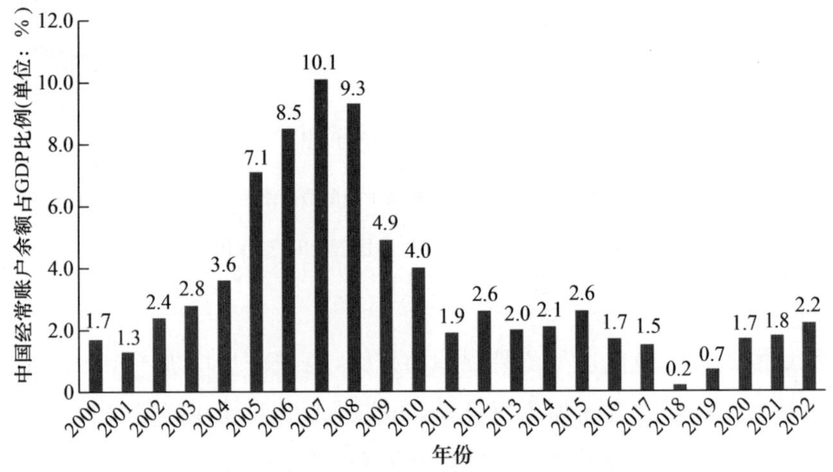

图4.2 2000—2022年中国经常账户余额占GDP比例

数据来源:Trading Economics。

这一时期国际收支格局的变动既是中国面对全球经济环境变化的结果,也反映了国内经济结构调整和优化的进程。

(三)动态交替时期(2017年至今)

2017年之后,中国的资本流动进入相对动态的平衡时期,表现为资本流入与流出交替出现,即国际收支在"双顺差"与"一顺一逆"的格局中相互交替。新冠疫情以来,这种交替现象更为明显。尽管在2014—2016年,由于政府收紧对外直接投资管理,使非储备性质的金融账户长时间处于逆差状态,但到2017年,情况发生了转变,非储备性质金融账户实现了盈余，顺差达到 1887 亿美元(见图 4.1)。2020 年新冠疫情的爆发对全球经济和金融市场造成了巨大的冲击。在此背景下，中国资本呈现出外流趋势，国际金融市场动荡不安，投资者对风险的承受能力降低，选择更为稳妥的策略。但随着 2021 年中国经济的快速恢复，资本开始重新流入中国，显示出国际市场对中国经济的信心。然而，2022 年，局势再次发生变动，国内疫情再次爆发、美联储开启持续加息策略以及俄乌冲突白热化，导致资本呈现显著净流出状态。尽管这一期间资本流动发生了多次变化，但中国的外汇储备量保持相对稳定。

第三节　中国跨境资本流动管理难度

跨境资本流动管理对于中国等许多新兴经济体而言，始终是政策制定者面临的一大挑战。尤其是短期跨境资本的流动性与风险特点，让其管理变得愈发具有挑战性，需要我们审慎应对。短期资本往往在寻求更高收益的驱动下，像潮水般迅速进入和退出市场，其高度逐利性与超调现象，容易在金融市场引发短暂但激烈的扰动，进而可能威胁到市场稳定乃至经济安全。更糟糕的是，这种资本的动态变化很可能会与经济周期同步，进一步放大经济上行或下行压力。当经济处于上行周期时，短期资本涌入可能会加剧资产价格过热，甚至引发泡沫，而在经济下行时，这些资本又可能会迅速外流，导致汇率剧烈波动，影响国内市场信心。这种顺周期性在全球化的金融市场中往往会传导并引发连锁反应，从而成为潜在的金融危机因素。

分析跨境资本流动的一个至关重要的指标是国际收支平衡表中的净误差与遗漏项。这一指标在 IMF 的标准下，扮演着发现潜在问题和评估经济健康的重要角色。IMF 认为，当净误差与遗漏项的绝对值超过当年进出口总额的 5%时，则意味着国际收支数据存在着严重的失真情况。值得注意的是，净误差与遗漏项不仅仅涉及统计误差和遗漏，而且更深层次地反映了官方统计数据未能完全捕捉的“地下”或灰色短期资本流动。这些灰色短期资本流动通常与短期跨境资本流动关系密切，具有相当高的风险,包括未申报的跨境交易、未记录的跨国公司跨境资金调配以及其他未被明确捕捉的资本流动行为。净误差与遗漏项所蕴含的深层信息,揭示了国际资本流动的复杂性和难以捉摸的性质。这些灰色短期资本流动受国内外政治和经济环境的影响,因此具有高度的不确定性和短期性,从而为国际收支数据的真实性和稳定性带来了挑战。

从图 4.3 可以看出,中国净误差与遗漏项的规模大致可以分为三个发展阶段:第一阶段,2000—2014 年。在 2009 年之前,净误差与遗漏项多为正,而 2009—2014 年,该项数值持续为负,意味着这段时间存在资本外流趋势。尽管在这 5 年里,净误差与遗漏项持续为负,但其绝对值占进出口总额的比例均维持在 3%以内,资本外流规模较小。第二阶段,2015—2017 年。2015 年,净误差与遗漏项的规模大幅扩大,其绝对值占进出口总额的比例已经超过了国际上的 5%警戒线,从而引发广大经济学家对于中国"资本外逃"的讨论。如果将超过 3%的部分纳入"灰色短期资本流动"考量,即隐藏在净误差与遗漏项中的短期跨境资本流动,则在此 3 年期间,灰色短期资本流动平均每年高达 900 亿美元左右。这无疑给监管部门带来了巨大的挑战,增加了金融市场的不稳定性。第三阶

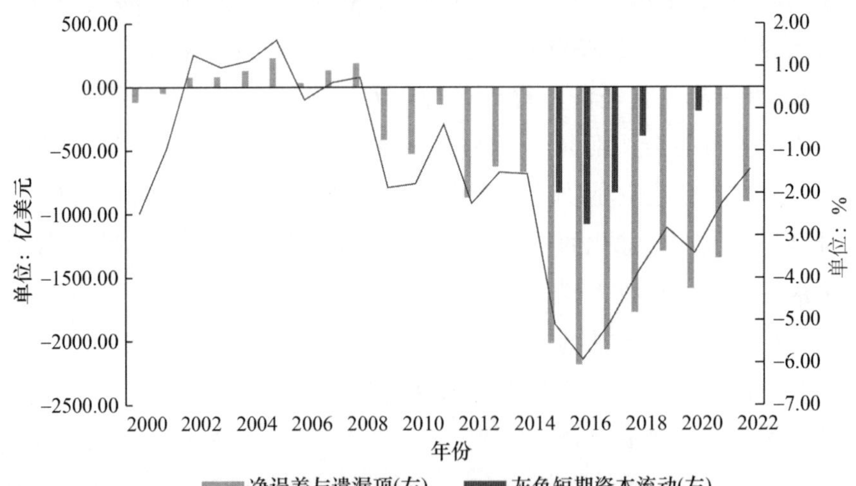

图 4.3 2000—2022 年中国灰色短期资本流出

数据来源:根据国家外汇管理局数据整理。

段,2018 年至今。近几年,尽管与过去相比,净误差与遗漏项的绝对规模已有所减小,但其年度数据仍保持在－2000 亿至－1000 亿美元区间。其绝对值占进出口总额仍达 3%左右,说明资本外流态势依旧。这种流出涉及隐秘的资本转移和跨境金融活动,跨境资本流动的有效监管任重而道远。

当前,中国经济对内面临着需求收缩、供给冲击和预期转弱三重压力,对外面临着中美货币政策周期性背离所带来的风险。在此环境下,跨境资本流动所带来的风险更需谨慎防范,因此资本账户放开应当审慎推进,确保在追求经济利益的同时,不以牺牲国家金融安全为代价。

第四节　跨境资本流动与潜在金融风险

跨境资本流动影响着国际金融市场的发展和全球经济的走向,同时也带来了以下金融风险:

(一) 加剧汇率波动

跨境资本流动会冲击汇率,主要是因为资本流动的方向和规模会影响本国货币的供求关系,从而引起汇率波动。从跨境资本流动对人民币汇率传导机制的影响来看,短期跨境资本净流入的增加会导致人民币汇率和汇率预期上升,人民币汇率和汇率预期上升则会进一步带来跨境资本流入的增加,增强经济运行惯性(李艳丽等,2022)。如果一个国家吸引了大量的外国直接投资,外国投资者收购该国企业或在该国设立企业,将导致外国资金流入本国,增加本国货币的需求。由于投资者需要购买本国货币以完成交易,本国货币的需求增加,导致本币汇率升值。例如,特斯拉在中国投资建厂,需要购买人民币来支付设备费用和员工工资。这仅是一家外国企业的行为,如果大量外资进入将导致人民币升值。如果出现短期的投机性资本流动,亦将引起汇率波动。短期投机性资本流动往往基于市场预期和利差等短期因素进行。投机者可能会根据预期,赚取汇率波动带来的利润。如果市场预期本国货币升值,则会有大量投机性资本涌入该国，导致本币汇率上涨。然而，一旦市场情绪逆转，投机者会迅速撤离，引起本币汇率剧烈波动。这种大规模资本外流导致本币贬值。若外国投资者失去对本国经济的信心，恐引发金融危机，他们可能会大量抛售本国资产并将资金转移至其他国家，导致本国货币供应短期增加，本币汇率迅速贬值。例如，1997 年爆发的亚洲金融危机。

李明明等(2018)则认为，人民币国际化程度的提高有助于降低资本流动成本，从而带来短期资本流入的增多。然而，短期跨境资本流动的剧烈波动将推动汇率猛涨猛跌，外汇市场的剧烈震荡将波及股市、债市、楼市，造成跨市场联动风险，可能会对一国宏观经济造成冲击，损害人民币国际化的经济基础。因此，在追求货币政策独立性和促进跨境资本流动的同时，中国必须高度警惕短期资本流动可能带来的风险，并采取相应的风险管理措施，以确保经济稳健和可持续发展。

总之，跨境资本流动会对汇率产生一定冲击，尤其是短期投机性资本流动。政府应采取适当的限制和监管政策稳定汇率，以维护国家经济的稳定和金融市场的正常运行。

(二) 增加金融市场的不确定性

由于国内外资本市场存在资产价格差异，资本的逐利性将不可避免地推动国际资金流向那些具有较高收益率的国家或地区。这种跨境资本的快速涌入和撤离，极易引发资产价格的剧烈波动，进而加剧汇率的不稳定性，对金融市场的稳定性构成严重威胁。

当热钱大量流入某一国家时，其本币汇率会受到冲击，导致本币面临升值的压力。一旦市场形成对该货币升值的预期，资本将会进一步涌入该国，提高资本流动的速度，并不断循环。为了实现国际收支平衡，政府不得不采取相应政策，如抛售本币或购买外汇，以增加本币供应，抑制本币升值。之后，随着资金迅速撤离本国市场，资产价格急剧下跌，本币面临贬值的压力；加之之前政府为维护币值投放大量本币，在双重压力之下，可能会引发通胀，从而进一步助长资产价格泡沫的形成，并导致产生大量的外债积累，进一步加剧金融市场的混乱局面。

在人民币汇率不断升值、流动性充裕的条件下，中国的外债规模也会持续膨胀。短期跨境资本不断流入会导致中国金融体系内在的脆弱性逐渐显现，随着金融风险集聚至一定程度，会导致投资者信心不足、避险情绪上升，从而逆转跨境资本流向，在羊群效应的煽动下，短期套利资本会源源不断流出国内。资本流出将会引起国内利率水平上升和资产泡沫破裂，人民币也因此面临贬值压力。此时，中国所持有外债的经济主体将担负更重的债务压力，威胁宏观经济的稳定。同时，跨境资本流动所具有的顺周期特征，将强化金融体系和实体经济之间的动态正反馈机制，加剧萧条，延长萧条周期，加剧经济的周期性波动和金融体系的不稳定性。

短期跨境资本流动的背后，令人担忧的是中国金融体系的内在脆弱性。金融风险逐渐积聚，一旦国内或者国际因素导致投资者信心受损，避险情绪上升，资本必定大量外逃。最终的结果是资产泡沫破裂，人民币贬值，债务风险累积，宏观经济稳定性受到威胁。总而言之，国际资本流动的迅速涌入和撤离所带来的影响是复杂而严重的。

（三）加剧信贷膨胀风险

在短期内，随着跨境资本的急速流入，资本进入国家会引发信贷规模的扩张，释放资金流动性。金融机构将面临更大的借贷能力和借贷规模，进一步推动国内信贷投放的增加。跨境资本流动加剧信贷膨胀风险，主要通过以下几个渠道：(1) 外部资金涌入。跨境资本流动可能导致大量外部资金涌入，增加了银行和其他金融机构的存款基础。这可能诱使金融机构增加信贷投放，以满足需求，同时也降低了贷款成本，因为更多的资金供应会导致利率下降。(2) 资产价格上升。跨境资本流动可能导致某些资产价格上升，如房地产、股票市场等。这些资产的升值可以增加借款人的财富感和信心，鼓励他们更多地借款。同时，银行可能会倾向于扩大信贷规模，以满足投资者对这些升值资产的需求，从而进一步刺激信贷膨胀。(3) 货币供应增加。跨境资本流动可能导致本国货币供应增加。当外资流入时，国内央行可能印发更多货币来换取外汇，以保持汇率稳定。这会导致货币供应增加，从而有利于信贷扩张。(4) 金融市场杠杆率上升。跨境资本流动可能导致金融市场杠杆率上升，尤其是在短期内大规模外资涌入时。这可能会引发金融机构过度借贷和过度杠杆化，加剧信贷膨胀风险。

当信贷规模的扩张速度超越正常水平时，就可能引发一系列问题。首先，过快的信贷扩张可能导致宏观杠杆率上升，使整个经济体的债务比重迅速攀升。这可能会使经济体在面临外部冲击时更加脆弱，难以有效应对金融风险。其次，过度的信贷投放可能导致资源配置失衡。由于过多的资金流向特定领域，可能导致产业过热和过度投资，从而影响经济的长期可持续发展。此外，金融体系的过度杠杆化也可能增加系统性风险。一旦金融市场出现波动，高杠杆金融机构可能会面临违约风险，从而增加引发金融危机的可能性。

然而，需要指出的是，跨境资本流动对信贷膨胀风险的影响并非一成不变，它还受到许多因素的影响，包括监管政策、金融体系的弹性、市场预期等等。

（四）冲击银行体系

银行作为金融体系的核心主体，在企业融资中扮演着关键角色，而银行系统的风险水平往往能够合理地反映整体金融系统的稳健程度。跨境资本流动在作用机制上主要表现为加剧银行间竞争，同时也增加了资本市场的不确定性，由此可能引发潜在的银行系统性风险。

跨境资本的流入有助于提高中国资金流动性水平，为国内企业提供更充足的资金支持和更多元的融资渠道。随着企业融资约束得以缓解，资本市场上过剩的流动性在一定程度上对资本市场的资金供应端施加竞争压力。对于一些中小银行而言，在市场竞争加剧的情况下，它们可能放松风险管控，形成潜在金融风险，最终逐渐演变成系统性金融风险。同时，境外资本流入会挤压国内商业银行的信贷融资业务，进而对国内贷款利率产生下行冲击。银行为了维持信贷业务，往往会下调贷款利率水平，甚至降低企业信贷资格门槛，将资金注入高风险企业，从而加大银行自身的经营风险。

（五）放大系统性金融风险

跨国资本流动会对汇率和资产价格波动产生深远影响，并进一步放大系统性金融风险。一方面，部分跨国资本或许会以非法途径，如虚假贸易或篡改进出口价格等方式，进出国内市场，从而引发汇率剧烈波动。与此同时，汇率的波动传导到各个重要金融领域，诸如股票、债券市场，以及银行体系等，将导致产生振荡效应，甚至引发广泛和系统性金融风险。如果汇率波动导致本币贬值，投资者对国内金融资产丧失信心，资产价格产生波动，则可能引发系统性金融风险。相反，若本币面临升值压力，跨国资本大规模流入，投资者对本币的需求增加，外汇储备规模得以明显扩张。如果政府采取宽松的货币政策，提高货币流通性，将推动房地产和股票等资产价格上涨，进而刺激信贷扩张。而信贷的持续增加又会进一步支撑资产价格的上涨。这样就形成了资产价格呈螺旋式攀升的趋势，资产泡沫不断累积，进而加大金融风险。在此环境下，一旦国内外不确定性增加，这些高风险资产可能面临崩盘的风险，企业持有这些资产将面临更大的偿债压力，债务违约风险也会显著上升，不良贷款规模将会急剧扩大，进一步削弱金融市场的稳定性。跨国资本流动通过对货币价值和资产价值的波动产生叠加效应和集聚效应，将局部金融风险扩散至全国，乃至全球，引发系统性金融风险，从而增加金融危机爆发的风险。因此，为了维护金融稳定，必须有效监管跨境资本流动，以减少其对系统性金融风险的负面影响。

（六）影响货币政策的有效性

货币政策的独立性是确保宏观调控有效性的关键基石。在短期内，大规模跨境资本流入必然会引发证券、房地产等资产价格快速上涨，进而引发市场参与者对未来资产价格预期的变化。这种剧烈的资产价格波动不仅会影响国内的投资需求和信贷规模，还可能对整体宏观经济产生深远的影响。

当资本市场出现投资热情过度的迹象时，为了达到抑制通胀、维护经济稳定等宏观经济目标，中国央行可能会采取紧缩的货币政策，减少货币供应量,推动国内利率水平上升。高利率水平会进一步推动短期资本流入,从而降低紧缩性货币政策的有效性。同时,随着利率的上升,国内中小企业的融资成本也会上升,这将对企业的生产经营产生负面影响。这种情况下,资金可能会从实体经济流向虚拟经济,阻碍实体经济的健康发展。反之亦然。维护货币政策的有效性至关重要,应确保宏观调控措施能够更加有效地应对国内外经济的变化。

2020 年新冠疫情爆发并迅速蔓延至全球,给全球经济带来了前所未有的不确定性和巨大挑战。这场疫情不仅使国际经济环境增加了不确定性,也对各国经济造成了严重冲击。为了应对这一危机,主要发达经济体纷纷采取量化宽松的货币政策,旨在稳定宏观经济和金融体系。然而,全球范围内的宽松货币政策导致流动性过剩,同时也加大了通胀的压力。这些影响进而波及中国。2021 年年初,外部经济体的宽松政策推动了更多的资本流入中国境内,引发对人民币的持续需求增加,从而使人民币及其相关资产不断走强。为了维护人民币汇率的稳定,中国央行采取一系列措施,如进行购汇操作、投放人民币以稳定人民币汇率、发行央行票据、提高存款准备金率等,以对冲过剩的流动性。中国央行在维护人民币汇率稳定的过程中,受外部因素影响,需要不断调整措施。这些操作一定程度上削弱了中国货币政策的独立性和有效性。

2022 年,疫情逐渐缓和,全球处于复苏阶段。欧美国家由于宽松的货币政策和经济复苏,通胀持续高启。以美联储为代表的发达国家央行进入持续的“加息潮”。而中国与主要发达国家经济复苏并不同步,出现货币政策周期错位,主要采取降息的方式来刺激经济。美联储等的加息政策加速了中国资本外流、加剧了人民币贬值压力、收窄了中国降息空间,从而限制了中国货币政策的操作空间,降低了宏观调控的操作性和有效性。

第五节　跨境资本流动与人民币国际化

前文已经简单介绍了中国跨境资本流动的基本情况和现状,以及跨境资本流动会给中国经济发展带来的潜在风险。人民币国际化是中国发展的必然趋势,也是中国目前致力于实现的目标,而币值稳定是稳步推进人民币国际化的必要基础。国际货币体系随着世界政治经济格局的变化不断调整,国际货币体系变革过程中也面临许多新的机遇和挑战。自 2010 年以来,中国 GDP 跃居全球第二位,中国正式成为全球第二大经济体,加入 SDR 货币篮子更使人民币国际化进入崭新的阶段。中国金融市场的开放必然加速资本流动,影响人民币币值的稳定性,因此会对人民币国际化的进程产生一定影响,而人民币国际化又会助推跨境资本流动的规模和速度,两者相互影响,相辅相成。

(一) 人民币国际化下跨境资本流动之弊

跨境资本流动源自开放型国家之间汇率与利率的差异。这两种差异形成两种动因,推动跨境资本流动,即套利需求和避险需求。首先,套利需求体现在充分利用不同国家之间利率差异的投资策略上。这一策略的核心目标在于购买那些来自低利率国家的资产,同时卖出那些来自高利率国家的资产,从而实现低风险的中间利润。套利行为的实施不仅促进了资本的跨境流动,还在一定程度上推动了国际市场利率的趋同,从而减少了产生利差的机会。其次,避险需求主要可以理解为在某国的经济或政治形势不稳定,甚至全球经济动荡时,投资者更倾向于将资金投入政治稳定、经济结构完善的国家,以规避不确定性所带来的风险。作为国际上最为广泛接受且相对稳定的储备货币,美元成为避险需求的典型。此外,避险需求还可以解释为当人们对某国货币的信心不足时,资本就会纷纷流出。例如,在俄乌战争爆发后,大量资本从俄罗斯流出,寻求避险去处,进入美国或其他经济发展水平较高、体系较为稳定的国家。

2014 年之前,中国长期保持资本与经常项目双顺差的态势。从 2015 年开始,跨境资本流动逐渐由顺差转为顺逆交替的动态变化。特别是 2020 年,全球爆发的新冠疫情对各国经济造成了严重的冲击。在疫情初期,美国等发达资本主义国家采取了宽松的货币政策,为经济注入流动性。然而,如今这些国家纷纷进入加息潮,加剧了中国资本外流的风险。跨境资本的流入是一把双刃剑,一方面为经济增长注入新的资金,但另一方面,过度活跃的资本可能冲击本国资本市场,甚至影响基础货币的稳定,加剧汇率波动,进而引发资产价格上涨和通胀。另外,跨境资本的大规模流出意味着巨大的风险。值得注意的是,历史上许多新兴经济体都曾经历过大规模的资本外流现象,这种情况不仅对宏观经济的平稳运行构成威胁,同时也可能削弱本国货币在国际舞台上的地位。

首先,跨境资本流动在一定程度上会影响金融市场稳定,同时对人民币国际化进程产生负面影响。中国的国内金融市场并不完善,制度建设欠缺,整体资本市场发展远远不及发达国家。特别是中国的利率、汇率尚未完全市场化的情况下,当面临大规模资本流动冲击时,金融市场脆弱性显现,对国内经济产生消极影响。中国的宏观经济发展趋势是影响人民币国际化进程的主要因素之一。一旦跨境资本流动对中国经济产生较大的冲击,就会影响人民币国际化的推进步伐。中国资本项目下的人民币完全自由兑换尚未实现,在此阶段下,如果突然面临大规模的跨境资本流动,或者贸然推行资本项目下的人民币完全自由兑换,很可能引发资本流入和流出的双向冲击,进而影响中国宏观经济的基本面。人民币国际化进程需要在整体可控的前提下,循序渐进地推进。

其次,跨境资本流动容易加剧人民币汇率的波动,进而可能阻碍人民币国际化的稳定推进。跨境资本流动会导致外汇市场供求的变化,从而影响汇率的相对价格。大规模的资本流入可能会增加人民币的需求,推升人民币汇率;相反,资本流出可能会导致人民币贬值。这种供求变化往往会引发汇率的波动。汇率的波动从传导效应、投资者信心和交易成本等方面影响人民币国际化进程。短期跨境资本的大幅流动可能会导致汇率剧烈波动,尤其当市场情绪变化或者出现不确定性时。汇率波动会在金融市场中传导,进而影响企业和投资者的决策。这种不确定性可能使企业在进行国际贸易和投资决策时变得更加谨慎,甚至暂缓一些跨国业务,从而影响人民币国际化进程。汇率的大幅波动可能会降低国际投资者对人民币资产的信心。国际投资者通常希望拥有稳定的汇率环境,以降低投资风险。如果人民币汇率波动性较大,可能会使国际投资者对持有人民币资产的兴趣减弱,从而影响人民币国际化进程。汇率的大幅波动也可能增加企业和金融机构的交易成本。企业在跨境贸易中需要进行货币兑换,如果汇率波动较大,企业可能需要承担更大的汇兑风险,甚至可能需要购买衍生品等来进行对冲,从而增加交易成本。

最后,跨境资本流动下,跨境支付清算体系政治化也为人民币国际化带来诸多严峻挑战。一旦面临突发地缘政治事件,跨境支付清算体系可能会受到严重干扰甚至突然中断,阻碍国际上正常的资金流动和交易往来。

因此,跨境资本流动的挑战与影响不容忽视。中国在跨境资本流动的过程中,需要综合考虑各种因素,制定合理的政策来平衡经济增长和资本市场稳定之间的关系。为了实现人民币国际化的目标,中国需要更加谨慎地管理资本流动,同时逐步推进金融市场改革,提升金融市场的韧性和适应能力,以确保人民币国际化进程在稳健与可持续的轨道上向前推进。

(二) 人民币国际化下跨境资本流动之利

跨境资本流动不仅为中国经济带来新的机遇,而且对人民币国际化进程起到了积极的推动作用。跨境资本自由流动被视为推进人民币国际化的重要基石,而资本市场的开放则为人民币在国际舞台上角色的确立提供了必要的支持。随着时间的推移,跨境资本流动逐渐增强,人民币国际化进程也在不断深化。

后疫情时代,全球经济格局已发生剧烈变革,诸多主要经济体经历了经济衰退、通胀等。俄乌冲突的爆发,使得美国等西方国家对俄罗斯实施了广泛的制裁措施。这些制裁措施不仅覆盖经济领域,还涉及政治等多个方面。美国对俄罗斯切断跨境支付系统的最严厉制裁,却也一定程度上加速了“去美元化”的进程,对人民币国际化进程产生了积极影响。贸易和投资需求使得俄罗斯不得不寻找替代货币。目前有近 20 家俄罗斯银行可提供人民币汇款业务,约 50 家信贷机构提供人民币存款业务。人民币正在成为俄罗斯金融市场和贸易结算的“香饽饽”。据俄罗斯《专家》周刊网站报道,2023 年,人民币成为俄罗斯商人进行支付时使用最多的外币。2023 年前 5 个月,俄罗斯企业家外币支付汇款中的

70%为人民币。[①] 根据俄罗斯央行文件,人民币在俄罗斯出口主要结算货币中的份额增至6月份的25%。人民币在俄罗斯进口结算中占据主导地位,6月份份额高达34%。这主要是因为俄罗斯主要银行受到美国制裁,无法使用任何外币进行支付。

资本流动的不断推进,倒逼中国境内金融市场的开放。中国境内金融市场不断扩大开放程度,投资者对人民币的投资意愿也会随之提高,这将有助于进一步推动人民币国际化进程。回顾大多数国家货币国际化的历史经验,不难发现货币国际化与资本项目的对外输出密切相关。历史上,一些国家通过积极推动其资本流动,逐步扩大了其货币的国际使用范围。例如,美元作为全球储备货币的地位就与美国资本市场的强大和国际投资者对美元的青睐密不可分。同样地,随着中国资本市场逐步融入全球体系,人民币作为国际贸易和投资的工具也将得到更广泛的认可。

总而言之,人民币国际化必然是一个缓慢但稳健的过程,需要循序渐进、稳步推行。与其他国际货币相比,人民币国际化更具有自然性和趋势性。人民币国际化是中国经济蓬勃发展的必然产物,也是世界经济发展进步的产物。人民币国际化使中国经济与全球经济实现良性互动,推动世界经济稳定发展。然而,我们需要认识到,人民币国际化在跨境资本流动的道路上仍然存在一些挑战和阻碍。在此过程中,我们必须紧紧把握机遇,不断深化完善金融体制改革,提高金融市场的透明度和规范程度,积极促进国际合作,从而为人民币国际化进程注入持久的活力和动力。

---

① 人民币成俄外币支付主要货币.参考消息,2023-08-23.

第五章　人民币跨境业务和离岸市场建设

在人民币国际化的复杂和多层次进程中，人民币跨境业务和离岸市场建设发挥着至关重要的作用。跨境人民币业务不仅提升了人民币在国际金融市场的流动性，还为其带来了多样化的使用场景和更大的风险分散能力。在资本项目完全开放的情况下，离岸市场的建设为境外投资者提供了一个便捷和高效的平台，不仅促进了人民币金融产品和服务的创新，还加强了人民币作为全球主要货币之一的国际认可度。中国在跨境人民币业务和离岸市场建设方面不断尝试、不懈努力，取得了显著的成果。

第一节　人民币跨境结算业务与汇率制度改革

(一) 汇率制度改革对人民币跨境结算业务的影响

人民币国际化的关键，是人民币能跨越国界，在国际贸易和投资中被广泛运用，发挥结算、计价、融资、投资和储备的功能。因此，人民币跨境流通是人民币走向国际化的基础和必要条件。2008 年的全球金融危机暴露了国际货币体系的内在缺陷，以及全球金融风险的脆弱性和外溢性。在全球化进程的推动下，国际贸易和跨境资本流动的规模迅速扩大。新兴经济体和发展中国家分享着全球化的红利，享受着对外开放带来的机遇和经济利益，但同时也面临着两难的局面。由于高度依赖国际贸易，发展中国家需要稳定货币波动，不得不大量积累国际储备以在经济危机突然来临时，有效地进行政府干预。同时，新兴经济体的崛起需要大量的国内外资本加持。然而，美元作为主要国际储备货币，其价值的波动和美联储的利率政策对新兴市场构成了巨大压力。在这种外部环境下,新兴经济体和发展中国家正越来越多地加强区域贸易合作,以共同抵御风险和促进协同发展。这种区域经贸互动为人民币跨境流通提供了有力的支撑,有助于构建一个更为稳健和包容的全球经济体系,实现共赢和共享的目标。

随着中国汇率制度改革和金融市场不断完善,人民币跨境流通业务得到了持续和显著的推动。一方面,逐渐市场化的汇率制度降低了政府干预的风险,缓解了汇率波动带来的风险,增加了外国投资者和金融机构对人民币的信任。这种信任是促进跨境贸易和投资活动的关键因素,能够进一步鼓励跨境贸易。自 2009 年以来,人民币汇率已逐步走向市场化,不仅更加接近均衡汇率水平,而且在以市场供求为基础的前提下,其汇率形成机制也得到了进一步完善,双向波动范围逐渐扩大。具有弹性和市场化特性的人民币汇率不仅是跨境人民币业务持续健康发展的基础,而且是推动人民币国际化的关键因素。另一方面,利率和汇率改革为金融产品创新提供了空间,推出各种衍生工具和期权来管理汇率风险。中国从逐步放宽利率管制、强化制度建设和推动金融产品创新等多个层面,加强金融机构的自主定价权。汇率和利率形成机制市场化改革使市场主体可以实现更为有效的国内外金融资源配置,也为人民币跨境流通创造了一个更为稳健的市场环境。改革还可能激发金融机构在提供跨境结算服务方面的竞争力,从而提高整体市场效率。

2005 年至 2015 年"811"汇改期间,人民币呈现升值趋势,贸易规模的扩大和人民币的升值使得跨境贸易人民币结算占中国货物贸易总额的比重迅速上升,2015 年高达 26.0%,人民币成为全球第五大支付货币。在"811"汇改之后,人民币的单边升值趋势被打破,汇率呈现双向波动,更富弹性,跨境贸易人民币结算量下降到 4.36 万亿元,占比降至 11.8%,人民币的全球支付货币排名也下滑至第六位。随着人民币加入 SDR 货币篮子,人民币在国际货币体系中的地位逐渐提升。2022 年,货物贸易中的人民币结算份额回升至 19%,跨境人民币收付总额合计 42.1 万亿元,在同期本外币收付总额中的占比提高到 49%。根据

SWIFT 的统计数据，2023 年 7 月，人民币国际支付占比达到 3.06%，连续六个月上升，重回全球第五大支付货币，这也是人民币国际支付占比第二次超越 3%。随着中国金融开放步伐的迈进，除了债券和股票被纳入国际主要指数外，股票通、债券通、跨境 ETF、两地基金以及 2023 年正式启动的互换通等多个互联互通机制也得以实施。这些举措都促使人民币资金在跨境双向流动方面呈现稳步增长态势。

（二）人民币跨境结算背景下的汇率制度改革

金融开放是人民币国际化的重要一环，而人民币汇率市场化改革则是金融开放的一个重要维度。人民币汇率形成机制的最终目标，是实现双向自由浮动，由市场决定汇率走势。理论上看，一国汇率的自由浮动至关重要。当一个国家不能实现汇率的自由浮动时，其实际汇率可能会偏离均衡汇率，从而导致资源配置扭曲，并影响该国经济的稳定和可持续发展。实践经验表明，缺乏弹性的汇率体制为资本套利、货币套利和资本外逃提供了操作空间，从而破坏了国际收支的平衡。复杂的国内外经济环境，缺乏弹性的汇率机制，会影响宏观经济政策的有效性，削弱一国对外部冲击的抵御能力，威胁国家金融稳定。因此，在人民币国际化背景下，深化汇率市场化改革不仅能提升人民币在全球金融体系中的地位，还是确保国内经济稳健和可持续增长的重要手段。

人民币汇率改革和人民币国际结算存在先后关系，而后者又与人民币国际化存在重要联系。人民币贸易结算规模增长迅速，但这是否是人民币国际化的结果？并不尽然。当人民币汇率市场化改革未彻底完成之前，人民币贸易结算的发展一定程度上是由于市场存在无风险套利机会。在人民币国际化之后，形成了人民币在岸市场和离岸市场。离岸市场的人民币价格主要由市场供求决定，波动较大，而在岸市场的人民币价格则很大程度上由中国人民银行来决定。两个市场间的汇率和利率差异为市场参与者提供了大量的跨境套利机会。人民币是在资本账户还没有完全开放的情况下，以便利经常项目的贸易结算为起点，推动人民币的国际使用，并促进离岸市场的发展。因此，在初始阶段，两个市场的结构和运作机制有明显的区别，套利活动也是不可避免的。然而，从长期发展角度来看,在人民币跨境流通规模持续扩大和离岸市场不断成熟的情况下,推动人民币汇率制度改革迫在眉睫。为了有效推进人民币国际化进程,必须以汇率市场化改革为基础,次序不能颠倒。颠倒这一次序不仅会阻碍人民币国际化,还可能对货币政策执行造成困扰,甚至引发金融风险。为适应中国"双循环"新发展格局和应对国际经济形势的变化,我们需要在推进汇率市场化改革的同时,构建一个与中国实际情况相符的宏观审慎政策和货币政策的双支柱调控框架,加强国际宏观政策沟通与协调,建立风险防控机制。虽然当前人民币汇率制度已经采用了一种以收盘价为基础、参考一篮子货币的有管理的浮动汇率机制,但汇率仍然缺乏足够的双向弹性。在资本账户逐步开放的过程中,这会导致汇率持续高估或低估,从而提高了跨境资本大规模流动和套利的可能性,增加了金融风险。资本账户逐步开放应与汇率市场化改革紧密协同,合理控制开放的速度与深度,遵循"可管理、可调和、可应对"的基准,以实现全面的经济愿景和金融安全,只有这样,人民币才可能最终实现国际化,成为真正意义的国际货币。

第二节　人民币跨境结算业务的试点与发展

(一) 人民币跨境结算业务的演进

人民币跨境结算是推进人民币国际化的重要抓手,主要经历了四个阶段。

第一阶段,可以回溯到 1968 年。国务院批准 1968 年春季广交会对港澳地区试行人民币结算,1969 年春季广交会对远洋出口贸易试行人民币结算。这一政策的初衷并非推进人民币国际化,而是由于布雷顿森林体系根源问题显现,美国国际收支状况恶化,美元危机爆发,导致固定汇率制处于崩溃边缘。为了对出口外汇进行保值,降低外汇风险,不得不启动人民币结算。

第二阶段,20 世纪 90 年代到 2008 年。随着改革开放的推进,中国与周边国家和地区的经济往来不断加深。1993 年起,中国陆续与周边国家和地区签订双边贸易本币结算协定。人民币通过中国与周边国家和地区之间的贸易、投资、旅游等多个途径，形成了一定范围的跨境流通。2003—2004 年，为便利中国内地与港澳地区之间的经贸往来和人员流动，引导两地人民币有序回流，中国政府分阶段地为港澳地区的个人人民币业务设立了清算安排，推动了人民币在港澳地区的应用和流通。

第三阶段，2009—2015 年，人民币跨境规模不断扩大，形成内外有序循环，人民币跨境流通进入一个全新、更加活跃的发展阶段。2009 年 4 月，国务院决定在上海和广东省广州、深圳、珠海、东莞四市开展跨境贸易人民币结算试点。2009 年 7 月，由中国人民银行等政府部门共同制定的《跨境贸易人民币结算试点管理办法》正式颁布，详细披露了试点地区企业、商业银行开展跨境贸易人民币结算行为的相关规定，标志着跨境贸易人民币结算试点正式启动，人民币跨境流通大步迈进。2010 年 6 月 22 日，跨境贸易人民币结算试点扩大到境内 20 个省市区，以及境外所有国家和地区，显著扩大了人民币在全球贸易中的应用范围。

试点开始后数月内，跨境贸易人民币结算业务成交量稀少。截止到 2009 年 9 月 6 日，跨境贸易人民币结算金额合计仅约 5000 万元。这主要是因为参与试点的企业受到了严格的资格限制，同时能够提供此项服务的商业银行数量也相对有限，且海关和税收配套措施不完善，导致许多国内外企业持观望态度。然而，到 2009 年年底，跨境人民币结算金额达到 35.8 亿元。2011 年 8 月，中国人民银行会同五部委发布《关于扩大跨境贸易人民币结算地区的通知》，将跨境贸易人民币结算境内试点范围扩大至全国。跨境贸易人民币结算试点的开展是人民币对外支付改革的重要制度安排。在此期间，中国在新加坡、伦敦和法兰克福等地设立人民币清算银行，随着“一带一路”倡议的实施和人民币加入 SDR 货币篮子，人民币清算银行网络进一步扩展，覆盖了更多的国家和地区。2015 年，中国人民银行发起和主导建设的用于处理跨境和离岸人民币业务的清算与支付系统即人民币跨境支付系统（CIPS）正式启动。截止到 2022 年 12 月，CIPS 共有参与者 1360 个，覆盖全球 109 个国家和地区。在CIPS建立之前,跨境人民币结算通常需要经过一系列中间银行和对应关系,这不仅增加了成本,还延长了处理时间。CIPS的建立极大地简化了这一流程,为全球范围内愿意使用人民币进行交易和投资的个人、企业和金融机构提供了便利。在政府进一步推出完善的配套政策、人民币汇改重启、外汇管理局稳步推进、银行间债券市场有序开放、人民币公信力提高等条件的合力推动下,跨境贸易人民币结算业务步入发展的快车道,各地区跨境贸易人民币结算业务稳步增长。

第四阶段,2016年至今,人民币在国际舞台上达到了新高度。人民币于2016年10月正式加入SDR货币篮子,助推了人民币国际化进程。2010年年底,银行累计办理跨境贸易人民币结算业务仅5063.4亿元。5年之后,人民币跨境结算规模飞速增长,2015年,人民币跨境收付总额达到12.1万亿元,约为2010年的24倍。2022年,人民币跨境收付总额更是高达42.1万亿元,资本项目下跨境收付增加显著,结构得到改善。如图5.1所示,2022年经常项目下人民币跨境收付达10.51万亿元,资本项下人民币跨境收付达31.6万亿元。除2016年和2017年略有下降外,人民币跨境收付额总体上升趋势明显,人民币在进出口贸易结算中接受程度和使用程度稳步提升。

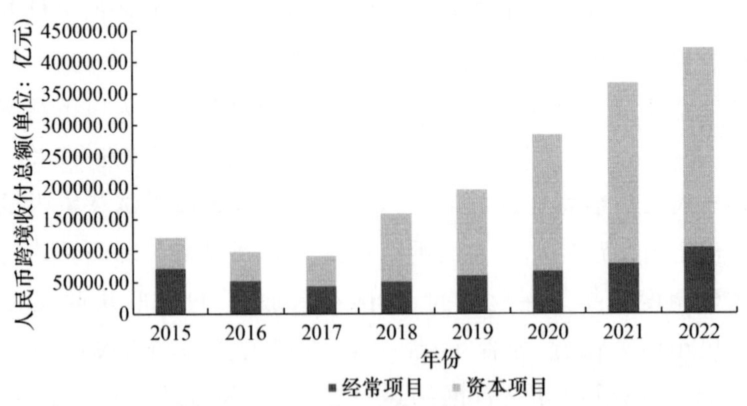

图5.1 2015—2022年人民币跨境收付总额

资料来源:中国人民银行。

2022年5月，IMF将人民币在SDR货币篮子中的权重从10.92%上调至12.28%。如表5.1所示，欧元、日元、英镑的权重有所下调，美元的权重上升至43.38%。这是自2016年人民币首次加入SDR货币篮子后的第一次定值审查，人民币权重的上升反映出IMF和国际社会对人民币可自由使用程度提高的认可，以及市场对人民币国际公信力和中国金融市场改革的肯定。随着中国金融市场深化改革，人民币国际化有序推进，人民币资产对境外投资者吸引力显著提升，在投融资货币功能方面，人民币跨境收付总体呈净流入态势，这不仅有助于稳固人民币在全球金融体系中的地位，而且为中国资本市场的进一步发展创造了有利条件。IMF发布的官方外汇储备货币构成(COFER)数据显示，2022年第四季度，人民币在全球外汇储备中的占比达2.69%，在主要储备货币中排名第五。当然，相较于前四大货币，还是有一定距离，美元在全球外汇储备中占比为58.36%，欧元占比为20.47%、日元占比为5.51%，英镑占比为4.95%。

表5.1　SDR货币篮子构成

货币	2022年权重(%)	2015年权重(%)	权重变化(%)
美元	43.38	41.73	+1.65
欧元	29.31	30.93	−1.62
人民币	12.28	10.92	+1.36
日元	7.59	8.33	−0.74
英镑	7.44	8.09	−0.65

数据来源：IMF。

(二) 人民币跨境结算业务的发展和现状

中国人民大学国际货币研究所发布的《人民币国际化报告2023》显示，虽然面临地缘政治风险、美联储缩表、国内疫情反复的严峻形势，但人民币国际化依然取得系列积极进展。2022年，经常账户下跨境贸易人民币结算金额为10.51万亿元，比2021年增加2.57万亿元，增长32.4%。人民币贸易结算总额在货物与服务进出口总额中的占比不断上升,由 2018 年的 14.04%升至 2022 年的 22.7%(见图 5.2)。国家外汇管理局 2023 年第一季度的支付数据显示,境内非银行部门(包括企业、个人和非银行金融机构)的跨境收付中,人民币占比上升至 45.3%,同比增加 4.8 个百分点,而美元占比则降至 49.4%,同比下滑 5.1 个百分点。

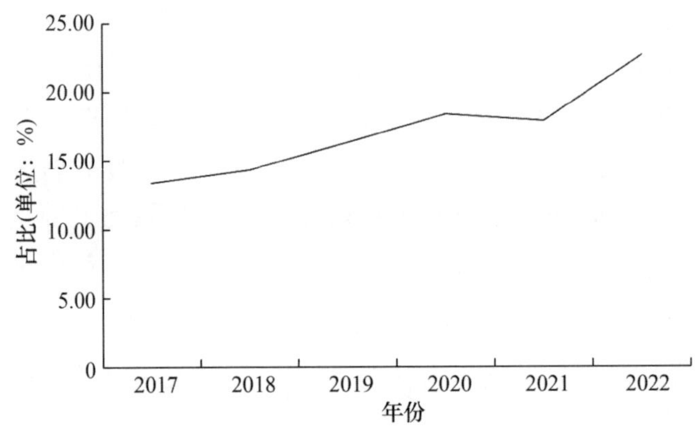

图 5.2　人民币贸易结算总额在货物与服务进出口总额中的占比

数据来源:《人民币国际化报告 2023》、商务部、国家统计局。

SWIFT 数据显示,人民币国际支付份额曾在 2022 年 1 月达到高峰,占国际货币支付比重达到 3.2%,成为全球第四大活跃货币,虽然之后因疫情反复有所波动,但基本稳定在 2%—2.3%。由此可见,人民币国际支付占比已稳定在国际前列,但是否有上升空间呢?其实,人民币跨境结算并非都通过 SWIFT 系统的信息网络,CIPS 也提供了绕过 SWIFT 结算的可能。2022 年全年,CIPS 系统处理人民币支付业务 440.04 万笔,金额 96.70 万亿元,同比分别增长 31.68% 和 21.48%。

在跨境人民币结算业务发展的过程中,国家推出了一系列政策措施以保障跨境人民币流通稳步进行,表 5.2 是 2009 年至今跨境贸易人民币结算发展过程中主要相关政策汇总,体现出中国政府对于跨境人民币结算的重视和推动。

表 5.2　跨境贸易人民币结算相关政策

时间	政策名称	政策内容
2009.07.01	《跨境贸易人民币结算试点管理办法》	在上海和广州、深圳、珠海、东莞五市展开试点，并对结算模式、管理流程等作了原则规定
2009.07.06	人民币跨境收付信息管理系统(RCPMIS)正式上线运行	
2010.03.08	《人民币跨境收付信息管理系统管理暂行办法》(银发〔2010〕79号)	加强人民币跨境收付信息管理系统的管理，保障人民币跨境收付信息管理系统安全、稳定、有效运行，规范银行业金融机构的操作和使用
2010.06.17	《关于扩大跨境贸易人民币结算试点有关问题的通知》(银发〔2010〕186号)	扩大跨境贸易人民币结算试点范围
2011.01.06	《境外直接投资人民币结算试点管理办法》(中国人民银行公告〔2011〕第1号)	允许跨境贸易人民币结算试点地区的银行和企业开展境外直接投资人民币结算试点，银行可以按照有关规定向境内机构在境外投资的企业或项目发放人民币贷款
2011.08.22	《关于扩大跨境贸易人民币结算地区的通知》(银发〔2011〕203号)	明确将跨境贸易人民币结算境内地域范围扩大至全国
2015.07.14	《中国人民银行关于境外央行、国际金融组织、主权财富基金运用人民币投资银行间市场有关事宜的通知》(银发〔2015〕220号)	对境外央行类机构简化了入市流程，取消了额度限制，允许其自主选择中国人民银行或银行间市场结算代理人为其代理交易结算，并拓宽其可投资品种
2015.10.08	人民币跨境支付系统CIPS第一期正式上线运行	
2018.01.05	《关于进一步完善人民币跨境业务政策促进贸易投资便利化的通知》(银发〔2018〕3号)	明确凡依法可使用外汇结算的跨境交易，企业都可以使用人民币结算
2018.05.02	人民币跨境支付系统CIPS第二期正式上线运行	
2019.09.10	国家外汇管理局公告取消合格境外机构投资者(QFII)和人民币合格境外机构投资者投资额度限制	
2022.06.16	《中国人民银行关于支持外贸新业态跨境人民币结算的通知》(银发〔2022〕139号)	对跨境人民币结算提供服务的对象进行了扩充，对银行、支付机构办理人民币结算的要求进行了细化
2023.01.06	《关于进一步支持外经贸企业扩大人民币跨境使用 促进贸易投资便利化的通知》(商财函〔2023〕1号)	从九个方面进一步便利跨境贸易投资人民币使用，更好地满足外经贸企业交易结算、投融资、风险管理等市场需求

(三)“一带一路”倡议与RCEP框架下的人民币跨境流通

“一带一路”倡议和人民币国际化是中国构建开放型经济新体制、实现中国式现代化的重要基石和路径。两者互相促进,协同发展。人民币在“一带一路”沿线国家市场地位的提升归因于“一带一路”倡议对人民币国际化的助推作用,而后者又将进一步支持和服务“一带一路”高质量发展。一方面,“一带一路”为人民币国际化开辟了新的空间和可能性。“一带一路”倡议所需资金规模巨大,通过资本输出对沿线国家进行投资,实现基础设施互联互通。这不仅有助于中国企业“走出去”,也刺激了中国商品和劳务的出口,共同营造了有利于人民币国际化的市场环境,从而强化了人民币在支付、结算和投资方面的功能,为形成人民币的跨境良性循环奠定了基础。近几年,“一带一路”沿线国家已成为中国对外投资的最大亮点。随着国家间经济合作水平的不断提升,贸易自由化和便利化水平也在稳步提高,通过贸易、投资和外汇储备等多个渠道逐渐提高沿线国家对人民币跨境使用的需求。另一方面,人民币国际化也为“一带一路”高质量发展提供了有力支持。“一带一路”倡议的核心理念是通过加强区域经济合作来构建人类命运共同体。区域经济合作离不开货币合作。倡议的主要内容包括“五通”,即政策沟通、道路联通、贸易畅通、货币流通、民心相通。由此可见,要实现该倡议,必须以货币流通为基础,从而推动贸易畅通和资金融通,最终实现基础设施互联互通,更好地为沿线国家实体经济发展服务。人民币的跨境流通不仅在“一带一路”沿线国家的经济交往中起到了国际货币的基础职能,还为“一带一路”建设提供了更多样化的融资渠道,从而进一步推动了“一带一路”高质量、可持续发展。根据中国人民银行的数据,2021年中国与“一带一路”沿线国家人民币跨境收付金额达5.42万亿元,同比增长19.6%;与沿线国家在货物贸易和直接投资领域的人民币跨境收付金额分别同比增长14.7%和43.4%。2022年,“一带一路”沿线国家人民币跨境汇款量同比增长39.8%。人民币在“一带一路”沿线国家跨境使用规模快速上升。

2022年正式生效的《区域全面经济伙伴关系协定》(Regional Comprehensive Economic Partnership，RCEP）是由东盟10国以及中国、日本、韩国、澳大利亚和新西兰共同制定的，是中国参与并积极推动的规模最大、最重要的自由贸易协定。RCEP的实施不仅加强了中国与东盟、日本、韩国等重要经济体的贸易和投资关系，还进一步打开了多个关键产业市场。通过区域合作，重新整合区域要素资源和重构产业链供应链，减少关税和非关税壁垒，RCEP将极大地提升中国企业的全球竞争力。在RCEP的框架下推进人民币国际化具有现实可操作性。首先，由于贸易和投资活动的增加，与中国有密切经济关系的RCEP成员将更多地使用人民币进行贸易结算和投资。随着区域贸易活动的增加，对人民币进行清算和结算的需求也将提升，促进了人民币跨境支付和清算业务的发展。其次，RCEP还能在一定程度上减少成员对美元的依赖，更多的贸易和投资有望以人民币为计价和结算货币。从资本市场的角度来看，随着与RCEP成员经济关系的不断深化，人民币资产如债券和股票的吸引力也将增加，进而推动资本项目的国际化。2022年，中国与东盟国家人民币跨境收付额达4.81万亿元，同比增长16%，占中国同期人民币跨境收付额的13.2%。东盟对人民币的认可度不断提升，马来西亚、新加坡、泰国、印度尼西亚、柬埔寨和菲律宾6个东盟国家均已将人民币纳入外汇储备。

人民币国际化与“一带一路”倡议以及RCEP相互促进，协同发展，形成螺旋式上升的良性循环。随着国际经济格局的转变和人民币国际化的推进，人民币有望成为“一带一路”沿线国家以及RCEP自由贸易区的“货币锚”。

（四）数字人民币走向跨境支付

人民币跨境支付体系在科技创新的引领下，不断尝试新的方法。当今世界已从信息化时代进入数字化时代，人民币国际化的推进也受到数字时代的影响，数字货币已经成为全球趋势。数字人民币作为中国人民银行推出的数字货币，不仅致力于国内支付体系的现代化和金融包容性的提升，还具备推动人民币国际化的潜质。在微观层面，数字人民币通过简化跨境支付流程和提高资金转移效率，为国际贸易提供了更为流畅和低成本的金融渠道。这种金融效率的提升可以转化为交易成本的降低,进而增加中国与其他国家之间的贸易和投资,促进经济全球化和社会福利的增加。在宏观层面,数字人民币有可能成为一种强有力的货币政策工具。由于所有交易都可以被记录和分析,这为中国央行在面对经济周期波动时,提供了更为精确和实时的货币政策调控能力。

数字人民币目前的重点放在零售环节,为群众提供日常支付便利。零售支付环节的成功实施不仅可以提高公众对数字货币的接受度,而且还可以测试和完善相关的支付技术、安全措施和运营模式。这是数字人民币发展的一个重要组成部分,也是其在全球范围内推广,特别是在跨境支付方面成功应用的关键先决条件。

数字人民币的便利性和跨国界性能够使国际贸易和投资更加方便,同时降低交易成本,并降低在"一带一路"沿线和东盟各国进行跨境贸易的难度。因此,通过区域经济合作推进数字人民币跨境支付是未来的重要发展方向,有助于推进人民币国际化进程。

(五) 人民币加入 SDR 货币篮子对跨境资本流通的影响

人民币成功加入 SDR 货币篮子是中国金融开放和国际化进程的重要里程碑。自 2016 年首次加入 SDR 货币篮子以来,人民币的国际地位不断上升,全球对人民币的认可度不断提高。从企业角度审视,人民币成为 SDR 货币篮子的一部分,不仅为进出口企业提供了更多的定价和计价策略选项,还增强了它们在全球贸易谈判中的话语权。首先,加入 SDR 货币篮子提升了人民币在国际金融体系中的地位,从而扩大了其全球支付使用率,一定程度上有助于企业在国际贸易谈判中获得更有利的条件。其次,随着人民币跨境结算规模逐渐扩大,企业在外币衍生品市场上的交易成本得到明显削减。以往,企业通常需要通过银行委托进行外币衍生品交易以规避汇率风险。现在,由于企业可以更便捷地使用人民币进行结算,对外币衍生品的需求减少,降低了交易成本和相关风险。最后,人民币加入 SDR 货币篮子对降低企业的汇率风险具有积极作用。对于跨国公司和大型企业来说,使用人民币进行结算能有效规避与美元或其他主要货币相关的汇率波动,从而减少其对企业利润空间的不良影响。这种稳定性对于维护企业在复杂、多变的国际贸易环境中的竞争力是至关重要的。

人民币入篮后，在国际贸易和金融市场上得到广泛应用。特别是在贸易结算方面，由于人民币流动性和稳定性的提升，人民币逐渐成为国际企业和投资者优选的结算货币和投融资货币。根据《2022年人民币国际化报告》，截至2021年末，境外主体持有境内人民币股票、债券、贷款及存款等金融资产合计10.83万亿元，同比增长20.5%。2023年第一季度，人民币直接投资结算业务达1.73万亿元，同比增长21%。截至2023年4月，央行人民币货币互换规模达36587亿元。这些货币互换协议为跨境贸易和投资提供更灵活的货币结算方式，加强了人民币在国际金融市场中的战略地位。人民币在外汇市场上活跃度也不断提高，成为全球外汇交易第八大常用货币。此外，人民币离岸市场和在岸市场上的股票和债券规模持续扩大，为国际投资者提供了更多的投资选择。

人民币加入SDR货币篮子无疑加速了跨境资本流动的多元化和复杂化，推动了人民币国际化进程，但同时也带来了更多的挑战。尽管人民币国际化进程取得了显著进展，要将其转化为全球范围内更广泛应用的货币，还需进一步推动金融体制和市场的改革开放，提高人民币的流动性、稳定性和可信赖性。

第三节　双边货币互换推动人民币国际化

（一）双边货币互换的发展历程

为了优化跨境贸易和投资的货币流动性，降低交易成本和汇率风险，推动人民币在境外实现计价、结算和储备的功能，中国人民银行与多国央行签订双边货币互换协议。货币互换双方根据对方的需要，以约定的互换本金、汇率或利率为基础，进行债务或投资的本金交换并在协议结束后对过程中产生的利息进行清算。不同于一般金融机构之间的货币互换协议，央行间的双边货币互换协议在规定的有效期内并没有发生直接的互换，因此，该互换协议就自动作废或者经协商双边展期。从企业的角度出发，双边货币互换能够为企业间的跨境贸易与投资提供融资便利，规避汇率风险，降低融资成本。从国家层面出发，双边货币互换有助于维护金融稳定。本币互换可以使协议国以较低成本获得流动性，增加外汇储备，有利于央行对本国外汇市场进行干预，维持汇率稳定。特别是一些新兴经济体，受到美联储货币政策的外溢影响严重，面临资本外流的压力，为了避免流动性风险，这些新兴经济体与中国人民银行进行本币互换，增加人民币外汇储备，规避与主要储备货币相关的外汇市场波动，提高市场信心，以应对金融风险。1993 年 5 月，随着国际贸易的发展，中国和越南央行签订了《关于结算与合作的协定》。之后的 16 年时间里，中国又与越南、蒙古、老挝、俄罗斯、尼泊尔、吉尔吉斯斯坦、朝鲜和哈萨克斯坦央行签订了双边贸易本币结算协定，推动人民币跨境结算。2008 年全球金融危机之后，为了满足境外对人民币的流动性需求以及维护金融稳定，中国央行开始与多国和地区签订双边货币互换协定。中国央行的双边人民币互换协议历经以下三个阶段：(1) 2000 年"清迈协议"框架下的双边货币互换机制。1997 年亚洲金融危机后，东亚国家为了规避金融风险，加强区域内的资金协调与互助，增加协议国之间的外汇储备，避免重蹈亚洲金融危机的覆辙，在东盟十国和中日韩三国(10＋3)的机制下开展货币互换。(2) 2008 年全球金融危机期间的双边货币互换。国际金融危机爆发后，周边国家和地区对人民币的需求增加，这一时期的货币互换是为了应对受到冲击的双边贸易和便利投资。(3) 2009 年至今以推进人民币国际化进程为目的的双边货币互换。通过双边货币互换，能够发挥人民币结算职能和稳定金融的作用。2008 年爆发的全球金融危机导致各国相继采取宽松的货币政策，产生了巨大的负面溢出效应。为了应对金融危机导致的国际金融市场上的汇率波动，规避双边贸易中的汇率波动风险，为协议国提供流动性融资，增强双边应对国际金融风险的能力，2008 年 12 月，中国人民银行与韩国央行达成双边货币互换协议，开展 1800 亿元人民币/38 万亿韩元的双边货币互换，从此真正拉开了中国双边货币互换的序幕，人民币在此过程中逐步成为重要的区域性货币。

表 5.3 是 2008 年至今中国人民银行开展的本币双边互换协议。继

中国央行首次主动与韩国开展双边货币互换协议后，2009 年，中国又先后与中国香港、马来西亚、白俄罗斯、印度尼西亚以及阿根廷 5 个国家或地区的中央银行或货币当局续签双边本币互换协议。截至 2022 年年底，中国人民银行与累计 40 个国家或地区的中央银行或货币当局签署过双边本币互换协议，并进行续签与互换协议展期，协议总金额超过 4.02 万亿元，有效金额 3.54 万亿元。2022 年 7 月，中国人民银行与中国香港金融管理局签署常备互换协议，无须定期续签，长期有效。这也是中国人民银行第一次签署常备互换协议。

表 5.3　中国央行历年开展的双边本币互换协议

年度	签约数量	签约国家或地区
2008	1	韩国
2009	5	中国香港、马来西亚、白俄罗斯、印度尼西亚、阿根廷
2010	2	冰岛、新加坡
2011	6	新西兰、乌兹别克斯坦、蒙古、哈萨克斯坦、泰国、巴基斯坦
2012	4	阿联酋、土耳其、澳大利亚、乌克兰
2013	5	巴西、英国、匈牙利、阿尔巴尼亚、欧洲
2014	5	瑞士、斯里兰卡、俄罗斯、卡塔尔、加拿大
2015	5	苏里南、亚美尼亚、南非、智利、塔吉克斯坦
2016	3	摩洛哥、塞尔维亚、埃及
2018	2	尼日利亚、日本
2019	1	中国澳门
2020	1	老挝

数据来源：根据中国人民银行相关新闻数据整理。

注：2017 年、2021 年和 2022 年无新签约协议，仅有互换协议展期以及续签协议。

总之，双边货币互换协议源于市场对人民币的需求不断增加，有助于人民币在跨境贸易和投资中的使用，体现出人民币在区域乃至全球维护金融稳定的作用。双边货币互换能够助力人民币区域化，提高人民币国际储备地位，是人民币国际化的重要路径之一。

(二)"一带一路"沿线国家的双边货币互换

"一带一路"倡议大大提高了跨境人民币业务,不仅为沿线各国提供更多的贸易和投资机会,而且对中国推进人民币国际化也起到至关重要的作用。随着中国与"一带一路"沿线国家贸易和投资往来不断增加,沿线各国对人民币的需求也持续增加。双边货币互换协议在这样的国际环境下,成为一种有效工具,为各国金融机构提供了短期的人民币流动性,进一步便利了中国与沿线国家在贸易和投资领域的合作。截至 2022 年年底,中国已与 22 个"一带一路"沿线国家签署了双边货币互换协议。除此之外,更在 10 多个共建"一带一路"国家建立了人民币清算安排,人民币跨境支付系统(CIPS)的业务量和影响力都得到稳步提升。

中国与"一带一路"沿线国家签订的双边货币互换协议带来的好处是多方面的,包括稳定汇率预期,帮助各国企业在贸易和投资方面作出合理的决策,降低汇兑成本,同时规避汇率风险。双边货币互换协议预先确定好的互换汇率,对货币汇率在短期内有一定的锚定和引导作用。在国际货币体系中,美元的地位举足轻重,全球大宗商品市场主要使用美元定价和结算。通过双边货币互换协议,中国和"一带一路"沿线国家可以绕开美元,使用本币结算,提高了人民币的使用规模,助推人民币区域化,进而实现人民币国际化。

中国人民银行开展的双边货币互换是在当前全球化遭遇贸易保护主义冲击,以及国际货币体系内在缺陷不断显现的背景下,为了推动中国与其他国家或地区的贸易和投资往来,扩大人民币使用范围和规模,构建区域贸易人民币主导型结算体系,并稳步推进人民币国际化进程的重要举措。双边货币互换协议符合习近平新时代中国特色社会主义思想,遵循习近平总书记倡导的构建人类命运共同体的理念,通过推动区域合作,实现各国互利共赢,促进了全球互联互通和共同高质量发展。

(三)中美双边货币互换的比较

最早的央行双边货币互换是美联储是发起的。20 世纪 60 年代,美元危机爆发,国际金融市场出现大量抛售美元的现象,导致美元国际信用坍塌。为了应对美元汇率的动荡,1962 年 2 月,美联储与法国央行开展了第一笔 5000 万美元/5 亿法郎的央行双边货币互换协议。这个初始为期 3 个月的协议,在美元危机持续恶化的背景下不断得到展期。随后,美联储扩大了其货币互换网络,与包括英国、德国、意大利等欧洲发达国家,以及后来的欧洲央行在内的多个金融实体签署货币互换协议,采用基准利率上浮的方式进行货币互换定价。2008 年全球金融危机爆发,全球美元流动性枯竭,美元汇率波动频繁,美联储向国际金融市场注入美元流动性,与欧洲央行、英国央行、日本央行和瑞士央行签署货币互换协议,旨在改善紧张的金融市场信贷环境。早期的美联储主要与发达经济体进行货币互换。随着金融危机的进一步恶化,美联储与新兴经济体包括韩国、新加坡、巴西与墨西哥也建立了货币互换关系。2013 年,美联储、欧洲央行、日本央行、英格兰银行、加拿大央行和瑞士央行宣布将临时互换协议转换成常备互换协议,不再受时间和规模限制。2020 年,新冠疫情冲击全球金融市场,美联储提高与五大行的互换频率,将 7 天期互换操作频率提高到每天,以增加市场流动性。更在此基础上宣布与澳大利亚、巴西、丹麦、韩国、墨西哥、挪威、新西兰、新加坡、瑞典九国央行建立临时性货币互换机制。经过多年的调整,美联储已经构建了一个高度成熟的全球美元流动性供应网络,通过货币互换向国际市场注入美元流动性,缓解流动性危机,阻断金融风险的传播和扩散,维护全球金融稳定,以进一步稳固美元的国际霸主地位。

相比之下,中国人民银行开展的双边货币互换与美联储存在一定区别,主要表现在:第一,目的差异。美联储的货币互换主要目的是为国际金融市场提供必要的美元流动性,以确保金融体系的稳定运行。这在全球性或地区性金融危机背景下更为明显。然而,中国人民银行的双边货币互换则多维度地侧重于便利跨境贸易和投资,以及服务于中国和参与方的实体经济发展。当然,金融稳定也是中国货币互换协议中一个重要的考量因素。第二,合作对象差异。美联储的货币互换对象主要为发达经济体,也包括个别新兴经济体,更倾向于与美国有紧密贸易和投资关系的主要经济体。而中国人民银行的货币互换以新兴经济体居多,也包括除美联储以外的主要发达国家央行。中国倾向于选择与自身有密切贸易、投融资关系的国家。第三,期限差异。美联储与主要央行签订常备互换协议,也与其他央行签订固定期限的协议。签署的临时互换协议多在金融危机期间,期限通常为6个月起步,根据市场情况再作相应调整。而中国人民银行双边货币互换期限一般为3年,个别超过3年,以满足长期的贸易和投资需求。

这些差异反映了两国在全球金融体系中所处的不同地位和战略目标,也体现了两国不同的政策考量和金融体制框架。

第四节 人民币在岸和离岸市场的发展

在人民币国际化进程中,离岸市场扮演着重要角色,通过离岸市场,人民币能够在全球范围内更容易地进行交易和投资,这有助于提高其国际地位。如何把握在岸和离岸市场的关系,是人民币国际化的重要环节之一。根据IMF的定义,离岸金融(offshore financial)是指一国银行等金融机构向非居民提供的诸如吸收存款、发放贷款、投资、贸易结算、证券交易等业务的金融服务。从定义可知,离岸金融是针对非居民提供的业务,而非地理上的离岸。人民币离岸金融市场可以分为两类:一是中国大陆境外离岸金融市场,如中国香港、新加坡、英国伦敦等,已经覆盖全球主要国家和地区。二是中国大陆境内离岸金融市场。随着中国金融市场不断开放和完善,境内金融比较发达的创新试验区相继提出区内离岸金融市场建设,如正在建设中的处于中国(上海)自由贸易试验区、中国(海南)自由贸易试验区、中国(广东)自由贸易试验区的人民币离岸金融市场等。

2007年,中国离岸人民币债券市场在香港建立,国家开发银行发售了首单50亿元离岸人民币债券,因规模小被称为“点心债”(Dim Sum Bonds)。时隔15年,2022年,离岸人民币债券发行规模已达2590.19亿元。随着中国逐渐开放金融市场,2009年,中国批准《跨境贸易人民币结算试点管理办法》,之后出台了建立离岸人民币市场网络的战略政策,推动人民币离岸市场迅速发展。2021年4月,中共中央、国务院印发《关于支持浦东新区高水平改革开放 打造社会主义现代化建设引领区的意见》，首次明确提出“构建与上海国际金融中心相匹配的离岸金融体系，支持浦东在风险可控前提下，发展人民币离岸交易”。然而，要推动境内人民币离岸金融市场的发展，需要做好充分的前期准备，如明确市场定位，加速金融开放，制定有效的监管限制以及加强风险防范等。目前，中国还处于境内离岸人民币市场积极建设和不断探索中。

(一) 离岸金融市场的特点和作用

离岸金融市场最初起源于欧洲的美元交易，也被称为欧洲货币市场。早期主要是在市场力量主导下自发形成的，在欧洲的银行吸纳和贷放美元资金。后来由于国家发展策略的需要，部分离岸金融市场由政府推动形成。与传统金融市场相比，离岸金融市场存在明显区别。首先，离岸金融市场是基于传统国际金融市场发展形成的无形市场，突破了交易国界、交易主体、交易对象、资本监管等限制，为跨国资本流动提供了更为灵活的环境。其次，离岸金融市场由经营境外货币业务的国际银行构成，业务活动一般不受货币发行国的法律法规限制，也不受市场所在国的外汇、利率和市场管制，交易手续简便，采用低税赋或者零税赋，效率高。再次，离岸金融市场交易规模大，以银行间资金融通为主，在全球范围吸纳剩余资本和资金，促使全球资本更加高效地流动。第四，离岸金融市场有独特的利率体系，通常以伦敦银行同业拆借利率(LIBOR)为标准。与传统的在岸金融市场相比，离岸金融市场的存款利率通常略高，而放款利率则通常略低，对于国际投资者更具有吸引力和竞争力。

基于以上特征，离岸金融市场成为国际金融市场的重要组成部分，以其高效、灵活和低成本的特点吸引各类参与者，从跨国企业到国际金融机构，甚至政府和政策制定者。离岸金融市场的发展对国家乃至全球经济发展具有显著作用。

第一，离岸金融市场有助于推动世界经济发展。离岸金融市场不仅吸纳了庞大的国际闲散资本，还形成了一个高度流动和多样化的国际资本“蓄水池”。这一机制极大地便利了全球资金的高效配置，为国际投资者提供了丰富和灵活的储蓄、借贷以及资金融通选项。离岸金融市场吸纳国际闲散资本和资金,形成国际资本蓄水池,为国际投资者在国际进行储存与借贷、资金融通创造条件,促进跨国公司实现经营资本的循环与周转,为发展中国家和新兴经济体提供跨国融资渠道,满足国际贸易与投资的支付和结算需要,推动全球经济可持续发展。

第二,离岸金融市场有利于调节各国国际收支平衡。离岸金融市场不仅是资本流动的高效通道,而且为各国在解决国际收支失衡问题上提供了更多灵活性和可行性。顺差国的盈余资金可以通过离岸金融市场向逆差国输送,在一定程度上缓解了全球经济中国际收支失衡带来的压力和挑战,也允许顺差国更有效地利用其盈余资金,实现资本的更高回报。

第三,离岸金融市场有助于优化全球资金的使用效率。首先,离岸金融市场不仅构建了一个全球性的资本流动网络,还因其 24 小时不间断的交易特性,赋予资金极高的流动性和灵活性。这种高度集中和即时的资金流动能力,让各种经济主体,无论是跨国企业、金融机构还是个人投资者,都能够迅速响应全球不断变化的投资和融资需求。其次,离岸金融市场的低税赋或零税赋政策极大地降低了国际金融交易的成本。低交易成本意味着资本可以更快速地在不同的投资机会和需求之间转换,进而最大化投资回报和社会效益。

第四,离岸金融市场有助于推动全球金融市场一体化发展。离岸金融市场具有超越国界和地域限制的独特能力,消弭了地区性或国内市场的垄断和壁垒,加强了全球主要金融中心之间的紧密联系,实现了资金和资本的全球互联互通,极大地推动了金融市场的一体化进程。这种高度一体化有助于资金在全球范围内更为灵活和高效地流动,激发金融创新和产品多样化,进一步丰富市场的投资和融资渠道,优化全球资源的有效配置。

第五,离岸金融市场有助于促进金融创新和多元化。离岸金融市场由于其相对宽松的监管环境,成为金融创新的温床。这不仅赋予金融机构更大的操作灵活性,还激励它们研发各种金融创新产品和解决方案,以满足全球各类投资者和企业的多元化需求;不仅有助于金融市场深化与扩容,还进一步细化了金融服务,使之更加个性化和高级化。例如,复杂的衍生品、高频交易策略以及各种定制化的投资和融资解决方案，都在离岸金融市场这个相对开放和自由的环境中得以孕育和成长。多样性和创新性满足了市场主体多样化的需求，增强了整个金融体系的适应性和抗风险能力。

（二）离岸金融市场的基本类型

离岸金融市场根据其职能，可以划分为一体型、分离型、渗漏型和簿记型四类。

1. 一体型离岸金融市场

一体型离岸金融市场，也称混合型离岸金融市场。即在岸市场与离岸市场的业务融为一体，居民和非居民同一账户下开展各种货币的存款和贷款业务，银行的离岸业务与在岸业务没有严格的界限，其主要目的是实现两个市场之间资金和业务的互联互通，以促进彼此的协调发展。典型例子是英国伦敦与中国香港的离岸金融市场。英镑作为国际货币，拥有良好的市场信誉，伦敦是主要国际金融中心，金融业务发达且多元化，能够为开展混合经营提供扎实的基础。中国香港亦是如此，港元汇价稳定，在国际金融市场上拥有良好的信誉，香港国际金融中心的地位亦为其一体型离岸金融市场奠定了良好的基础。

2. 分离型离岸金融市场

分离型离岸金融市场，与一体型离岸金融市场正好相反，在岸金融业务与离岸金融业务分账户处理，即居民与非居民的存款和贷款业务分开。分离型离岸金融市场的运作通常受到国内金融监管体系的约束。其主要目的在于避免本国货币政策受到离岸金融市场活动的影响。美国纽约和日本东京离岸金融市场属于分离型离岸金融市场。纽约离岸金融市场虽然和伦敦一样，金融业务发达，市场体系完善，拥有信誉良好的国际储备货币美元，但相比伦敦离岸金融市场灵活的利率政策，纽约金融管制制度更为严格，符合分离型离岸金融市场的特征。

3. 渗漏型离岸金融市场

渗漏型离岸金融市场，是一体型和分离型离岸金融市场的融合，虽然其离岸业务与在岸业务分设两个账户,居民的存款业务与非居民的存款业务分离,但在分离的基础上允许离岸账户向居民进行放贷,即资金的渗漏。渗漏型离岸金融市场的代表是新加坡和雅加达离岸金融市场。相较于分离型离岸金融市场,渗透型离岸金融市场最主要的特点是通过资金的渗漏,一方面,能够更好地提供多元融资渠道,满足居民和企业对资金的需求;另一方面,这一特征也增加了金融风险,如资金流动不稳定或存在监管漏洞等问题,对金融监管有较高的要求。这种类型的离岸金融市场通常需要更复杂的监管和政策框架,以平衡在岸和离岸市场之间的关系,并确保金融体系的稳定和可持续发展。如果该地区金融市场不够发达或者汇率不够稳定,则容易遭受金融风险的冲击,触发金融危机。

4. 簿记型离岸金融市场

簿记型离岸金融市场,亦称避税港型离岸金融市场。簿记型离岸金融市场是一种虚拟的金融市场,金融交易和资金流动仅在簿记上进行记录,并不涉及离岸资金的实际交易和流动,资金和资产的所有权仍保留在原始地区或国家。市场仅在不征税的地区设置名义中介机构,提供办理其他市场借贷投资等业务的记账、转账或者注册等事务手续。其根本目的是逃避交易市场所在地税收和金融监管,为投资者和资产管理者提供避税筹划和财务管理服务,实现资源优化配置。这类金融市场并不需要完善的金融市场和稳定的货币作为基础支撑,亦没有实际的贸易往来和投资业务作为依托。簿记型离岸金融市场的主要代表是巴哈马、开曼以及百慕大、巴拿马等地离岸金融市场。这类地区税赋低、缺乏金融监管,为国外金融机构提供避税机会,形成账面上的离岸金融市场。簿记型离岸金融市场可能引发国际税收合规和金融监管问题,国际社会通常会对这类市场的运作进行审查,以确保其在法律和合规的范围内运作。

(三) 主要离岸金融市场的形成与发展

1. 英国伦敦离岸金融市场的形成与发展

目前世界上最大的离岸金融市场在伦敦。伦敦离岸金融市场始于20世纪50年代末的欧洲美元市场,后来逐步发展为欧洲货币市场,亦是最早诞生的离岸金融市场。二战后，伦敦的金融机构吸收了大量美元存款，而美国因国际收支账户逆差造成大量美元资金外流。与此同时，美国金融市场的严格管制，使得美国金融市场缺乏吸引力。20 世纪 70 年代，随着国际贸易和投资的发展，以及 OPEC 成员获得大量的石油美元收入，各国的货币与信用需求得到快速的扩张，欧洲货币市场规模急剧扩大，整个欧洲货币市场业务量的 1/4 以上集中在伦敦。伦敦宽松的金融监管环境和巨额的货币市场业务，使其迅速发展并形成了最早期的离岸金融中心。

伦敦是世界离岸金融中心的发源地，也是世界上最典型的一体型离岸金融市场，能直接利用境内现有金融系统开展离岸金融业务。伦敦的离岸与在岸金融业务混合经营，资金和业务相互补充渗透，且离岸金融活动基本不受境内金融法律法规监管限制，离岸资金不需要遵循在岸市场的存款准备金制度，资本流通自由。伦敦强大的金融基础设施和多元化的金融业务为离岸金融市场的形成与快速发展提供了基础条件和重要保障。

2. 美国纽约离岸金融市场的形成与发展

美国纽约离岸金融市场，即美国国际银行设施（IBFs）是 20 世纪 80 年代美国创立的特殊形式的离岸金融市场，开创了在本国境内开展本币离岸金融业务的先河，颠覆了传统离岸金融中心的概念，成为第一个“在岸的离岸市场”。二战后的美国，资本外流严重，经济发展乏力，国内金融市场缺乏活力和血液。1978 年，为了吸引美元回流，提高美国金融机构的国际竞争力，巩固美元国际储备地位，纽约清算所协会（New York Clearing House Association）提出设立美国国际银行设施的构想，并提交纽约州立法委员会，最终获得批准。1980 年，美联储获得美国《货币控制法》（Money Control Act）的授权，于 1981 年开始允许美国各类存款机构以及外国银行在美国的分行和代理机构建立 IBFs，在美国境内从事与国际存贷款业务有关的活动，纽约离岸金融市场正式诞生。IBFs 是美国金融机构为了记载在本国开展的国际银行业务以及相关的收支状况所专门设立的一套资产负债账户，因此存放在其账户上的美元属于境外美元,与境内美元账户严格区分。IBFs 的主要特征如下:第一,IBFs 是全球首个在本国境内开展离岸业务的离岸金融市场;第二,IBFs 的在岸与离岸金融业务严格分离,离岸金融业务享受离岸金融优惠政策;第三,IBFs 设施分布较广,但主要业务集中在纽约地区;第四,IBFs 准入较为简单,因此要求具有更加审慎的监管机制。纽约完善的金融基础设施、多元的金融市场、稳定的美元汇率、强劲的经济实力为其成为国际主要离岸金融市场提供了得天独厚的条件。

3. 新加坡离岸金融市场的形成与发展

20 世纪 60 年代,美国银行计划在亚太地区设立离岸金融中心。当时的新加坡正处于起步阶段,为了提升新加坡国际地位,政府在金融领域开始进行大刀阔斧的改革。1968 年 10 月 1 日,新加坡政府允许美洲银行新加坡分行在银行内部设立一个亚洲货币单位(Asian Currency Unit,ACU),以与欧洲货币市场一样的方式接受非居民的外国货币存款,为非居民提供外汇交易以及资金借贷等各项业务,并为其经营提供系列财政奖励措施和取消监管制度。从此,亚洲美元市场在新加坡迅速发展,也标志着新加坡离岸金融市场的诞生。新加坡在此之后逐步发展成以经营美元为主,兼营多种国际储备货币的离岸金融市场。

新加坡离岸金融市场初期是内外分离型,后来逐步发展成渗漏型,其在岸和离岸金融业务分属两个账户,但允许资金在一定限额内相互渗透、融合。离岸和在岸金融业务的分离有效防止了资本频繁出入本国金融市场以及离岸金融交易活动影响或冲击本国货币政策的实施,充分保障了本国金融市场的稳定和金融政策的正常发挥。与此同时,内外资金一定程度的渗透为投资者提供了更多融资渠道,实现了资源有效配置。这些措施促使新加坡发展为伦敦、纽约、东京之后的世界第四大外汇交易中心。

离岸金融市场是国际金融市场的重要组成部分,为投资者提供多元化业务和不同的融资渠道,优化资源配置,吸引国际资本的流入,有助于本国投资和发展。伦敦、纽约和新加坡这几类主要国际离岸金融市场的形成和发展为中国建设离岸人民币市场提供了借鉴。中国境内人民币离岸金融市场的建设对人民币国际化起到更为积极的作用，不仅为国际贸易和投资提供更便利的人民币交易和结算平台，扩大人民币资金流动范围，降低跨境交易成本和风险，还可以促进金融创新和发展，推动人民币在国际金融市场的广泛应用，增强人民币储备货币地位，逐步提高人民币的国际认可度和公信力。

(四) 中国人民币离岸金融市场的发展

1. 境内人民币离岸金融市场的发展思路

“境内人民币离岸金融体系”是指地理位置为中国(货币发行国)境内，币种为人民币，制度为离岸制度(在中国管辖内，但具备相对独立、有别于在岸的法律法规和监管体系)，市场参与者以非居民为主，居民可有限参与的离岸市场。IBFs 就是境内离岸金融市场的代表。境内人民币离岸金融市场与国际离岸市场(如纽约、香港、伦敦等)在发展环境和目标上存在明显的差异。境内人民币离岸金融体系中离岸和在岸金融业务相互独立，这意味着离岸人民币与在岸人民币之间存在一定的壁垒和限制。此外，境内人民币离岸金融市场构建的初衷是更好地满足境外投资者对人民币的需求。通常来说，国际货币离岸金融体系的建立一般是市场自发行为，主要目的是规避严格的金融监管和税收监管。资本账户并未完全开放和汇率制度改革并未完成的背景下，中国抵御金融风险能力有限，因此，境内开展人民币离岸金融业务应有独特的思路和措施。

一是必须具有风险防控的功能。境内人民币离岸金融市场需通过调节离岸人民币资金和流动性，防范和化解跨境资本流动所带来的风险。特别是在中国资本项目尚未完全开放的背景下，合理管理离岸金融市场的资金流动对于保护金融稳定至关重要。为防控资金大规模流动可能带来的金融风险，应采用分离型离岸金融市场模式。这意味着在岸和离岸金融市场的资金账户互不干扰，彼此独立运作。这种分离模式有助于限制离岸资金对在岸金融市场的影响，通过建立有效的离岸资金管控机制和流动性管理工具，可以维护资金的稳定流动，减少资本流动的冲击和波动。当在岸与离岸金融市场长期分离且离岸金融市场规模不断扩大时,中国人民银行应采取相应的政策措施来维持人民币在岸和离岸汇率的相对稳定,如通过调整境内外人民币利差来实现。当离岸人民币利率相对较高时,会吸引更多资金流入离岸金融市场,从而增加离岸人民币供应,对在岸金融市场形成一定的负面引导。因此,中国人民银行可以通过适度调整境内外人民币利差,维持在岸和离岸汇率的稳定,缓解离岸对在岸金融市场可能带来的负面影响,从而巩固中国央行对全球人民币的定价权和宏观调整的自主性,保证金融稳定。

二是作为中国金融基础设施建设的重要组成部分。境内人民币离岸金融体系的建设不仅是对国际金融市场的响应,更是中国金融基础设施建设的重要组成部分。这一体系的构建需要充分考虑国际金融市场的需求,同时紧密结合中国金融监管和风险防范的要求,确保体系的稳健性和可持续性。首先,在风险可控的前提下,可以探索豁免部分境内监管规则,如银行业和外汇管理方面,以促进市场准入的便利化,吸引更多境外金融机构参与离岸人民币业务,增加市场活跃度和流动性。同时,加强交易托管清算和税收等方面的对接,从而提升离岸人民币市场的国际竞争力和韧性,增强市场吸引力。其次,在探索离岸人民币衍生品市场与国际匹配的监管制度方面,可推动离岸人民币衍生品市场的标准化,并将其纳入电子交易平台和交易报告库,以提高市场的交易透明度、降低违约风险,进而促进离岸人民币衍生品市场的发展和稳定。这有助于增加离岸人民币资产的流动性和市场吸引力,进一步提升离岸金融市场的国际地位。为了推动人民币国际化进程,应进一步拓展 CIPS 的使用范围。扩大 CIPS 参与者的覆盖范围,持续完善人民币清算网络,提高人民币跨境清算的效率和交易安全性,将有助于推动人民币在全球范围内的使用和流通。境内人民币离岸市场作为中国金融基础设施建设的重要组成部分,需要政府为其提供良好的政策空间,而不是单纯地依赖市场自发形成。

三是以促进资金融通、实现资源优化配置为目的。境内人民币离岸金融体系的构建旨在服务实体经济的发展,通过吸引境外投资者并借助境内外的市场力量对标建设国际通行的业务惯例和管理规则,提高人民币在国际上的使用程度和储备资产供应。在境内人民币离岸金融体系中，可以提供多种人民币资产供投资者选择，如中国国债和企业债等，这些低风险的投资选择有助于吸引国内外投资者，满足市场的投资需求，也能够实现不同账户之间的资金流动。此外，设立股票国际板，允许境外企业在中国上市，增加人民币资产的流动性和国际投资者的参与度，建立多层次资本市场。境内人民币离岸金融体系还可以为境外企业发行票据，提供融资渠道，增加人民币在全球融资活动中的份额。这种开放的市场模式有助于提高市场参与者的多样性和竞争性，提高市场效率和流动性，实现资源优化配置。

四是要起到金融产品"试验田"的作用。中国金融市场并不完善，金融产品缺乏创新。境内离岸金融市场的灵活性和较低的监管限制使其成为金融产品创新的理想试验场所。金融机构可以更迅速地引入新的金融产品，测试其市场反应和效益，从而积累宝贵的经验和数据，进一步优化金融产品的设计与功能。同时还可以通过定制金融产品满足不同行业和企业的特定需求，从而提供更加灵活高效的融资工具，促进实体经济的发展，提升金融服务的精准性和适应性。

2. 境内人民币离岸金融市场的地点选择

中国境内人民币离岸金融市场的地点选择需要综合考虑多种因素，包括经济条件、市场规模、金融基础设施、政策环境以及地理位置等。上海浦东离岸金融市场和海南自贸港离岸金融市场建设作为人民币国际化战略的重要支撑，是中央对上海浦东和海南金融开放提出的要求。

上海浦东作为国际金融中心，被赋予发展人民币离岸金融中心的特殊使命。2020 年，习近平总书记在庆祝浦东开发开放 30 周年大会上要求浦东努力成为更高水平改革开放的开路先锋，要发展更高能级的总部经济，统筹发展在岸和离岸金融业务，成为全球产业链、供应链、价值链的重要枢纽。2021 年 4 月，中共中央、国务院印发《关于支持浦东新区高水平改革开放 打造社会主义现代化建设引领区的意见》，明确表示要构建与上海国际金融中心相匹配的离岸金融体系，支持浦东发展人民币离岸交易。因此，作为全国金融改革开放的"领头雁"，上海承担着国际金融中心建设、自贸区建设和浦东引领区建设等国家战略使命。

离岸金融市场的成功建设离不开实体经济和跨国企业的支撑,这一点在伦敦、纽约、新加坡和中国香港等主要离岸金融中心得到了充分证明。上海的离岸金融市场也将受益于其可观的经济体量以及蓬勃发展的投资和贸易需求。作为国际金融中心和中国长三角地区的龙头城市,上海具备巨大的离岸金融市场建设潜力。虽然2022年受到疫情的影响,但上海市GDP依然达到44652.80亿元(见图5.3),进出口总值达到4.19万亿元,其中出口额为1.71万亿元,进口额为2.48万亿元。上海港是世界最繁忙的港口之一,其集装箱吞吐量在2022年突破4730万标准箱,连续13年位居全球第一,货物吞吐量更是达到了73227万吨的惊人数字。这一巨大的港口贸易量展现了上海作为全球贸易中心的地位和前景,为上海离岸金融市场的建设提供了有效的支撑。截至2022年,上海拥有跨国公司地区总部891家,外资研发中心531家,其中由世界500强企业设立的总部122家。此外,上海还拥有来自本土的12家世界500强企业。这些数字均体现出上海逐步受到跨国公司的青睐,并孵化出本土领军国际化品牌企业,成为高精尖企业汇聚地,推动上海成为全球离岸金融中心之一。

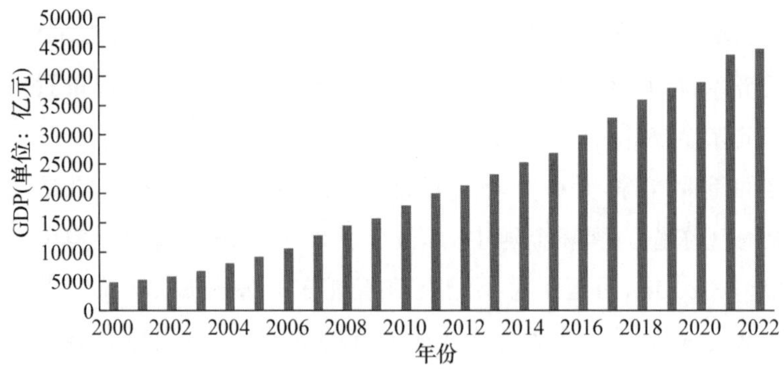

图5.3 2000—2022年上海市GDP

数据来源:上海市统计局。

上海在金融要素市场和金融基础设施建设方面也不断完善和进步。上海集聚了股票、债券、期货、外汇、黄金、保险等多元金融要素市场和基础设施,汇聚了主要金融机构和专业服务人才,形成了一个庞大而丰富的金融市场体系。这些市场的发展使得上海的金融中心核心功能不断增强，为实体经济提供了高效率的融资渠道，实现了资源优化配置。作为中外金融机构最重要的集聚地之一，上海稳步推进各项创新业务，不断完善市场服务功能。上海自贸区建设已满十年，在负面清单管理和瘦身、数据要素市场建设、海关制度创新、国际法治制度接轨、人才便利政策、现代化治理水平方面不断尝试创新，充分发挥改革开放的"试验田"功能。金融机构在上海享受着便利的政策环境和丰富的金融资源，各类金融创新产品和服务得到广泛发展。上海金融市场基础坚实，为中外企业和投资者提供了广泛的选择和便利的金融服务，为人民币离岸交易金融服务提供了全方位的基础支持。

上海作为中国的金融中心，拥有国内最发达的金融市场、集聚的国内外金融机构以及最优秀的金融人才，依托逐渐完善的金融基础设施和制度环境，其得天独厚的金融禀赋和开放奋斗的精神使得上海成为中国建立境内离岸人民币市场的最佳地点。

海南自贸区是中国政府推出的重要开放举措之一，旨在建设具有国际影响力的自由贸易港，把海南打造成中国金融开放的窗口和国际离岸金融中心。与上海自贸区相比，海南自贸区在金融市场建设、产品创新、人才储备和参与主体等方面还存在相对的劣势。尽管存在这些劣势，海南自贸区仍具备独特的优势。首先，海南作为中国唯一的省级经济特区，拥有先行先试的政策优势。这意味着海南可以更快速、更有效地推出创新政策和试点项目。例如，海南自贸区已经提出探索"跨境资金自由流动便利"的政策，以便于资金在境内外自由流通，为企业和投资者提供更灵活的资金运作环境。其次，海南自贸区是国家战略中自由贸易港的顶层设计部分。海南就打造新型离岸国际贸易中心，出台了《关于支持海南开展新型离岸国际贸易外汇管理的通知》《关于明确自由贸易账户支持海南发展离岸经贸业务有关事项的通知》，明确支持离岸业务发展。海南作为自由贸易港试点区域，享有税收优惠、资本流动便利等政策支持，吸引了更多海外资本。自由贸易港政策为海南自贸区打造国际离岸金融市场提供了政策可行性。此外，海南自贸区还具备创新金融产品的能力。受自由贸易港政策和特殊地理位置的影响，海南自贸区可以率先尝试推出新型金融产品,增加海南自贸区金融市场的多样性和吸引力。

海南作为中国唯一的自由贸易港,拥有特殊海关监管制度,即“一线放开、二线管住”,这一贸易自由便利政策使得海南拥有独特的地位和优势。货物进入海南免征进口关税且免于海关常规监管,只有当货物从海南进入内地时才需要按照进口办理手续,反之亦然。在这样的政策下,海南在国际贸易市场上具备双重性质,它既是国内市场的一部分,又是国际市场的一部分。这种双重性质通过交易和结算进入金融市场,交易主体和资金都浑然天成地拥有境内和境外双重角色。在自贸港内,大家可以享受到来自离岸金融市场的便利和灵活性,同时也可以获得国内金融体系的资源和支持。这种特殊性为海南自贸港建设离岸金融市场提供了重要的优势。海南自贸港吸引了国内外金融机构的设立和参与,为企业和个人提供了更广泛的金融服务和创新的金融产品。同时,这里也将成为金融资本的重要集聚地,为资本的跨境流动提供更便捷的渠道和环境。离岸金融中心的建设将进一步促进海南金融市场的发展,提高中国金融业的国际化水平,增强中国金融体系的全球竞争力。

海南是中国面向印度洋和太平洋进一步开放的重要门户,其独特的地理位置为其带来了巨大的战略优势和发展潜力。首先,海南岛紧邻粤港澳大湾区,这是中国经济最为发达和开放的区域之一。作为粤港澳大湾区的战略支点,海南不仅能够充分利用该区域的经济资源和先进技术,还可以通过加强与粤港澳大湾区的合作,实现互利共赢,为海南提供更多的经济机遇和市场潜力,进一步推动海南的现代化建设和产业升级。其次,海南作为“一带一路”倡议的重要节点,在亚太地区发挥着举足轻重的作用。海南在倡议的框架下积极推动区域互联互通和经济合作,为海南带来了更多的投资机会和合作伙伴。海南地处东南亚与东亚的交汇点,成为连接中国与东盟国家的重要支点,具有极其重要的地缘政治意义。海南的发展将进一步加强中国与东盟国家以及其他亚太地区国家之间的联系,为区域内的互利合作和共同发展创造更多机会。在亚太经济圈、东盟国家和“一带一路”倡议的区域合作的广阔背景下,海南正吸引着大量境外资金的集聚,为海南的发展提供了先进的金融技术、专业的金融服务和全球化的金融网络，使得海南具备了建立和发展人民币国际离岸金融中心的优越条件。

海南未来在离岸金融中心的建设上可以采取双重账户体系，即在岸账户和离岸账户体系并行，岛内企业和个人在在岸账户的基础上，可以开立离岸账户，开展包括人民币和外币的离岸金融业务。一方面可以对标离岸金融是自贸港的“标配”的国际经验，提高海南自贸港作为开放门户的功能和辐射力；另一方面可以让海南自贸港内的企业和个人通过离岸金融业务更深程度地参与到国际金融市场中，为国内企业和个人适应未来更高水平的金融市场开放积累经验，同时也探索完善在高度开放的离岸市场上如何完善金融法律和金融监管。

（五）人民币境内离岸金融市场建设的路径探索

中国作为全球第二大经济体，对全球贸易、投融资活动和世界经济增长起到重要推动作用。这使得中国更加迫切地需要提升货币和金融体系对外开放的深度和广度。然而，当前中国在岸金融市场尚未完全开放，资本账户也未实现完全自由兑换，人民币国际化程度有限，金融市场化程度与世界第二大经济体的体量并不匹配。在这样的背景下，构建一个相对安全可靠的人民币境内离岸金融市场成为中国金融发展的重要议题。本部分将对境内人民币离岸金融市场建设的路径进行探讨并提供政策建议。

1. 人民币离岸和在岸金融市场的分工与合作

中国在岸金融市场主要为国内实体经济提供本币结算、借贷和投融资等风险较低且可控的项目业务。其核心目标是支持国内实体经济的发展。在在岸金融市场相对保守的金融监管环境下，金融衍生品和人民币创新类业务相对较少。为了弥补在岸金融市场的局限性，区分在岸和离岸金融市场的功能变得至关重要。

离岸金融市场具有其特色。首先，离岸金融市场规避了在岸市场的金融监管限制，金融创新的活跃度更高。这为在离岸金融市场开发一系列具有投资吸引力的人民币创新金融产品提供了契机。离岸金融市场可以承担在岸市场无法开展的业务,如人民币境外融资、跨境支付、离岸人民币债券发行等。通过引入新的金融工具和产品,离岸金融市场可以满足全球投资者对人民币的需求,提供多元化的投资渠道和风险管理工具。其次,随着各国对离岸金融市场存在的避税、洗钱风险的认识不断加深,各国倾向于一定程度上将离岸与在岸金融市场进行隔离。离岸金融市场的相对独立性和较小规模使得监管机构更加灵活,能够更快地制定和执行规则。鉴于以上特色,中国应对在岸和离岸金融市场进行分工,以充分发挥各自的优势。即将在岸金融市场风险较高的货币市场工具、人民币金融衍生品和跨境借贷等业务逐步开放到离岸金融市场,推动离岸金融市场的全面制度创新,为投资者提供更多的风险管理工具和投资选择,进一步丰富离岸金融市场的金融产品体系,促进人民币在国际市场上的流通和使用,吸引更多的国际投资者参与离岸金融市场的交易活动,增加市场流动性和活力。

人民币离岸金融市场建设的最终目标是通过在岸与离岸金融市场联动,推动人民币国际化进程。离岸金融市场作为中介,可以吸引境外投资者、企业和人才,形成在岸与离岸金融市场之间的互补效应,提升人民币在国际贸易和金融中的地位。同时促进在岸金融市场的发展,加强中国金融业的国际竞争力。为了实现在岸和离岸金融市场的良好合作,需要建立健全监管体系和合作机制。可以借鉴其他主要离岸金融市场的先进管理经验,推动离岸金融市场的规范化和国际化进程。监管部门应确保离岸金融市场的稳定运行,并监督其风险管理和合规性。离岸金融中心还可以充当风险防火墙,防范金融风险在离岸金融市场内传染,减少金融风险对整体金融系统的影响,有助于维护金融市场的稳定和可持续发展。

2. 人民币离岸金融市场与区域经济统筹协调发展

2013 年"一带一路"倡议的提出和实践,为人民币的跨境流通、计价和结算带来了历史性机遇和新的经济动力。2020 年年底 RCEP 的正式签署进一步拓宽了人民币国际化的发展前景,为人民币在国际舞台上获得更广阔的发展空间。人民币离岸金融市场的建设需要与当前国家对外开放战略布局深度融合，统筹协调人民币离岸金融市场建设与“一带一路”倡议和 RCEP 的推进。这种综合考虑将为人民币国际化进程提供更加有力的支持和引领，促进人民币在国际金融领域的更广泛应用。

为了统筹协调人民币离岸金融市场建设与国家对外开放战略布局，首先，要扩展人民币作为大宗商品贸易计价货币的功能。大宗商品贸易作为国际贸易的重要组成部分，以人民币进行定价，可以降低汇率风险，提高人民币在全球贸易中的使用程度，扩大人民币的国际影响力。上海在推动人民币作为大宗商品贸易计价货币的功能方面进行了一系列尝试。2018 年，上海原油期货交易中心推出了以人民币计价的原油期货产品，使上海成为全球第一个以人民币计价的原油期货市场，并快速发展成为全球第三大市场。“上海油”为大宗商品贸易提供了新的计价和风险管理工具，推动了人民币作为大宗商品贸易计价货币的功能发展。同年，上海设立了人民币国际能源交易中心，旨在促进人民币在全球能源交易中的使用。但是人民币作为大宗商品贸易货币的计价能力依然不足，需要进一步优化。应鼓励具备技术与市场优势的行业主体，利用自身的定价权优势，积极选择人民币进行结算，增加人民币在大宗商品贸易中的使用比例，提高人民币的计价地位。其次，利用数字货币和数字经济的发展优势。在与“一带一路”沿线国家和 RCEP 成员的合作中，更多推行数字人民币支付，为境外主体提供更便捷、高效的人民币结算和支付方式，增强境外主体使用人民币的习惯性。同时加强国际合作与交流，推动建立统一的规则和标准，确保人民币在全球大宗商品贸易中的计价和结算方式更加便利和透明。最后，培育境外投资者对人民币的长期持有需求，而非短期套利。一方面，继续扩大在跨境商品和服务贸易中人民币的结算和计价需求。通过建立更多的人民币结算渠道和合作机制，增强人民币在跨境贸易中的使用和认可度。结合数字经济发展，在跨境电商等新兴领域推动人民币的广泛应用，进一步提升人民币的需求黏性。另一方面，通过借助“一带一路”沿线国家和 RCEP 成员的基础设施建设、贸易投资和能源合作等投融资需求，推动企业“走出去”，促进人民币在此类投资项目中的使用。中国还需进一步完善境外人民币结算和清算网络,加强人民币结算系统和跨境支付体系的建设,推动人民币在基础设施相对落后的国家和地区进行使用。

3. 市场与政府双轮驱动助力离岸金融市场发展

从离岸金融市场形成的原因来看,有市场自发和政府推动型离岸金融市场,而早期的离岸金融市场多是市场自发行为。现代的离岸金融市场是全球金融一体化和自由化的产物,它突破了传统金融市场的国民属性,因此除了市场自身需求的推动,政府的参与也是至关重要的,特别是中国等新兴经济体,需要政府的推动和参与甚至主导,尤其是在金融基础设施和宏观调控政策方面。政府的参与,可以健全金融基础设施。例如,国际中央证券存管机构(International Central Securities Depository, ICSD)是国际金融市场中重要的金融基础设施,通过各种接口联通世界的中央证券存款机构,为不同货币计价的金融产品提供托管、结算、融资、发行等系列服务,覆盖全球大部分离岸金融业务,促进了离岸金融市场的发展和运作。政府发行的国际债券通过 ICSD 进行清算和结算,更容易吸引境外投资者进行人民币证券的交易和管理,提高了人民币离岸金融市场的流动性和国际化水平。当市场面临金融危机时,ICSD 为国际市场提供跨境流动性,维护金融系统稳定。全球两大主要的 ICSD 是欧洲清算银行和明讯银行。目前为止,虽然亚洲开发银行在 2014 年提出亚洲 ICSD 的构想,但并未成功。中国债券市场经过多年发展,稳居世界第二,但是证券托管分散,跨境交易安全无法保证,缺少统一的地区金融基础平台,建立亚洲区域的 ICSD 对于区域资源配置和离岸金融市场的发展尤为重要。但 ICSD 的建立需要政府的推动和监管,以确保其安全、透明和合规运作。同时,还需要与其他国际金融机构和市场合作,建立相应的互联互通机制,以促进跨境投资和资金流动的便利性。

不仅仅是在金融基础设施方面,政府在宏观调控方面也担负着金融风险防火墙的作用。由于在岸和离岸金融市场具有相对独立的性质,而离岸市场与国际市场又联系密切,因此受全球各种冲击较大,导致人民币利率和汇率价格存在差异。中国人民银行需要通过在岸和离岸金融市场的宏观调控来维持人民币价差在合理范围内，进行人民币流动性和稳定性操作，以降低离岸金融市场对在岸金融市场的冲击。虽然人民币离岸金融体系的产品和市场的建设应该主要交给市场力量去完成，但政府可以提供必要的政策支持和监管框架，为离岸金融市场的发展保驾护航。

第五节　离岸人民币回流机制与渠道分析

在人民币国际化进程中，境外人民币的回流是其中非常重要的一个环节。人民币要成为真正意义的国际货币，必须同时具备国际支付结算、国际储备等功能，而要实现这几项功能则需要建立境内人民币投放机制和境外人民币回流机制。在人民币投放机制建设中，需要通过以人民币支付结算的货物和服务进口贸易以及对外投资等手段，推动人民币成为国际经贸和金融投资活动中的计价货币。人民币回流机制有利于控制货币供应量和保证中国宏观经济的高质量发展，若不及时加以有效的引导和管理，会对中国金融稳定带来一定冲击。

（一）构建离岸人民币回流机制的必要性

随着人民币国际化进程的推进，境外人民币积累规模的快速扩大，人民币离岸金融市场的逐步完善，对人民币回流的需求也不断加大，人民币回流机制成为焦点。然而，人民币回流的渠道必须合理有序，以避免影响在岸金融市场的稳定性和政策效果。

1. 境外人民币沉淀量不断上升的必然要求

2009 年跨境人民币业务启动以来，人民币出境步伐加快，境外人民币规模快速上升。截至 2021 年末，主要离岸金融市场人民币存款余额超过 1.54 万亿元，同比增长 21.3%。据中国香港金管局数据显示，2021 年末，香港人民币存款规模达到 9268 亿元，占香港全部存款余额的 7.5%，占香港外币存款余额的 14.6%，同比增长 28.4%，在主要离岸金融市场中位列第一。如图 5.4 所示,香港 2009 年人民币存款仅为 627 亿元,2010 年达到 3149 亿元,2012 年就实现了翻一番,之后持续平稳增长,稳居离岸人民币资金池头把交椅。2021 年年底,中国台湾人民币存款余额 2319 亿元,在各离岸金融市场中排第二位。2021 年年底,英国人民币存款余额 813 亿元,在各离岸金融市场中排第三位。这三大主要人民币离岸金融市场境外人民币积累规模就超过了 1.2 万亿元。[①]

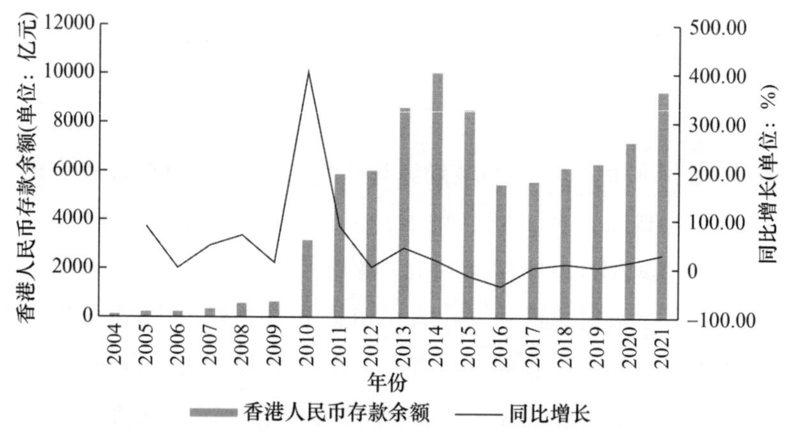

图 5.4 中国香港人民币存款余额

数据来源:根据香港金管局数据整理。

虽然境外人民币沉淀加速,但是境外人民币金融投资产品有限,回报率较低,多以存款项目为主。为了提高境外人民币持有者的投资收益,急需推动人民币回流,通过金融产品创新,拓展境外人民币的投资渠道,增加投资者收益,提高投资者持有人民币的意愿。在回流机制方面,政府和相关机构可以采取多种措施。例如,引入更多具有吸引力的人民币金融产品,如人民币绿色债券、人民币对冲基金和其他金融衍生工具,以提供更多的投资选择和增加回报率。此外,还可以放宽人民币兑换限制,简化审批程序,降低资金流动的壁垒,以吸引境外资金回流。政府应通过建立畅通的人民币回流渠道,增加境外人民币持有者的投资意愿,促进人民币在离岸和在岸金融市场之间形成有序、双向流通的经济

① 数据来源:中国人民银行于 2022 年 9 月 23 日发布的《2022 年人民币国际化报告》。

闭环。

2. 人民币国际化下的双向流通循环机制

全球主要国际化货币(如美元、欧元和日元)的发展经验表明,货币国际化必须建立境内外双向流通循环机制,即境内货币的流出和境外货币的回流。这种循环机制不仅要求境外人民币积累规模的沉淀,还需要实现境外离岸金融市场之间的双向循环,从而形成国际化货币的"大循环"流通机制。

首先,境内货币的流出是货币国际化的基础。通过境内货币的流出,可以满足国际市场对人民币的需求,提高人民币的使用频率和范围。例如,通过国际贸易的结算和支付,境内人民币可以流到境外市场,促进人民币国际化进程。其次,境外货币的回流有助于汇率稳定。人民币国际化会导致大量人民币流入国际市场。如果没有有效的回流机制,可能会出现供大于求的情况,从而影响人民币汇率的稳定;同时,回流机制能提高央行对货币供应量的控制能力,使得货币政策更为有效。一个健全的回流机制可以增强其他国家和地区对持有人民币的信心,从而提高其在全球经济中的地位。

(二) 离岸人民币回流的渠道

离岸人民币回流主要可以分为经常项目下和资本账户下的回流。

1. 经常项目下的人民币回流

1996 年 12 月 1 日,中国宣布正式接受 IMF 第八条款,即成员不得限制经常性国际经济交易的支付,不得采取歧视性的货币措施,实行自由的多边结算制度,即要求各国实现货币经常项目可兑换。至此,中国实现了经常项目下人民币的可自由兑换,建立了经常项目下人民币回流机制。经常项目下的人民币跨境流动主要通过出口贸易人民币结算来实现。2009 年 7 月,中国正式开启了跨境贸易人民币结算试点。如今,试点范围已经扩大至全国,而境外范围没有限制。跨境贸易人民币结算试点的推进为人民币回流创造了有利条件。中国的出口商可以选择以人民币进行结算,而不局限于传统的美元或其他外币。通过跨境贸易人民币结算,中国出口商将收到人民币作为货物或服务的付款。这些人民币可以在国内市场上使用,如用于采购原材料、支付劳务、偿还债务等。出口商将人民币通过以上渠道重新注入国内市场,促进人民币的回流。此外,人民币回流还可以为出口商提供更多的资金支持,促进其业务发展。工资和薪金亦是经常账户下的人民币回流渠道。随着中国人在全球范围内越来越多地参与劳动市场,以及越来越多的外国人在中国工作,工资和薪金也可能成为人民币回流的一个途径。中国公民在国外工作并将工资转回国内,或者外国公民在中国工作并使用人民币,这些都是人民币通过经常项目回流的方式。

2. 资本账户下的人民币回流

由于中国目前资本账户尚未完全开放,因此,离岸人民币回流机制的重心在于资本项目下人民币回流机制的构建。人民币通过资本项目和金融项目流回国内的渠道,除了以下三类子科目存在管制外,已经基本放开:一是外商直接投资需要符合负面清单管理规定;二是居民在借用外债和对外发行债券时需要通过资格审批,同时在负债规模上受到严格管理;三是非居民在中国资本市场的投资活动受到限制,需要通过QFII制度投资中国A股市场,同时不允许非居民投资者在境内发行股票。

(1) 境外人民币存款业务

境外人民币存款业务回流是指境外个人或企业将获得的人民币存于当地经营人民币存款业务的银行。这些银行在经营过程中需要维持一定的资金储备,以满足客户需求和运营要求,银行再将部分准备金存入当地的人民币清算行,以保持业务的正常运转。最后,人民币清算行会将超过其自身业务需求的人民币资金汇入中国人民银行的相应分支机构。这种人民币回流机制有助于促进离岸和在岸金融市场之间的资金流动,实现人民币双向循环。以香港离岸人民币市场为例,香港企业或居民将手中的人民币存入香港经营人民币存款业务的任何一家银行,该银行会根据营业需要向中银香港汇入准备金,中银香港再将多余的人民币汇入中国人民银行深圳分行，这样境外人民币就顺利回流。吸引境外人民币存款业务需要放宽资本和金融账户的限制，提供一定的税收优惠政策，确保金融体系的合规性和透明度，以吸引境外人民币存款。如今，最主要的境外人民币存款市场是中国香港和台湾地区。

(2) 外商直接投资人民币结算业务

2011 年 10 月 13 日，中国人民银行发布了《外商直接投资人民币结算业务管理办法》，允许境外企业、经济组织以及个人以人民币来华投资。该项办法的颁布目的是扩大人民币在跨境贸易以及投资中的使用，对外商办理直接投资人民币结算业务进行规范。2013 年 9 月，中国政府进一步放开了境外投资者在中国金融行业的准入限制。这一政策变化使得境外投资者可以使用人民币在中国境内设立、并购和参股金融机构，为境外人民币回流提供更多的渠道和机会。投资形式可以根据具体情况选择，必须符合负面清单管理规定。一旦外商投资者参与了中国境内的项目或企业，他们就可以使用离岸人民币与合作伙伴之间进行业务交易和结算。这包括与供应商进行采购，支付租金、工资、税费等，以及收取来自中国企业的销售收入等。境外投资者也可以直接用人民币进行金融机构的设立、并购和参股。境外投资者应根据中国金融监管部门的规定和程序，提交相关申请并获得准入审批。准入审批通常涉及对投资者资质、背景、资金实力等进行评估和审核。投资者在准入后，需要遵守中国的法律法规和监管要求，进行金融机构的注册与设立，也可以通过并购或参股现有的中国金融机构来推动人民币回流。一旦金融机构设立、并购或参股完成，境外投资者就可以将人民币资金注入该机构，并根据需要进行资金管理和运营。时至今日，外商直接投资人民币结算业务不断优化，取消了诸多限制。2022 年，中国外商直接投资新设立企业 38497 家，实际使用外商直接投资金额 12327 亿元，同比增长 6.3%。人民币外商直接投资金额呈显著上升趋势，2022 年 6 月达到峰值即 4945 亿元(见图 5.5)。

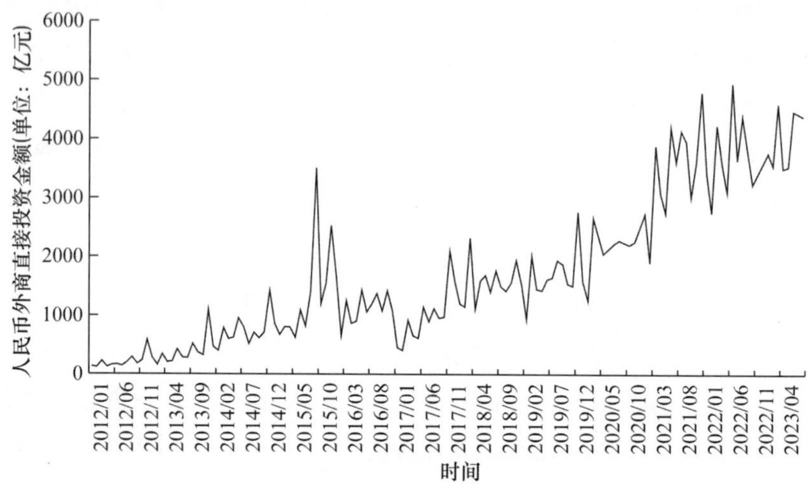

图 5.5　人民币外商直接投资金额

数据来源:Wind。

(3) QFII 和 RQFII 人民币业务

QFII 和 RQFII 是中国政府为吸引境外投资者参与中国资本市场而设立的两项制度,也是人民币回流的重要渠道。

QFII 制度于 2002 年 11 月由中国证监会推出,允许合格境外机构投资者在一定规定和限制下汇入一定额度的外汇资金,并转换为当地货币,通过严格监管的专门账户投资当地证券市场,其资本利得、股息等经过批准后可转换为外汇汇出的一种市场开放模式。该制度旨在允许合格境外机构投资者使用外汇在中国境内投资股票和债券市场。起初,QFII 制度面向少数大型合格境外机构投资者,投资额度有限,需遵循一定的资本锁定期和资金赎回规定。随着中国金融市场的发展和人民币国际化的推进,RQFII 制度于 2011 年推出。RQFII 制度允许境外合格机构投资者使用离岸人民币在中国境内投资股票、债券和基金等金融产品。与 QFII 制度不同的是,RQFII 制度以人民币为投资货币,允许更多机构投资者参与,并提供更灵活的投资额度,更加注重促进人民币的国际使用和资本账户的可兑换性。RQFII 制度不仅降低了因货币兑换而产生的成本和风险,也为境外人民币资金提供了一个有效的回流渠道。2020 年 9 月,经国务院批准,中国证监会、中国人民银行、国家外汇管理局发布《合格境外机构投资者和人民币合格境外机构投资者境内证券期货投资管理办法》,中国证监会同步发布配套规则《关于实施〈合格境外机构投资者和人民币合格境外机构投资者境内证券期货投资管理办法〉有关问题的规定》,将QFII、RQFII资格和制度规则合二为一,以进一步简化审批程序、取消额度限制、允许自主选择汇入币种、降低准入门槛、拓宽投资渠道、提高投资效率,并推动更多合格境外机构投资者参与中国市场,进一步开放资本账户。境外机构可以使用离岸人民币或外汇投资中国的证券市场,包括股票、债券、基金等。投资额度的分配通常由中国证监会或其授权机构根据申请机构的资质、规模和投资计划等因素来决定。QFII和RQFII获批机构如今可以参与期货、期权合约交易,但是交易品种有限。随着中国资本市场不断完善,与境外市场逐渐实现互联互通,QFII和RQFII制度在人民币回流机制中必将发挥重要作用。

离岸人民币通过合格境外机构投资者,以规范的方式回流到中国境内的资本市场。这有助于促进人民币国际化进程,增加离岸人民币的流通和使用,同时为境外投资者提供更多投资中国市场的机会。

(4) 人民币合格境外有限合伙人

2012年10月25日,上海银行与海通证券香港子公司海通国际签署合作备忘录,将在香港发行人民币合格境外有限合伙人(RQFLP)基金产品,募集离岸人民币资金并输入上海,用于各类私募股权投资。海通国际是获得RQFLP试点资格的首家投资机构,第一期获批额度约1亿美元等值人民币。2013年8月,上海银行为首批境外人民币股权投资试点企业提供了首单境内股权投资服务,意味着国内第一笔RQFLP境内投资业务落地。有别于以往的QFII和RQFII只能投资股市、债市,RQFLP可投资未上市企业、上市企业的非公开交易股权、可转换债券、产业基金等。RQFLP试点的启动,使离岸人民币以规范的方式回流到中国境内,推动了离岸人民币的流通和使用,拓宽了离岸人民币资金回流国内市场的渠道。

(5) 人民币证券投资

境外投资者可以通过投资人民币债券形成回流人民币。人民币债券市场主要有两种:一种是境内机构在境外发行债券,如香港“点心债券”、台湾“宝岛债券”等。之所以称之为点心债券是因为其规模相对于整个债券市场来说比较小。彭博统计数据显示,点心债券 2022 年发行量创下历史新高,达到 4090 亿元,成为国际债市的一大亮点。点心债券存量自 2018 年以来逐步增长,到 2022 年年底达到近 7000 亿元,亦是点心债券自推出以来的峰值。另一种是境内银行间债券市场。中国人民银行于 2010 年 8 月发布了《关于境外人民币清算行等三类机构运用人民币投资银行间债券市场试点有关事宜的通知》,明确了境外人民币清算行、跨境贸易人民币结算境外参加行以及境外央行或货币当局可以以人民币投资中国的银行间债券市场。该政策的出台为境外机构投资中国债券市场提供了便利,并促进了离岸人民币在国内债券市场的流通。境外机构投资境内银行间债券市场有两种主要渠道:直接入市和通过“债券通”入市。直接入市是指境外机构直接申请成为境内银行间债券市场的债券投资者,并通过境内机构进行交易。“债券通”是指通过中国境内的债券通道(如“北向通”和“南向通”)间接投资中国债券市场。2021 年全年债券投资流入 8.11 万亿元,流出 7.42 万亿元,净流入 6876.43 亿元。截至 2022 年 12 月,共有 1071 家境外机构投资银行间债券市场,其中 526 家直接入市,784 家通过“债券通”入市,还有 239 家同时通过两种渠道入市。

境外机构通过这些渠道可以直接或间接投资中国的债券市场,为境内债券市场提供了更多的流动性和多样化的投资者群体。同时,这些机构的参与也为境外投资者提供了更多选择,丰富了投资组合,并促进了中国债券市场的发展和国际化。

境外投资者也可以通过投资股票市场形成回流人民币。2014 年 4 月 10 日,中国证券监督管理委员会和香港证券及期货事务监察委员会正式签署了《沪港通合作协议》,推出沪港通机制。同年 11 月,沪港通正式开通运行,允许合格境外投资者通过香港交易所投资上海证券交易所的 A 股市场,并允许合格境内投资者通过上海证券交易所投资香港交易所的 H 股市场。沪港通推出后不久, 2016 年 12 月 5 日,深港通正式启动,允许合格境外投资者通过香港交易所投资深圳证券交易所的 A 股市场,并允许合格境内投资者通过深圳证券交易所投资香港交易所的 H

股市场。这标志着中国资本市场在法治化、市场化和国际化方向上又迈出了坚实的一步。中国的资本市场并没有在此止步。2016年，中国证监会推出沪深港通，将上海证券交易所和深圳证券交易所的A股市场与香港市场进行更紧密的互联互通，使合格境外投资者能够通过香港交易所投资上海和深圳两个交易所的A股市场，同时合格境内投资者能够通过上海和深圳交易所投资香港市场的H股市场。2023年3月，新修订的《沪深港通业务实施办法》正式实施，标志着沪深港通范围的调整取得重要突破。扩容后，沪股通和深股通的股票数量分别增至1192只和1336只。在港股通方面，纳入市值50亿港元及以上的恒生综合小型股指数成分股作为沪港通的标的，范围扩大到与深港通保持一致。同时，港股通还首次纳入4家在港上市的外国公司，进一步拓展了港股通的范围。

《2022年人民币国际化报告》统计数据显示，2021年沪深港通业务人民币跨境收付金额合计1.93万亿元，同比增长13.5%，流入流出基本持平。其中，沪股通和深股通合计净流入4098.49亿元，港股通净流出4094.88亿元。

沪港通、深港通和沪深港通的推出标志着中国股票市场与境外市场之间达成重要合作。股票互联互通机制为境内外投资者提供了更便利的投资渠道，促进了资本市场的国际化，并提升了市场的流动性和效率，加速了人民币回流进程。

（三）离岸人民币回流的作用和风险

1. 离岸人民币回流对宏观经济的积极作用

合理有序的离岸人民币回流机制能够促进中国宏观经济的稳定和持续发展，有助于加快人民币国际化进程。

首先，构建一个稳健和有序的离岸人民币资金回流渠道对于提升人民币在国际贸易和投资领域的竞争力具有至关重要的作用。在境外人民币离岸金融市场功能不健全的情况下，持有人民币的境外企业可能会面临保值和投资渠道的缺乏，从而降低其对人民币的持有量。因此，建立完善的回流机制是关键所在。一方面，合理有序的离岸人民币回流机制能够提高人民币在跨境结算中的吸引力。境外投资者可以通过回流机制将离岸人民币转回境内,用于国际贸易和投资活动,降低交易成本和风险,提高人民币的可用性和便利性,进一步推动人民币在国际市场的使用。另一方面,通过建立完善的回流机制,可以协调经常账户和资本账户之间的匹配关系,提供稳定的流动性和投资渠道,从而增加境外投资者持有人民币的信心。2019 年,364 只人民币债券被纳入彭博巴克莱全球综合指数,成功地吸引了境外指数追踪资金通过离岸人民币渠道进入中国债市,不仅提高了外界对人民币债券的关注和参与,而且增加了人民币在全球债市中的认可度和流动性。总的来说,建立完善的人民币回流机制有助于提高人民币在跨境结算中的吸引力,促进国际贸易和投资活动,使中国经济获得更多机遇和动力,同时也将进一步推动人民币在国际舞台上的地位和影响力的提升。

其次,合理有序的离岸人民币回流机制有利于人民币国际化。当前,人民币已经在中国周边国家和地区逐步成为贸易结算货币,并逐渐被纳入外汇储备。然而,目前境外非居民持有人民币主要用于旅游支付和边境贸易结算等,这只是人民币支付手段的运用,未充分发挥人民币作为储备货币的价值贮藏功能。为了使人民币真正成为全球储备货币,加强建设人民币回流渠道至关重要。另外,还应通过提升海外人民币的增值能力,使持有人民币的境外机构和个人能够获得更多的收益,从而增加其持有人民币的动力。例如,中国推出的人民币债券市场和股票市场的互联互通机制(沪港通、深港通),为境外投资者提供了投资境内市场的渠道,促进了境外人民币回流。同时,加强人民币离岸市场的功能和创新,提供更多的金融产品和工具,有助于提升海外人民币的增值能力,增强人民币的储备价值。随着离岸人民币回流的增加,人民币在国际金融体系中的使用和认可度得到提高。这有助于提升人民币的国际地位和影响力,促使更多的国际机构和投资者选择使用人民币进行交易和储备,加快人民币国际化进程。

最后,离岸人民币回流机制的构建有助于多层次资本市场的发展和完善。发展多层次国际化资本市场有助于推动经济发展、提升国家竞争力、促进金融创新和产品多样化,同时分散风险和提高市场的稳定性。

通过不同层次市场的协调和互补，可以构建一个更加强大和有活力的资本市场体系，为经济增长和可持续发展提供支持。而人民币适度回流机制的构建恰好可以促进多层次国际化资本市场的形成。一是离岸人民币回流机制的建立可以增加境内市场的流动性。吸引境外投资者参与境内资本市场，能够增加市场的交易量和活跃度，提高市场的流动性。较高的流动性有利于降低交易成本、改善交易效率，进一步推动资本市场的发展。二是离岸人民币回流机制的建立将刺激金融创新和产品多样化。这将推动金融机构开发新的金融工具、衍生品和资产管理产品，为市场参与者提供更多投资选择，促进资本市场的多元化和战术层次化进程。再者，为了吸引离岸人民币回流，资本市场需要进一步完善市场机制和规则，以提供更公平、透明、可预测的投资环境。这将促使市场参与者更加关注信息披露、治理结构、投资者保护等方面的改善，提升市场的信任度和吸引力。总的来说，离岸人民币回流机制的构建能够提升市场流动性，强化市场机制和规则，推动金融创新和产品多样化以及提高市场国际化程度，使资本市场更加多层次、健全和有活力，为经济发展提供更多资金支持和机遇，同时也提高了市场的国际竞争力，促进了市场的可持续发展。

2. 离岸人民币回流机制的潜在风险

离岸人民币回流机制的构建，能够降低企业交易和融资的成本，提供丰富的投融资渠道，促进宏观经济增长；与之相随，也带来了诸多问题，包括国际热钱涌入、对汇率和资本流动的管理难度加大、金融监管难度加大、金融市场的波动性加剧、宏观政策的力度削弱以及外部经济环境的变化等。因此，中国需要合理有序地引导和管理离岸人民币的回流，以确保不发生系统性金融风险。

（1）利差和汇差导致热钱大量涌入

吸引外资是中国长期对外开放政策的重要组成部分，也是中国经济快速发展的关键因素之一。外资的流入促进了经济的增长、技术的引进和产业的升级，为中国经济提供了重要支撑。然而，短期国际资本的大量涌入或流出可能对经济的健康发展造成巨大冲击。这种资本流动的不确定性和剧烈波动性可能导致金融市场不稳定,甚至引发金融危机。人民币回流渠道的拓展增加了短期国际资本涌入或流出的隐蔽性,使得政府监管部门对国际短期资本流动的监管有效性降低。离岸金融市场的人民币存款利率和债券市场与在岸金融市场可能存在利差和汇差,使得套利成为可能。国际投资者可能会将手中的国际资本兑换成人民币,并通过人民币回流渠道进入中国资本市场,导致资本价格短期内过度上涨,形成投机性资本波动。资本价格的过度上涨可能导致投资风险增加,企业生产成本上升,从而对经济产生不利影响。同时,过度的资本流入也可能加大通胀压力,推高物价水平。此外,资本市场的剧烈波动也可能导致房地产市场价格居高不下,形成资产泡沫,进一步加大经济的不稳定性。然而,一旦市场行情出现逆转,获利资金可能会迅速撤离,导致资本市场短期内急剧下跌,给中国经济的健康运行带来诸多挑战。

为了保持经济的稳定和可持续发展,中国政府需要加强对人民币回流渠道的监管和控制,确保资本流动的稳定性和合理性。同时,应继续加强金融监管和风险管理,以应对短期大规模资本流动可能带来的风险和挑战,保持经济的平稳运行。

(2) 影响人民币汇率和利率的稳定

中国实行以市场供求为基础的、有管理的浮动汇率制度,而人民币离岸市场上的汇率则完全由供求来决定,所以离岸和在岸金融市场必然存在汇差。一旦人民币回流机制开启,大量海外人民币追逐短期利益涌入中国境内市场,就会打破原有的供需平衡,对人民币汇率的稳定带来严重的影响。短期较大规模的人民币回流导致国际金融市场上人民币供小于求,人民币面临升值压力。一些国际投资者可能会利用国内外市场上的汇差套利,冲击人民币汇率机制,进一步加剧了中国货币市场的不稳定性。利差问题也是如此,人民币离岸市场上的利率明显低于国内市场,境外人民币为了追逐更高收益,加大热钱涌入。而一旦人民币回流机制开启,这种逐利游资进入国内市场的趋势就会加剧,进一步冲击中国利率的稳定。为了应对这些影响,中国政府和央行需要密切关注人民币回流机制的运行情况,确保人民币汇率和利率的稳定。

（3）削弱中国货币政策的宏观调控效果

中国金融市场开放度和市场化水平与发达国家还存在差距，人民币的利率形成机制和汇率形成机制改革也需要深化，资本账户尚未完全开放。在此背景下人民币回流将不可避免地引起境内外资金的大规模频繁流动，对中国货币政策的实施效果产生巨大影响，特别是在经济低迷时期。中国央行往往采取宽松的货币政策来刺激经济增长，境内利率偏低，大量资金可能会离开境内市场，削弱了货币政策的刺激效果。另一方面，当经济过热或存在泡沫时，央行往往采取紧缩的货币政策来控制通胀和风险，通过提高利率和准备金率减少市场上的流动性，以抑制资产价格的过度上涨。然而，国外资金可能会看中高利率的回报，大量涌入国内市场，增加了市场上的流动性。这样一来，国外资金的涌入同样会削弱紧缩货币政策的有效性，进一步加剧经济过热的局面。

因此，人民币回流的开展必须谨慎对待，中国政府和央行需要密切关注人民币回流机制的运行，并采取相应的政策措施来维护货币政策的有效性和稳定性。这可能包括加强资本流动的管理和监管，提高金融市场的稳定性和抗风险能力，以及根据需要调整货币政策。只有在平衡境内外资金流动的同时，才能保持金融市场的稳定和经济的可持续发展。

（四）构建离岸人民币回流机制的政策建议

1. 加速境内外人民币离岸金融市场建设

目前，中国对人民币资本项目实施较为严格的管制，采取“离岸金融市场加清算行”的模式来实现人民币的出境、境外集聚和回流。因此，加强人民币离岸金融市场的建设至关重要。这涉及逐步完善相关的法律制度、建立跨境支付结算系统的基础设施以及创新金融产品，深化金融市场改革。通过发展人民币离岸市场，可以创新人民币金融产品，为持有人民币的企业和居民提供更多的投资选择。通过增加投融资渠道和提高收益率，可以进一步提升人们持有人民币的意愿。这种趋势将促使人民币在离岸金融市场上持续沉淀，形成庞大的资金池。目前，中国香港作为人民币离岸金融市场发展起步较早的地区，拥有大量的人民币存款和丰富的金融产品,是相对完善的离岸金融市场。上海离岸金融中心的建设过程中,通过在岸和离岸金融市场的区分与协作,有助于为人民币国际化提供更广泛的使用场景。除此之外,我们还应逐步加强其他地区的人民币离岸金融市场建设。中国澳门、中国台湾、新加坡、法兰克福等地也具备一定的潜力和条件来发展人民币离岸市场。通过加强这些地区的离岸金融市场建设,可以进一步助推人民币的国际化进程,提高人民币的回流能力,促进人民币在全球范围内的使用。这将有助于推动人民币在国际金融体系中地位的提升,增强中国的金融实力和影响力。

2. 提升境内企业议价能力以实现人民币结算

在国际贸易中,企业的议价能力和计价、结算货币的选择对其地位和成本具有重要影响。对于中国企业来说,选择以人民币作为计价、结算货币具有多重好处,不仅可以减少汇兑环节,降低汇率风险,从而降低进出口贸易的成本,还可以推动人民币国际化进程,使人民币在国际贸易中更加广泛使用。

中国企业在"一带一路"沿线国家和东南亚市场具有较强的议价能力。中国经济持续、快速发展以及人民币的坚挺币值使得中国企业在周边国家具有较高的接受度,能够灵活选择人民币作为计价、结算货币,提高议价能力。此外,人民币的长期稳定升值也为境外企业或居民持有人民币带来升值收益,增加了人民币的吸引力。然而,在面向欧美市场的交易中,中国企业的议价能力相对较弱,通常情况下,结算货币为欧元或美元,人民币在贸易渠道中流出较多而流入较少。这表明中国企业需要进一步提升议价能力,在国际贸易中更好地发挥竞争优势。

政府和企业可以采取一系列措施提高议价能力和货币选择主动权,如政府应出台相应政策为企业提供宽松的营商环境,增强企业的创新能力,打造具有不可替代的国际竞争力的品牌企业。同时,企业应加大研发投入,加速技术升级,通过产品不可替代性和创新,逐步提升议价能力和以人民币计价、结算的主动性,最终实现人民币支付,加速离岸人民币回流。

3. 进一步拓宽人民币回流渠道

在确保国内经济金融稳定的前提下,拓宽人民币回流渠道具有重要意义，不仅有利于推动人民币国际化进程，增强人民币的全球影响力，还可以提高中国实体经济和金融市场的国际竞争力。首先，应促进经常项目下人民币结算业务的发展。通过放宽对跨境贸易人民币结算的限制，使得国内外企业更加便利地使用人民币进行国际贸易结算。这有助于促进实体经济领域的人民币双向流动，为企业提供更多的选择和便利，降低交易成本和风险。其次，应逐步推进人民币资本项目下业务的发展。这包括拓展人民币直接投资、加大跨境人民币贷款等，进一步扩大人民币在国际资本流动中的应用范围；通过放宽资本市场对外管制，促进境外投资者参与境内资本市场的买卖业务，进一步推动金融领域的人民币双向流动。

在推进跨境人民币业务发展的过程中，还需要逐步完善相关的法律、法规和制度保障，以确保业务的稳定和可靠性。这包括建立健全的跨境人民币回流的清算支付体系，为境外人民币回流提供可靠的制度支持。同时，还需要加强监管，确保资本流动的有序和稳定，防范金融风险。

4. 引导资金流向合理，完善监管制度

人民币出入境渠道的拓宽会大幅增强境内外资本流动性，引发热钱流入和资本外逃，带来金融风险。因此，金融监管机构在保障金融市场稳定和国内经济健康发展方面发挥着关键作用。金融监管机构必须加强对资本流动的监管和控制，引导资金流向预定领域，防止非法资金流动和境内资本外逃。首先，应确保人民币资金的来源合法和流向明确。合法的资金来源是顺利引导人民币出入境的前提条件。监管机构应严格审查和监控资金来源，以避免非法资金通过人民币渠道进入境内。同时，金融监管机构还应引导资金流向特定领域，如鼓励人民币资金用于贸易活动，限制其在金融领域的运用，以避免资金过度投机和金融风险的积累。此外，还应避免境内企业通过虚假贸易等手段获取人民币资金后再进行境内贷款业务，以维护金融市场的稳定。其次，在加强对入境的热钱限制的同时，严防境内资本跨境逃逸。热钱通常会导致物价过快上涨、资产泡沫和金融市场动荡，对经济稳定造成不利影响。监管机构应设立有效的防控措施,限制热钱流入,确保金融市场平稳运行。同时还应加强对境内资本跨境逃逸风险的监测和管理,防止非法资本流出国境,保护国内经济利益。这可以通过强化资本流动的监管和审查,加强与其他国家和地区的合作与信息共享,以及制定更为严格的规章制度来实现。

只有实施有效的监管和控制措施,才能确保人民币出入境渠道的合理运行,维护金融安全和国家利益。

5. 进一步推动金融市场改革

中国金融体系的改革开放对于推动金融发展、提升经济稳定性和增强国际吸引力至关重要。然而,目前中国金融系统并不完善,急需加强金融体制建设。首先,应改善金融机构之间的协同作用。当前,银行、证券、保险、信托等金融机构之间的协同作用还有待加强。通过加强金融机构之间的合作与协调,可以提高金融体系的效率和稳定性,促进直接融资的发展,降低企业融资成本,推动经济增长。其次,应进一步推进金融产品的创新。金融产品创新可以满足不同市场主体的需求,丰富金融市场的产品种类,提高金融市场的流动性和活跃度。特别是要加强金融衍生品的发展,通过衍生品市场的建设,提供有效的风险管理工具,促进金融市场的稳定和发展。同时,我们应积极推进人民币利率市场化和汇率形成机制改革。人民币利率市场化可以实现利率由市场决定,增强金融市场的价格发现功能,提高金融市场的资源配置效率。而汇率形成机制改革则可以增强人民币汇率的弹性和市场反应能力,使汇率更加符合市场供求关系,提高人民币的国际化程度。通过扩大人民币汇率的浮动区间,能够逐步实现人民币汇率的双向浮动市场化机制,增强人民币汇率的弹性,使其能够更好地应对外部经济环境的变化,提高人民币在国际货币体系中的地位和影响力。此外,建立存款保险金制度也是重要的一步,能够确保储户的利益,减轻和避免风险管理不当造成的中小金融机构倒闭的可能,增强金融体系的稳定性和储户的信心。

完善和开放的金融市场是海外人民币回流的坚实基础和定心丸。

第六章　人民币国际化和上海国际金融中心建设

国际货币的地位不仅仅依赖于它在跨境业务中的普及或离岸市场的发展，还离不开一国国际金融中心的发展。国际金融中心通常具备先进的金融基础设施、集聚的跨国公司、健全的法律法规、高效的监管机制和创新的金融产品，这不仅有助于国内经济的发展，也为该国货币国际化提供了有力的平台支持。上海国际金融中心的建设和能级提升，是中国人民币国际化的重要推手。

第一节　国际货币和国际金融中心的关系

(一) 国际金融中心的形成理论

国际金融中心是一个金融业高度发达的城市或城市群，资本高度聚集，为区域乃至全球提供金融中介服务和金融市场服务。这些地区通常汇聚了大量的金融机构、公司、投资者以及相关服务提供商，形成了一个复杂且高度发达的金融生态系统。国际金融中心在全球金融市场上扮演着至关重要的角色，提供了多种金融服务，包括资本融资、贸易融资、证券交易、外汇交易、衍生品交易、保险、资产管理等。国际金融中心的形成，涵盖了多重理论，这些理论深刻地阐述了国际金融中心的演变和发展过程。

1. 自然发展理论

这一理论强调国际金融中心的形成是区域经济发展的自然产物，随着社会经济的不断发展,人们对价值的追求逐渐引发了金融业务的集聚。随着地区内企业和个人财富的积累,它们对金融服务的需求逐步增加,从而催生了金融机构。逐渐形成的金融活动集群进一步吸引了更多的资本和人才,进而加速了国际金融中心的发展。

2. 政府引导理论

政府引导理论基于罗纳德·麦金农和爱德华·肖的金融深化理论,认为政府在国际金融中心的形成过程中扮演着重要角色,政府可以通过建立金融中心来促进国内宏观经济的发展。政府通过引导和支持,刺激储蓄、投资和消费,提高金融市场的活力,从而实现全面经济增长。政府的政策和举措对国际金融中心的定位和建设起到了至关重要的作用。

3. 规模经济理论

规模经济理论认为,金融业的集聚和规模扩大带来了成本递减和收益递增效应。随着金融机构和活动的集聚,周转资金和融资机会的成本逐渐降低,市场的流动性得到提高,从而会吸引更多交易和投资。这种规模效应进一步提高了国际金融中心的吸引力和竞争优势。

4. 集群效应理论

集群效应综合了产业布局和规模经济理论,强调金融业的发展与金融活动的集聚是相辅相成的。金融机构的集聚不仅可以形成规模经济,还会产生更深层次的向心力,推动金融中心的蓬勃发展。金融企业之间的相互联系和协同作用,使得金融中心在提供服务、创新金融产品以及吸引国际资本方面具备了更强大的能力。

总之,这些理论从不同角度解释了国际金融中心的形成,凸显了市场力量、政府引导、规模效应和集聚效应等因素的相互影响。在实践中,这些理论相互作用,共同塑造了国际金融中心的现实面貌,将其打造成国际金融业务的重要枢纽和创新引擎。

(二) 主要国际金融中心的形成和发展

国际金融中心是全球经济体系的关键组成部分,其形成和发展经历了多个阶段。英国智库 Z/Yen 集团与中国(深圳)综合开发研究院联合发布的《第33期全球金融中心指数报告》(GFCI 33)显示,全球前四大金融中心排名依次为:纽约、伦敦、新加坡、中国香港。这些城市在不同的时期和背景下,形成并发展成为主要的国际金融中心,推动了全球金融体系的发展。

1. 伦敦国际金融中心

伦敦作为英国的首都和重要港口城市,其国际金融中心的发展历史悠久,凝聚了多个世纪的努力和演变。从17世纪起,伦敦便开始崭露头角,逐渐成为贸易和金融活动的中心,为其后的发展奠定了坚实基础。在18世纪末和19世纪初,英国逐渐建立了世界上第一个国际金本位制,英镑被确立为全球贸易和金融交易的主要货币之一。19世纪的工业革命促进了英国经济的增长,更将伦敦推向了全球贸易、工业和金融最耀眼的位置,吸引大量银行纷至沓来,逐步形成了"世界银行"地位,英镑成为当时的世界货币,英国也成为当时国际资本的供应国。伦敦股票交易所的市值从1899年的25亿英镑迅猛增长至1929年的88亿英镑,伦敦自然而然成为当时最大的国际金融中心。

然而,20世纪上半叶的两次世界大战对英国造成了巨大的冲击,使英国经济陷入长期萧条状况,伦敦的国际金融中心地位受到严重威胁,英镑在国际金融市场中的主导地位受到动摇。值得庆幸的是,1986年"金融大爆炸"的国有企业私有化和金融服务自由化改革,改变了传统的证券市场,在伦敦逐渐形成一批超级金融机构。这一系列改革措施使伦敦再次成为全球金融业务的热门目的地,为其国际金融地位的回升打下了坚实基础。根据国际金融中心(IFS)的数据,截至2021年,伦敦仍是全球最大的外汇交易中心,每天外汇交易额超过2.5万亿美元。这表明,众多国际金融机构、投资者和交易商的活跃参与,构成了伦敦这样一个错综复杂且高度活跃的金融生态系统。

伦敦国际金融中心的形成和发展是一个多方面因素共同作用的结果,离不开英国的宏观经济发展、金融创新和英镑的国际储备地位。

2. 纽约国际金融中心

纽约作为美国的经济和商业中心,其历史可以追溯到17世纪初。

在殖民时期,纽约成为荷兰殖民地的一个重要贸易港口,贸易和商业活动的兴起为其国际金融中心的发展奠定了基础。随着时间的推移,纽约逐渐成为美国的经济和商业中心。19 世纪后半叶,美国工业化迅速发展,铁路、电信等产业崛起,这些产业的繁荣为纽约的国际金融中心地位提供了坚实的基础。在这一时期,华尔街开始崭露头角,成为股票交易和金融交易的核心地点,推动了美国资本市场的发展。纽约股票交易所成交额从 1900 年的 14.4 亿美元增长至 1929 年的 89 亿美元,凸显了纽约作为国际金融中心的崛起。

20 世纪 20 年代,随着一战后美国抓紧机遇大力发展经济,国际金融中心重新调整,纽约逐渐超越伦敦,成为全球最大的金融中心之一。华尔街上的股票交易所和金融机构吸引了全球投资者和资金,使纽约成为国际金融舞台的主角。纽约的金融市场迅速成为投资者追逐的目标,国际资本在这里汇聚,为美国经济的持续发展提供了强大支持。20 世纪后半叶,随着美国的全球影响力不断提升,美元作为国际储备货币的地位进一步巩固了纽约的国际金融中心地位。此外,布雷顿森林体系确立了美元霸权地位,美元在全球范围内得以广泛使用,世界贸易的 90%用美元结算,美元完全取代英镑成为第一大国际货币,进一步加强了纽约在国际金融体系中的地位。

纽约作为美国的经济和商业中心,其国际金融中心地位的形成历经了殖民时期的奠基、工业化的繁荣、股票交易所的兴起,以及全球金融舞台上领先地位的确立。纽约国际金融中心的形成和发展与美元的地位和作用密不可分。美元的全球影响力以及纽约的金融体系相互促进。

3. 新加坡国际金融中心

新加坡在 20 世纪 60 年代初开始了国际金融中心的建设之路。为促进金融市场的发展,1967 年,新加坡货币局成立,为货币政策和金融监管提供了机构支持。1971 年,货币局被赋予中央银行职能,统一了货币发行和金融监管。同年,政府设立了金融管理局并颁布了一系列金融法规。这些举措为国际金融机构进驻新加坡奠定了基础。在 20 世纪 80 年代,新加坡进一步加快了金融自由化的步伐,吸引了更多的外国银行和金融机构。1984 年,新加坡证券交易所的成立为股票交易带来了更大的开放度和透明度。随着外汇市场和金融衍生品市场的兴起,新加坡的国际金融中心地位逐渐增强。20 世纪 80 年代至 90 年代,新加坡的金融市场规模迅速扩大。截至 1990 年,新加坡的银行资产总额已达到约 2000 亿美元,与起步阶段相比增长了数倍。这一时期,新加坡开始积极吸引全球金融机构,形成了多元化和竞争激烈的金融生态系统。如今,新加坡发展了更多金融衍生品市场,包括债券、商品和外汇期货市场,为投资者提供多样化的投资工具。国际清算银行的数据显示,截至 2021 年,新加坡是全球最大的外汇市场之一,每天外汇交易额超过 6000 亿美元。这一数据充分展示了新加坡在国际金融市场中的影响力和地位。此外,新加坡着力发展私人银行业务,成为全球财富管理的中心之一。

从初期政策支持和金融自由化,到逐步壮大的金融市场和 21 世纪的金融科技崛起,新加坡国际金融中心通过坚持发展和不断创新,成功地在国际金融舞台上扮演了重要的角色。新加坡国际金融中心不仅为本地经济增长注入了强大动力,也为整个东南亚地区以及全球金融体系的繁荣发展做出了积极贡献。

4. 中国香港国际金融中心

中国香港在 19 世纪初成为英国殖民地的自由港口,地处亚洲重要的航运和贸易路线上,是东亚地区的商业中心,其地理位置使其成为连接东西方贸易的重要枢纽,吸引来自不同地区的商人和企业家,贸易和商业活动逐渐兴盛,为日后国际金融中心的崛起奠定了坚实基础。二战结束后,香港迎来了经济重建和发展时期。20 世纪 60 年代开始,香港逐渐崛起成为亚洲的贸易和金融中心,成为吸引大量外资和投资的热门目的地。香港特区政府通过推出各种金融自由化政策和税收优惠措施,吸引众多国际银行、保险公司和投资机构进驻。香港金融市场逐渐扩大,各类金融产品包括股票、债券、外汇、衍生品等开始在香港交易。香港逐渐发展出多元化的经济结构,金融业成为其经济的重要支柱之一。1986 年,香港交易所的成立标志着金融市场的进一步开放和创新,为香港国际金融中心地位的提升奠定了基础。1997 年,香港回归中国后,保持了高度的金融自由度和开放度,继续吸引国际资本流入。特别是中国内地与香港之间的“一国两制”政策,为香港提供了独特的优势,使其能够在国际金融领域保持竞争力。香港不仅在中国内地与国际金融体系之间扮演重要角色,也在亚洲金融市场中占据着重要地位。其国际金融机构、金融基础设施和法律体系的发展,使得香港成为亚洲金融中心之一。香港交易所是全球主要的股票交易所之一,香港的离岸人民币市场也成为离岸人民币交易的主要地点。

香港国际金融中心的崛起是多个因素相互作用的结果,包括其特殊的地理位置和政治经济体制、开放的金融市场和优惠政策等。要保持国际金融中心地位,香港需要不断创新、适应变化,并找到自身在全球金融格局中的独特定位。

5. 东京国际金融中心

二战后,日本经历了一段持续而令人瞩目的经济增长时期,被誉为“经济奇迹”。东京作为日本的政治、经济和文化中心,迅速成为国际金融舞台上的重要角色。战后重建和经济发展的过程中,日本政府采取了积极的经济政策,大力支持金融体系的发展,同时吸引了外资和跨国公司的投资,金融机构和跨国公司纷纷进入东京,建立了分支机构和办事处,为东京的国际金融中心地位的崛起创造了有利条件。国际清算银行的数据显示,20 世纪 70 年代末至 80 年代,日本金融市场的资产规模和交易量迅速增长,东京逐渐成为亚洲金融中心。

然而,日本经济在 20 世纪 90 年代初迎来了泡沫经济的破裂,这导致日本长期经济低迷,东京的国际金融中心地位受到了一定的影响,金融市场也面临着困境。虽然东京的国际金融中心地位不断被削弱,但东京仍然保持其亚洲金融中心的地位,其金融市场和创新能力在国际舞台上持续发挥着重要作用。东京的债券市场是规模仅次于纽约资本市场的世界第二大市场。

东京国际金融中心的兴起源于日本的经济奇迹和政府的支持,经历了战后重建、吸引外资、金融市场的迅猛发展以及后来的挑战,这一过程也是日本经济发展的缩影。

从这五大国际金融中心的发展可以看出，国际金融中心的形成和发展历史与国家经济实力、货币国际化、政府支持以及金融市场的开放程度密切相关。

（三）新格局下的国际金融中心建设和货币国际化进程

2008 年全球金融危机之后，全球经济政治格局正在经历着深刻的变革。近年来，“逆全球化”和“去美元化”的浪潮席卷而来，世界各地时有战争与冲突，而新冠疫情及俄乌冲突等突发“黑天鹅”事件更是对全球格局造成了深远的影响，这一切都给世界经济的平稳运行带来了严峻的考验，也直接影响了中国人民币国际化的进程。

回顾 2008 年的全球金融危机，其爆发在全球范围内引发了系统性风险。这一事件使得世界各国重新思考美元霸权体系的风险和潜在危机。全球金融危机暴露出美元霸权体系的结构性问题，如杠杆过度、金融监管不足和美元作为国际货币面临的特里芬难题。强权制裁和金融风险促使一些国家考虑减少对美元的依赖，寻求多元化的储备货币结构。在这个背景下，各国开始采取不同的措施来应对这一危机。人民币国际化进程的新阶段也由此展开。

虽然人民币国际化进程在不断推进，人民币入篮、跨境人民币交易和离岸人民币市场蓬勃发展，为人民币在国际舞台上赢得更多机遇，但是人民币国际化的内外环境已发生深刻变化。在国内，新冠疫情导致宏观经济复苏乏力，资本市场频频爆雷，地产行业面临挑战，预期转弱，需求不足，失业率节节攀升，中国经济承受严峻压力。而在国际上，新冠疫情已常态化发展，但自 2020 年以来，以美联储为代表的发达经济体央行采取了大规模刺激政策，大水漫灌和直升机撒钱的政策虽然使得经济快速复苏，但接踵而来的严重通胀在全球范围内蔓延。美联储不得不在 2022 年开启加息，加息潮紧跟而来。在经济发展不稳定的环境下，这一系列举措也加剧了全球经济衰退的风险。在当前的内外环境下，中国要实现经济的稳步增长，必须以高水平对外开放驱动国内国际双循环发展模式。高水平对外开放是经济发展的重要前提，这离不开国际金融中心能级的提升和人民币国际化的推进。

从国际经验可见,大国货币的国际化与其功能性金融中心的建设有着密切的联系(高洪民,2010)。国际金融中心的演进过程可以划分为三个明确的阶段:第一阶段是从16世纪末到18世纪末的欧洲商业革命延续至19世纪工业革命前夕。这时国际金融中心主要从意大利的威尼斯和佛罗伦萨转移至荷兰的阿姆斯特丹,以及后期开始崭露头角的伦敦。当时金融中心的转移和城市的贸易及商业发展息息相关。第二阶段是19世纪工业革命至20世纪80年代末,国际金融中心主要分布于少数几个国家和全球重要城市,这些中心以全球制造业核心和资本输出中心为支撑。英国通过早期殖民掠夺和工业革命,一跃成为世界霸主,英镑也成为最早期的世界货币。英国金融市场的发展遥遥领先,更推动了现代银行体系的形成。二战之后霸权转换,美国成为最主要的债权国,纽约取代伦敦成为世界最主要的国际金融中心,布雷顿森林体系也奠定了美元在金融市场的霸权地位。第三阶段通常指的是20世纪90年代至今,纽约、伦敦、东京和新加坡等城市依然在国际金融市场上扮演着举足轻重的角色。但国际金融中心进入全球化阶段,韩国、中国、俄罗斯和印度等也纷纷将国际金融中心建设提升到国家战略上,上海和迪拜等新兴国际金融中心崭露头角。在这三个发展阶段,国际金融中心的形成与发展历程都与本币的国际化之间存在着明显的同步关系,两者相辅相成。

(四) 国际金融中心建设和货币国际化协同效应

通过历史演进,我们可以看出货币国际化和国际金融中心的形成都是对世界经济力量发展格局变革的反映,国际金融中心的崛起往往伴随着本币国际化(吴博,2011)。雄厚的经济实力是货币国际化和国际金融中心建设的必要条件。一个国家或地区必须具备足够的经济实力,以支撑其货币在国家间的使用和接受。同样,国际金融中心也需要有足够的经济基础,以吸引国内外金融机构和投资者,形成一个繁荣的金融生态系统。稳定的政治基础是货币国际化和国际金融中心成功发展的重要前提。投资者和市场参与者需要一个稳定的政治环境,以确保其投资和交易的安全性和可预测性。政治的稳定也为金融市场的繁荣发展提供了良好的保障。货币国际化和国际金融中心的建设之间存在着紧密的协同效应,这种相互促进和互为条件的关系通过完善金融市场、外部规模经济效应和节约交易成本三重协同优势,实现双方的共同发展。

1. 完善金融市场

货币国际化指的是一个国家的货币在国际贸易、金融交易和储备资产中被广泛使用,而国际金融中心则是一个国家或地区的金融市场和金融服务业的集聚地,通常具有高度发达的金融基础设施和丰富的金融产品。货币国际化的实现吸引了国际投资者和企业将资金流入该国或地区。这种资金流动在很大程度上促进了国际金融中心的发展。国际投资者在寻找高回报和多样化的投资机会时,倾向于选择那些具有国际化货币的地区以降低汇兑风险,提高资金流动性。随着资金的流入,国际金融中心的金融市场将更有活力,吸引更多金融机构和从业人员。国际金融中心为国际投资者和企业提供了丰富的金融产品和服务,如股票、债券、外汇、衍生品等,不仅提供了多样化的投资选择,也满足了不同风险偏好的投资者需求。此外,国际金融中心通常拥有高效的金融基础设施,如先进的支付和清算系统,以及金融科技创新,这进一步提升了金融市场的吸引力,完善了市场建设。发达的金融市场是货币国际化和国际金融中心建设的关键要素。国际金融中心建设的过程中,将会孕育更为发达和完善的金融市场以及更具深度的金融体系,为国际投资者提供广泛的金融产品和服务,促进跨境资本流动和投资。金融市场的深度和广度的提升进一步加强了货币国际化。国际投资者会更愿意持有该国际化的储备货币,这意味着他们可以更方便地在该金融市场进行投资和交易,从而形成了一个正循环。这种正循环有助于巩固金融中心的地位,同时也推动了国际化货币的使用。

2. 外部规模经济效应

外部规模经济效应是指企业或产业规模的扩大所带来的经济优势,不仅仅影响单个企业,还影响整个产业或地区的企业。与内部规模经济效应不同,外部规模经济效应是来自产业或地区的集聚效应,即多个企业在同一地区或产业内集中存在,从而共同受益于更大的产业规模。货币国际化和国际金融中心之所以会形成外部规模经济效应,是因为它们各自的发展都在一定程度上依赖于资源、市场和基础设施的集中，这种集中带来了外部规模经济。

首先是资源集中利用优势。国际金融中心通常拥有高度发达的金融市场、金融机构、金融专业人才等资源。这些资源的集中使得金融中心能够为国际投资者和企业提供更丰富、更高质量的金融产品和服务。而货币国际化能够加速吸引跨境资本流入，为本国的金融资源集聚创造更有利的条件，形成了规模经济效应。其次是金融基础设施优势。国际金融中心通常拥有先进的金融基础设施，如支付系统、结算系统、信息技术支持、离岸市场建设等。这些基础设施的优势能够提供高效的金融交易和服务，从而吸引更多的投资者和企业选择在这些中心进行金融活动。货币国际化意味着更多的国际贸易和金融交易会以该国主权货币进行结算。因此，也需要具备高效的跨境支付和清算系统，以确保交易的及时和安全。不仅如此，还需要稳健的外汇市场基础、强大的监管和风险管理体系。货币国际化和国际金融中心之间的外部规模经济效应是一种双向的正向反馈关系。货币国际化吸引了国际投资者和企业在国际金融中心寻找更丰富的金融产品和服务。而国际金融中心的资源、基础设施、交易环境和人才吸引了更多的金融活动，进一步巩固了货币国际化的地位。这种相互促进的关系加强了金融市场的活力和国际竞争力，形成强大的外部规模经济效应。

3. 节约交易成本

国际化且可以自由兑换的货币，在交易过程中可以被视为商品，经济主体更倾向于使用国际货币在流动性好的金融中心进行交易。

货币国际化从三个方面节约交易成本。首先，汇率波动风险小。货币国际化可以减少汇率波动对贸易和投资带来的风险。国际货币通常被用作外汇储备的主要资产。许多国家持有大量国际货币，以保障国际支付和贸易需求，从而在一定程度上稳定了国际货币的需求和价值。其次，减少兑换成本和风险。货币国际化使得本国货币能够在更多的国际贸易和投资中充当结算货币，这意味着交易各方不再需要频繁地将货币兑换为其他国际通用货币，从而减少了兑换成本和交易的汇兑风险。最后，提高支付和清算效率。货币国际化可以促进支付和清算体系的发展，使得跨境支付和结算更加高效。国际化货币在国际金融中心的使用促进了金融机构和支付系统的创新，降低了支付和清算的时间和成本。

国际金融中心的建设从两个方面节约交易成本。首先，作为金融资源集聚地，国际金融中心能够显著降低投资者评估成本。金融机构汇聚带来竞争，能够推动产品创新与服务提升，适应多元需求，投资者则能更便捷地找到最适合自身需求的金融机构。其次，国际金融中心建设还有助于降低金融交易中的信息成本。国际金融中心通常集聚丰富的信息资源，这种集聚有助于大幅降低信息搜索成本，产生信息外溢效应，更轻松地进行信息获取和风险管理，从而提高交易的透明度和信任度。投资者和企业可以更便捷地进行交易、融资和投资。

简而言之，货币国际化有助于国际金融中心的形成和壮大。国际化的货币在跨境交易和储备资产中具有重要地位，这促使金融机构和公司倾向于在以该货币为基准的国际金融中心开展业务，从而进一步巩固了国际金融中心的地位。与此同时，国际金融中心的建设也有助于本币国际化。一个强大的国际金融中心能够提供更多元、更丰富的金融服务和工具，吸引国际贸易和投资，推动本币的国际使用。

第二节 人民币国际化与上海国际金融中心的关系

作为全球金融业务的汇聚地，国际金融中心为货币国际化提供了不可或缺的市场平台和便利条件。同时，货币国际化也为国际金融中心的建设提供了重要的货币基础和支撑。这种双向的正反馈关系有助于加速国际金融体系的发展，同时也为国际贸易和投资的便利性提供了更好的支持。从中国的实践经验来看，人民币国际化与上海国际金融中心建设是从中国社会主义现代化建设全局高度制定的国家战略，两者之间相互促进、相得益彰。

国际金融中心的发展，依赖于金融市场的深度、广度和流动性。一个国际金融中心必须拥有完善的金融基础设施、货币体系、法律体系和监管框架,以吸引全球范围内的金融机构和投资者。货币国际化可以为国际金融中心的发展提供源源不断的金融交易和资金流动,促进金融市场的繁荣。伦敦和纽约国际金融中心的发展都离不开英镑和美元的强有力支持,甚至与国际货币地位同向发展。以中国为例,中国政府积极推动人民币在国际贸易、投资和储备中的使用,逐步扩大人民币的国际影响力。人民币在全球范围内逐渐被接受,这为上海国际金融中心的建设提供了有力的基础货币支持。上海逐渐成为亚洲地区的国际金融中心之一,吸引了大量金融机构、企业和投资者的关注。上海通过开放金融市场,提供多样化的金融产品和服务,吸引了国际机构在这里设立分支机构或总部。与此同时,人民币国际化的推进,使上海的金融市场获得更高程度的国际认可,便利了更多的跨境资金流动,吸引了更多国际投资者。

(一) 人民币国际化和上海国际金融中心的良性互动

随着中国经济的持续发展和对外开放程度的不断提升,人民币作为一种国际支付和结算货币的地位不断得到巩固,其跨境流通和使用范围也日益扩大。因此,促进人民币国际化已经成为推动国际贸易便利化、促进国际市场融合的必然选择。同时,中国金融业的开放和国际化成为提升金融市场韧性和国际竞争力的关键一环。人民币国际化与上海国际金融中心建设,作为中国金融改革开放战略的重要组成部分,在当前全球经济环境中具有重要意义。一方面,人民币国际化为全球贸易和投资活动提供了更加便捷高效的结算手段。通过扩大人民币在国际贸易和金融领域的应用,如通过推广应用 CIPS,中国不仅能够减少汇率风险和外汇成本,加强与国际合作伙伴的经济联系,促进贸易和投资的顺利开展,还能降低对美元的依赖,进一步拓展中国的国际影响力,提升国家的经济实力。另一方面,上海国际金融中心的建设旨在构建一个具有全球影响力的金融枢纽。上海通过吸引国际金融机构和人才,发挥金融集聚效应,整合全球金融资源,提供多元化的金融产品和服务。上海有望成为连接国际资本市场的新纽带,为国内外企业融资提供更加便利的渠道,同时促进金融科技的创新发展。这将进一步增强中国金融市场的全球竞争力,增强金融业在国民经济中的支撑作用。稳步推进人民币国际化，需要深刻把握其与上海国际金融中心的联动关系。

其一，人民币国际化为上海国际金融中心建设提供了重要机遇。从国际经验来看，本币的国际化进程将显著提升本国金融中心国际地位和全球影响力。人民币国际化取得了稳健进展，人民币在全球货币体系中的地位不断攀升。人民币自 2017 年已跻身全球第二大贸易融资货币、第五大支付货币的行列。人民币作为计价、支付、投资和储备货币的多重功能显著增强，已经初步具备国际主要货币的基本条件。人民币国际化会提升人民币公信力，产生大规模的人民币资产国际交易需求，有利于为上海国际金融中心集聚国际投资者，促进上海金融市场的发展和完善，从而为上海国际金融中心建设提供强大的发展动力。我们可以从其他国家的成功案例中获得类似的经验。以伦敦国际金融中心为例，英镑的国际化无论是从贸易还是投资方面，都极大地推动了伦敦金融市场的繁荣。美元的霸权地位亦是如此，根据 SWIFT 公布的 2023 年 6 月的国际货币支付数据，美元的国际货币支付率高达 42.02%，欧元下降至 31.25%，人民币为 2.77%，高比例的数据彰显美元霸权，纽约在国际金融中心排名中的老大哥地位不可撼动。由此可见，货币国际化为一国金融中心的建设提供了显著的机遇。中国在推动人民币国际化方面取得的进展，不仅有助于加强国际贸易和金融合作，而且为上海金融市场的发展注入强大的动力。这一双向推动的关系将助力上海成为全球瞩目的国际金融中心，为中国金融业在全球舞台上崭露头角提供坚实支撑。

其二，上海国际金融中心建设为人民币国际化提供坚实有力的市场支撑。人民币要成为国际市场上广为接受的货币，必须依赖一个成熟发达且具有国际影响力的在岸金融市场。经过多年的不懈发展，上海已经成功跻身国际金融中心的前列。2022 年，上海金融市场交易额达 2932.98 万亿元。上海证券市场首发募资额全球第一，现货黄金交易量、原油期货市场规模均居世界前三。上海金融市场的广度和深度不断拓展，尤其是上海正在着力打造全球性的人民币产品创新、交易、定价、清算和业务中心，这一举措对于推动人民币国际化具有重要意义。通过建设这样的多元中心，上海将为人民币在跨境投融资方面提供更高效、更便利的市场平台,加速人民币在国际市场上的流通和使用,进而实现人民币在国际金融市场的良性循环。上海自贸区的设立为金融创新提供了实验场,探索系列金融自由化和创新的政策,包括人民币资本项目可兑换试点、外汇管理简化等,为上海国际金融中心建设和人民币国际化提供了宝贵经验。这不仅有助于提升人民币的国际地位,而且将为上海金融市场的蓬勃发展提供坚实的动力。

随着全球化的深入和经济的不断发展,货币国际化与国际金融中心建设将持续发挥重要作用。人民币国际化和上海国际金融中心建设的目标相辅相成,共同构筑了中国金融改革开放的战略体系。

(二) 上海国际金融中心建设是国家战略

一个成熟的金融中心在形成过程中需要足够的经济规模和腹地,要求在短时间内该金融中心的需求和交易规模都是相对稳定的。① 除此之外,制度建设、金融政策、央行所在地、时区等都是影响国际金融中心建设的重要因素。上海在区位、时区和经济腹地等方面具有天然的优势,虽然央行的总部不在上海是上海国际金融中心建设的不利因素,但合意合规的经济政策为制度的完善提供了时间和空间,并且会推动制度与国际进一步接轨。

党中央关于上海国际金融中心建设的指示,最早可以回溯到1986年。表6.1总结了历年中央领导人对上海国际金融中心建设的重要指示。1986年,国务院批复上海城市总体规划中提出的"金融中心"概念,要把上海建设成为太平洋西岸最大的经济贸易中心之一。1991年2月,邓小平在上海浦东视察时,首次提出了将上海建设成国际金融、经济、贸易和航运中心的设想。2009年4月,国务院发布《关于推进上海加快发展现代服务业和先进制造业建设国际金融中心和国际航运中心的意见》,首次从国家战略高度,明确提出到2020年将上海建成与中国经济实力和人民币国际地位相适应的国际金融中心。

---

① 杨成长,单豪杰.证券市场国际化、人民币国际化与国际金融中心建设的影响机制研究.上海经济研究,2011,276(9).

表 6.1　历年中央领导人对上海国际金融中心建设的重要指示

1986 年	国务院批复上海城市总体规划中提出的“金融中心”概念，要把上海建设成为太平洋西岸最大的经济贸易中心之一
1991 年 2 月	小平同志在上海浦东视察时说：“金融很重要，是现代经济的核心，金融搞好了，一着棋活，全盘皆活。上海过去是金融中心，是货币自由兑换的地方，今后也要这样搞。中国在金融方面取得国际地位，首先要靠上海”
1992 年 10 月	党的十四大报告中提出：“尽快把上海建成国际经济、金融、贸易中心之一”
2002 年 11 月	江泽民同志在参加十六大上海代表团讨论时指出：“要按照国际通行惯例加快推进国际金融中心和航运中心建设，努力发挥经济中心城市配置资源的集聚和辐射作用”
2004 年 7 月	胡锦涛同志在上海考察时指出：“希望上海人民继续努力，把上海建设成为国际经济、金融、贸易、航运中心和现代化国际大都市”
2007 年 9 月	时任上海市委书记的习近平同志在调研金融市场时指出：“今后五年，是上海建设国际金融中心的关键时期。要做大金融市场，做强金融机构，加强金融监管，推进金融创新，推动金融业持续健康快速发展，努力开创上海国际金融中心建设的新局面”
2009 年 4 月	国务院发布《关于推进上海加快发展现代服务业和先进制造业建设国际金融中心和国际航运中心的意见》(国发〔2009〕19 号文)，提出“到 2020 年，基本建成与我国经济实力以及人民币国际地位相适应的国际金融中心”，标志着上海国际金融中心建设正式成为国家战略
2017 年 7 月	全国金融工作会议提出：要深化上海自贸试验区金融开放创新，增强证券、外汇市场功能，推动上海建成以人民币产品为主导，具有较强辐射能力的国际金融中心
2018 年 11 月	习近平总书记在首届中国国际进口博览会上表示：将在上海证券交易所设立科创板并试点注册制，支持上海国际金融中心和科技创新中心建设，不断完善资本市场基础制度
2019 年 11 月	习近平总书记视察上海时指示，上海要“强化全球资源配置功能，积极配置全球资金、信息、技术、人才、货物等要素资源”。习近平总书记强调，上海不仅要强化国内资源的配置，而且要强化全球资源的配置

第三节 上海国际金融中心的历史发展和现状

(一) 上海国际金融中心建设经历的三个阶段

中国经济经历了高速发展到高质量发展的转变,上海国际金融中心建设也逐渐进入纵深发展阶段。过去30年,上海国际金融中心建设经历了三个阶段。

1. 初期探索1.0阶段(1992—2008年)

1992年10月,党的十四大报告中首次提出尽快把上海建成国际经济、金融、贸易中心之一。这标志着中央在最高层面正式提出了上海国际金融中心建设的构想,从而开启了上海国际金融中心建设的1.0阶段。在此期间,时任上海市委书记的习近平同志在调研金融市场时指出:"今后五年,是上海建设国际金融中心的关键时期。要做大金融市场,做强金融机构,加强金融监管,推进金融创新,推动金融业持续健康快速发展,努力开创上海国际金融中心建设的新局面。"这为上海国际金融中心建设指明了方向,上海国际金融中心建设在1.0阶段正式启动。上海国际金融中心建设初期,市场基础设施的建设是重要任务之一。1990年11月26日,上海证券交易所成立,开始进行国内首批股票交易试点。这标志着中国的股票市场正式启动,上海成为中国股票市场的关键角色。为了促进金融业务的开展,上海逐步建立了金融机构、市场监管部门,制定了相关法律法规,为金融市场的发展奠定了坚实基础。除了股票市场外,上海着手发展债券市场、外汇市场以及基金市场等。1999年8月18日,上海期货交易所成立,开展金属期货交易,进一步丰富了金融市场的产品种类。2001年,中国加入世界贸易组织(WTO),为外资金融机构进入中国金融市场创造了更加有利的环境。上海本地金融机构也开始拓展国际业务,在国际市场上崭露头角,积极参与国际合作,加强了上海与国际金融市场的联系,进一步夯实了上海与国际金融市场的联系。2008年,上海金融市场(不含外汇市场)交易总额167.7万亿元，同比增长30.9%。如图6.1所示，全球证券交易所成交金额排名中，上海证券交易所以2.3%的份额列居第七，纳斯达克和纽交所以32.2%和29.7%遥遥领先。与纽约、伦敦相比，上海国际金融中心的规模和影响力仍相对有限，国际化水平较低。

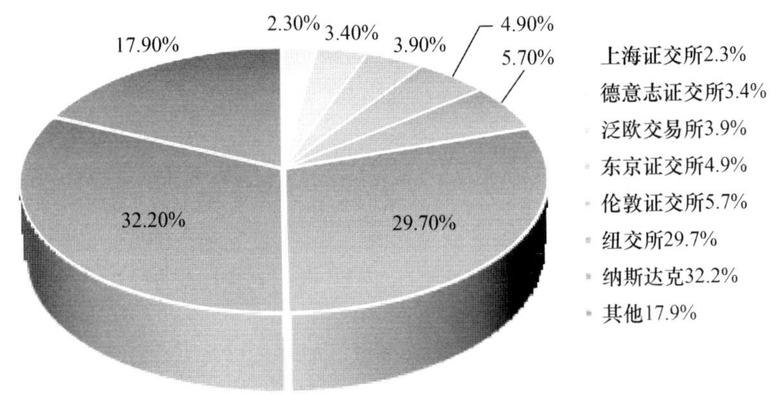

图6.1　2008年全球证券交易所股票成交金额比例

数据来源：WFE。

2. 全面开放与拓展2.0阶段（2009—2019年）

2009年4月，《国务院关于推进上海加快发展现代服务业和先进制造业建设国际金融中心和国际航运中心的意见》提出，“到2020年，基本建成与我国经济实力以及人民币国际地位相适应的国际金融中心”。这一重要文件标志着上海国际金融中心建设正式纳入国家战略体系，明确规划了上海国际金融中心建设的战略方向、目标、措施和时间安排，上海国际金融中心建设进入2.0阶段。在中国政府大力推进金融改革开放的背景下，上海迎来了一系列重大政策创新和市场改革。2013年，上海自贸区成立，探索金融开放的新途径，引入一系列金融创新试点。2015年，人民币正式入篮。随后，上海积极推动金融开放，推进资本市场改革，扩大金融市场的对外开放程度。2015年，上海证券交易所（以下称“上交所”）成立上海国际能源交易中心，推出原油期货交易，拓宽了金融市场的业务领域。上海国际金融中心也逐渐成为人民币国际化的重要推动力，努力打造全球性的人民币创新和交易中心，支持人民币在全球范围内的应用。随着上海票据交易所、上海保险交易所、中国信托登记公司等一系列要素市场的设立,金融基础设施得到逐步完善,为上海国际金融中心建设提供了坚实支撑。上海国际金融中心在国际金融市场上的地位逐步上升,吸引了更多的国际金融机构和投资者。2019 年,上海金融市场交易总额达到 1934.31 万亿元,同比增长 16.6%。上海证券交易所晋级全球排行榜第 4 名,交易额达到 7.72 万亿美元。上海从 2009 年 3 月全球金融中心指数(GFCI)排名中的全球第 35 位上升至 2019 年 9 月的全球第 5 位。上海国际金融中心在规模和能级上取得了显著的成果。

3. 高质量发展 3.0 阶段(2020 年至今)

2020 年开始,中国经济进入高质量发展阶段,上海国际金融中心建设也全面进入 3.0 阶段,该阶段主要围绕以下目标展开:一是引领金融科技和创新。市场趋势表明,金融科技和数字经济将在未来发挥重要作用。因此,上海将进一步支持金融科技公司的发展,推动数字化、智能化和创新性金融产品的推出,稳步推动金融数据跨境流动制度型开放,提高金融业务的效率、便利性和用户体验。二是完善金融市场建设,包括完善资产定价功能、全球资源配置功能、风险管理功能等。上海将通过加强金融监管,防范金融风险,建立一个稳定、透明和健康的金融市场环境,为投资者提供安全可靠的投资平台。三是多层次资本市场建设。上海将进一步丰富金融产品和工具,以人民币资产配置为特色,满足不同类型投资者的需求,提高金融市场的活跃度和吸引力。四是提升国际化程度。上海将吸引更多国际金融机构、投资者和人才进入上海金融市场,加强上海金融市场的全球影响力,提升上海金融市场与国际市场的融合程度。

在党的正确领导下,上海国际金融中心通过相关各方共同努力,经历三个发展阶段,取得了重大进展,创造了全球国际金融中心建设的一个奇迹。

(二)上海国际金融中心的成就和现状

历经 30 余年的发展,上海已经形成了比较完备的金融市场体系。

在金融市场规模方面，从图 6.2 可以看到，过去仅仅 10 年时间，上海金融市场规模就增加到了 6 倍。据上交所统计，2015 年，上海证券市场的改革和互联互通使金融规模同比增速高达 85.9%。上海金融市场成交总额已从 2012 年的 486.95 万亿元增长到 2022 年的 2932.98 万亿元。2022 年，上交所总成交额 496.09 万亿元，同比增长 7.6%。其中，股票成交额 96.26 万亿元，债券成交额 21.83 万亿元。全年通过上海证券市场股票筹资 8477.18 亿元，发行公司债和资产支持证券共 43217.07 亿元，上海证券市场上市证券 30110 只，其中，股票 2213 只。截至 2022 年末，上交所股票总市值、IPO 筹资额分别位居全球第 3 位、第 1 位，中国债券市场托管规模位居全球第 2 位，场内现货黄金交易量和交割规模连续 16 年位居全球第 1 位。上海国际金融中心的建设用一个个举世瞩目的数字展现了其取得的显著成果。

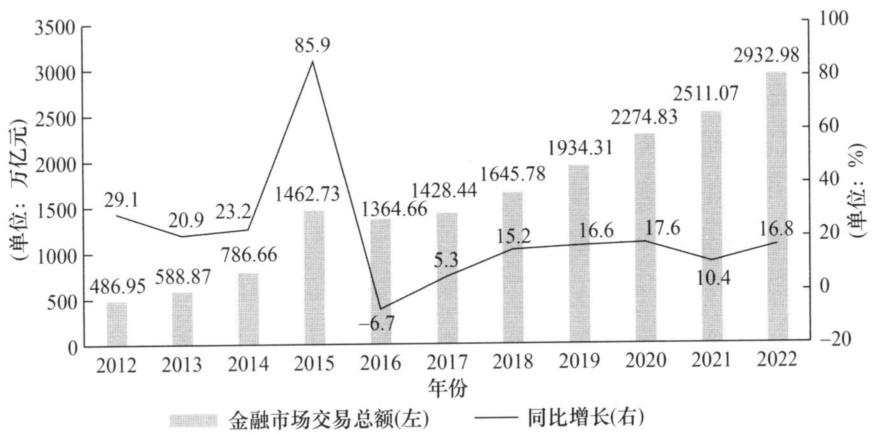

图 6.2 2012—2022 年上海市金融市场成交总额及同比增长

数据来源：上海市统计局。

在金融集聚方面，截至 2023 年第一季度，上海金融市场内共有各类持牌金融机构 1736 家，其中，外资金融机构 539 家。这充分体现出上海国际金融中心在吸引国际金融机构方面展现了一定的竞争力。自 2018 年新一轮金融业对外开放政策推出以来，上海国际金融中心吸引了一系列全国“首家”和“首批”外资金融机构的入驻，外资独资券商、外资保险控股公司、外资独资人身保险公司在内的一系列重要外资金融机构纷纷在上海扎根。不仅如此,全国6家外商新设公募基金全部落户上海,包括贝莱德基金、富达基金、路博迈基金、施罗德基金、联博基金和安联基金。国内五大行参与设立的外资控股合资理财公司,包括汇华理财、贝莱德建信理财、施罗德交银理财、高盛工银理财、法巴农银理财均落户上海。作为上海国际金融中心的核心承载区,浦东逐渐发展成为全球金融要素最丰富、金融机构最集聚、金融交易最活跃的地区之一。

在金融创新方面,上海国际金融中心不断完善强化金融改革和创新能力的制度体系。上海国际金融中心与国际科创中心联动成效明显,充分发挥了其作为"试验田"的作用,为创新型企业提供了更加灵活的上市条件和机制。到2022年,科创板的设立仅仅4年就创下辉煌业绩,公司从25家增加到546家,公司营业收入共计12120.49亿元,同比增长29%,进一步推动了金融市场的发展。产品创新上,原油期货、利率期权等系列创新产品问世,"熊猫债""明珠债""玉兰债"等创新债券相继发行,为境内外市场提供了更多投资产品和渠道。上海为了加强境内外金融市场的互联互通,与香港市场的"债券通"和利率"互换通"启动,股票ETF纳入沪港通标的范围;与伦敦市场的"沪伦通"拓展至德国和瑞士市场。与此同时,上海还充分依托自贸区及临港新片区进行金融改革创新,推出了一系列贸易投资自由化、便利化措施,跨境融资宏观审慎管理等金融政策和管理制度创新,为金融业务的开展提供了更加灵活和高效的环境。经过多番努力,国内外金融市场逐步接轨,形成一个整体。

在人民币国际化方面,上海国际金融中心也经过多番努力。截至2022年第三季度,上海采用人民币跨境结算主体达3.25万家,与境外156个经济体发生资金收付,跨境人民币结算额达14.7万亿元,位居全国第一。人民币计价的原油期货、原油期权、国际铜期货、20号胶期货等期权期货产品问世,"上海油""上海铜""上海金"等"上海价格"逐渐在国际市场产生影响力,进而提升了人民币在全球金融市场的定价影响力。另一方面,上海积极推进市场报价利率形成机制改革,上海清算所(以下简称"上清所")推出挂钩贷款市场报价利率的期权业务,进一步完善利率定价能力和人民币风险管理能力,强化上海人民币资产重要的配置和风险管理中心功能。

在投资便利性方面，上海采取系列措施。合格境外有限合伙人(QFLP)试点由自由贸易试验区临港新片区扩大至上海市全辖。这一试点政策为境外投资者提供了更为便利的条件，鼓励更多外资在上海市范围内设立合伙企业。全国首单外商独资私募证券投资基金管理人为主体发行合格境内有限合伙人产品，QFII、RQFII 认购基金产品等在上海落地。上海着重在银行间债券市场方面进行了流程的简化。截至 2023 年第一季度，上海 1082 家境外机构持有银行间市场债券达 3.21 万亿元，约占银行间债券市场总托管量的 2.5%。

在资产管理领域，无论是公募基金、私募基金还是保险资管等，上海的布局都处于全国领先地位。全国 143 家公募基金管理公司中，有 62 家总部设在上海，全国 38 家外资独资私募证券基金管理公司中，有 36 家总部设在上海，金融总部集聚效应显著。上海金融从业人员数量已超过 47 万人，构建了一个庞大且充满活力的金融人力资源体系，为金融中心的可持续发展提供了坚实支撑。上海全球资产管理中心也在积极建设过程中。

在实体经济发展方面，上海国际金融中心取得了显著的成就，不仅在直接融资规模持续扩大方面取得了重要突破，还通过创新金融市场，支持重点产业、科技创新和国家战略的实施，为实体经济提供了强有力的金融支持。直接融资是实体经济的重要融资途径，上海国际金融中心通过推动发展多层次资本市场，创新股票、债券等金融工具，使得直接融资规模得以持续扩大，从 2012 年的 3.9 万亿元迅速增长至 2021 年的 18.3 万亿元。另外，上海积极推动金融业服务民营企业，推出产业链融资、项目融资、技术创新基金等金融产品，优化资源配置，完善金融服务长三角高质量一体化合作机制，实现经济的跨区域合作和发展。

在优化营商环境和法治环境方面，上海为全球金融机构和投资者提供了更加稳定和可靠的发展环境。为了维护金融市场的健康发展，2017 年，上海市出台了全国首部地方综合性信用条例《上海市社会信用条例》，进一步完善了金融信用体系，有力地提高了金融市场的透明度和诚信度。2018 年，上海率先在全国设立了首个金融法院，为金融纠纷的解决提供了更高效的机制。此外，上海汇聚大量金融专业服务机构，为金融机构和投资者提供了丰富的法律、税务、咨询等全方位专业服务。上海的营商环境改革也获得了世界的认可，世界银行发布的《2020 年营商环境报告》显示，上海的努力使得中国在全球营商环境排名中上升 15 位，位列第 31 名。

上海国际金融中心的主要成就和现状清晰展示了其在金融业务、市场规模、金融创新、人民币国际化、人才储备以及制度建设方面的积极努力和突出成果。

（三）上海国际金融中心建设短板

正如上文所说，上海国际金融中心建设从 1.0 到 3.0 阶段实现了质的飞跃，在 2020 年 9 月和 2021 年 3 月连续两次在 GFCI 排名中位列第三，对于新兴经济体金融市场来说，取得了举世瞩目的成就。然而，近年来上海国际金融中心建设的短板也显而易见，在 GFCI 排名中的位置并不稳定。

首先，上海国际金融中心全球资源配置能力不足。主要体现在以下七大能力上：一是金融头部集聚能力；二是资本市场活跃能力；三是人民币国际化能力；四是金融监管能力；五是数字资源配置能力；六是全球服务机构和高端人才供给能力；七是航运枢纽的联通能力。前四种能力主要体现在金融市场国际化、多元化和法制化水平方面。其中，人民币国际化水平是金融中心能级提升的重要因素。虽然上海国际金融中心建设取得了很多卓越的成就，也进行了多方面的尝试，例如，2013 年，CIPS 落户上海，但在境内，CIPS 与上海市银行清算系统、金融衍生品清算系统并没有实现互联互通；在境外，CIPS 不仅仅涉及技术问题，还涉及政治和监管法律差异问题。此外，离岸金融中心依然在探索过程中，金融市场的开放和完善还没有形成一个系统的闭环，往往是独立地进行创新，无法形成联动效应。上海金融市场的规模虽然迅速扩大，产品创新不断，但与纽约、伦敦无法相提并论。后三种能力更多体现的是要素市场的国际化，在数字经济时代，数据已经成为在土地、资本、技术等之外的又一重要生产要素。上海在数字、人才、航运的国内要素市场上占据领头羊的地位，但在国际市场上，却缺乏全球性吸引力和影响力。目前，人民币资本项目下可兑换性的不足更是上海国际金融中心建设的主要制约因素。

其次，金融与实体经济良性循环不足。就内循环而言，中国资本市场监管体制改革进展较慢，尚未与上海国际金融中心建设形成有效的互动。金融市场同质化竞争存在，如银行业和证券业产品内卷成风，却风险类似。金融产品创新和服务方式创新有限，无法满足实体经济的需求。国内金融交易体系缺乏整合，市场割裂、混乱，金融监管和制度设置不合理，陷入金融市场化程度与金融监管无法兼顾的困境。同时，金融服务实体经济意愿不足，一方面容易脱实向虚；另一方面，金融资源流向不平衡，更多用于基础设施建设和大型国有和股份制企业等，造成了中小微和创新企业融资难、融资贵的问题。就外循环而言，上海在跨境贸易投资方面依然存在制度上的不足：一是国际规章制度接轨不足，外资准入负面清单还需进一步缩减，实现管理的法治化、制度化、规范化和程序化。二是跨境投资便利化水平较低，如海外投资者跨境开户、资金流动等受到政策限制，影响投资者信心。

最后，人民币国际化水平不足。人民币国际化应和上海国际金融中心建设相辅相成，互相促进。作为上海国际金融中心建设的重要依托的人民币国际化水平不足，对于国际金融中心建设起到制约影响。第一，人民币输出和回流循环机制还需完善，风险管理能力需要进一步提高。第二，人民币的定价功能有限，在国际上的影响和公信力不足。第三，人民币结算功能不断提高，但是许多与中国签订人民币互换协议的国家，金融基础设施不完善，相关法律和政策缺乏，制约了人民币的结算使用，互换协议往往达不到所期待的目标。第四，利率和汇率未实现真正市场化，导致境外投资者信心不足，影响了人民币国际化的速度和程度。人民币国际化不足制约上海国际金融中心能级提升，影响其国际竞争力。

（四）上海国际金融中心与纽约和伦敦国际金融中心的比较

纽约和伦敦国际金融中心的地位牢不可破。伦敦最显著的特点是开放的外汇市场，吸引了全球的央行、金融机构到伦敦开展外汇交易，进而带动金融业的全面繁荣。伦敦得益于独特的时区优势，为亚洲和美国之间在同一时期内提供最大的资金池业务,伦敦时间还被作为国际商业标准时间,全球金融交易可在一天内仅通过伦敦市场即可完成各项工作的接替。由此,伦敦成为全球重要的外汇交易中心、黄金交易中心,全世界37%的国际货币交易和18%的跨国借贷都来自伦敦市场。虽然英国经济近年遭受“脱欧”和逆全球化冲击,其金融中心地位已回落到第二,但必须承认,依托工业革命的原始资本积累,英国仍然拥有世界顶尖的工业体系,在金融、汽车、制药、航空、化工、机械等方面都处于世界领先水平。

再看纽约,其优势目前来看无可比拟。根据英国智库Z/Yen集团发布的全球金融中心指数(GFCI)数据,从2018年9月发布的第24期指数至第33期,纽约稳居全球金融中心排名首位。纽约除了纽约港本身的客观地理区位、超大金融机构和创新型人才集聚优势,最核心的是布雷顿森林体系确立的美元世界货币地位。美国成为全球经济霸主,纽约也因此发展为首屈一指的国际金融中心。再者,与伦敦主打外汇以及衍生品市场不同,纽约是全球重要的股票交易中心,坐拥证券交易品类最全面、最专业的纽约证券交易所以及专门服务科技互联网企业的新型交易所纳斯达克,在每年的IPO数量上以及上市公司总市值方面,两个交易所长期居于证券交易市场前茅。

从表6.2的排名可见,纽约、伦敦国际金融中心发展稳定,而上海国际金融中心的发展忽上忽下,甚至在最新的第33期排名中被旧金山和洛杉矶超越。

表6.2　GFCI第24—33期纽约、伦敦和上海排名

城市	33期	32期	31期	30期	29期	28期	27期	26期	25期	24期
纽约	1	1	1	1	1	1	1	1	1	1
伦敦	2	2	2	2	2	2	2	2	2	2
上海	7	6	4	6	3	3	4	5	5	5

数据来源:根据GFCI各期排名整理所得。

从表6.3 GFCI第33期各分项指标排名可见,纽约和伦敦各项指标排名均分别为第1和第2。而上海在人力资本、基础设施和金融业发展水平方面相较于第32期均有回落，人力资本排名从第32期的第9降至第12；基础设施排名从第4降至第11，甚至落后于深圳和北京；金融业发展水平排名从第8降至第12。上海的营商环境和声誉及综合略微提高，从原先的第15名之外分别上升至第11和第12。

表6.3　GFCI第33期各分项指标排名

排名	营商环境	人力资本	基础设施	金融业发展水平	声誉及综合
1	纽约	纽约	纽约	纽约	纽约
2	伦敦	伦敦	伦敦	伦敦	伦敦
3	旧金山	旧金山	新加坡	旧金山	新加坡
4	芝加哥	卢森堡	中国香港	芝加哥	旧金山
5	洛杉矶	悉尼	首尔	中国香港	芝加哥
6	中国香港	波士顿	深圳	洛杉矶	洛杉矶
7	新加坡	新加坡	阿姆斯特丹	新加坡	中国香港
8	阿姆斯特丹	洛杉矶	北京	波士顿	波士顿
9	波士顿	阿姆斯特丹	巴黎	巴黎	首尔
10	首尔	苏黎世	旧金山	首尔	苏黎世
11	上海	中国香港	上海	华盛顿	悉尼
12	华盛顿	上海	法兰克福	上海	上海

数据来源：英国智库Z/Yen集团和中国（深圳）综合开发研究院发布的GFCI第33期。

与纽约和伦敦相比较，上海缺乏顶尖的国际金融机构，如美国高盛和伦敦巴克莱银行等。上海缺乏金融专业服务人才，从指标可以看出，人力资本水平下降，人才不仅没有汇聚，还出现流失的情况。在金融基础设施方面，离岸金融市场和资管中心还处于建设的初步阶段，而作为代表的纽约和伦敦，都是在岸和离岸金融业务同步发展的典型。虽然“上海价格”走出国门，但是人民币定价水平有限，金融衍生品缺乏，境外投资者由于缺乏有效风险对冲工具而保持观望的态度。营商环境和声誉及综合虽有所提升，但与排名前两位的纽约和伦敦相比还有较大差距。

第四节　两者协同发展的政策建议

(一) 人民币周边化、区域化促进上海国际金融中心能级提升

人民币国际化进程应从周边化开始,逐渐走向区域化和全球化,为上海国际金融中心的发展提供机遇。中国与周边国家的金融关系通常是建立在经常性项目上的,如旅游开支和贸易往来。周边化会影响与邻国的贸易结算,减少对美元的依赖。首先,上海作为中国贸易和金融的重要枢纽,应更多地参与和促成这些结算,加强其作为结算中心的重要地位。在优化结算机制方面,上海应以自贸区为试点,对现有的跨境结算系统进行技术升级与标准化,进一步引入自动化和智能化工具以加速结算过程,同时加强合规审查和风险管理,确保其在制度上和监管上符合国际标准。同时,推动费用透明并通过优惠政策降低结算成本。此外,建议在上海设立金融科技实验室,与周边国家金融机构和政府部门紧密合作,共同研究和试点更有效的跨国结算模式,推广 CIPS 系统的联通和应用。其次,在推动周边金融合作方面,通过外交渠道与周边国家启动金融合作谈判,并考虑建立或参与人民币专项金融合作基金;同时,构建与周边国家金融信息共享平台和人才交流机制,定期召开国际金融合作论坛。最后,与周边国家的金融监管机构建立常态化的沟通机制,以协调解决区域合作中的法规和监管问题,从而共同推动区域金融合作的深化。

人民币区域化突破了周边化的地理依赖,主要对象是东盟各成员,以及经济实力强大的邻国,如日本、韩国等。在促进上海国际金融中心能级提升的过程中,建议在两个方面明确落实:第一,国际资本市场的建设和区域合作的加强。首先,在建设国际资本市场方面,进一步开放 A 股市场是一个关键步骤。除了简化外国投资者的准入机制外,也需要推出更多投资产品和服务,以满足不同类型外国投资者的多样需求。同时,支持和指导境内上市公司发行全球存托凭证(GDRs),增加企业海外知名度,让外国投资者更容易地投资于中国优秀企业,从而极大地提高

资本市场的流动性，优化股东结构。此外，为了吸引更多优质企业上市，上海需要优化上市环境，包括简化上市程序和提高信息披露标准，以增加市场透明度。同时，加强与东盟、日本和韩国等周边国家在金融政策和金融监管方面的协作，完善区域金融安全网，为整个区域内的金融稳定和发展提供坚实的防火墙。第二，加强区域多元合作。发展区域内的共同债券市场是一个长远且务实的目标。虽然中国已经逐步开放银行间债券市场，但在产品多样化、市场准入和退出机制、法律法规的透明化方面都存在一定欠缺。通过与东盟等国合作建立互联互通的债券交易平台和信用评级机构，不仅能够促进区域内的资本流动，还能减少外汇风险。双边货币互换协议的推动也将在这一过程中起到关键作用，有助于缓解短期的资本流动性压力，增加人民币的国际接受度。

通过周边化和区域化的综合性、多层次的操作，不仅能够促进人民币在全球范围内的使用，还可以提升上海作为国际金融中心的核心竞争力。

（二）上海国际金融中心助推人民币国际化进程

上海作为中国的金融中心，拥有成熟的金融市场和丰富的金融产品，但要进一步提升其国际地位和吸引更多的全球资本，尤其需要强化人民币国际货币的功能。具体建议如下：

第一，升级优化外汇交易平台。若要进一步推动人民币国际化和提升上海作为国际金融中心的地位，重点在于拥有一个具有先进技术基础设施的人民币交易平台。平台应及时更新系统、优化监管机制、提升投资便利化水平，以确保高交易效率、低成本和高安全性，满足市场参与者多样化的交易需求，吸引国内外各类投资者。要让这个平台快速赢得市场份额和信任度，关键在于引入国际大银行和主要金融机构。同时，通过设计和实施激励政策，包括但不限于交易费用优惠、税收减免，以及行政和法律方面的便利化措施，加速平台的成熟和认可。

第二，深化与国际支付和清算机构的合作。首先，加强与 SWIFT 深度合作，提升跨境金融服务，不仅要优化现有接口以提高支付效率，还要签订信息共享和数据安全协议，并定期与 SWIFT 进行支付效率评估以确保交易的安全性和效率。其次,提高跨境支付效率。应建立全天候24/7人民币跨境清算服务窗口,考虑全球不同时区的需求,建立多时区支持团队,以便实时处理各地的清算需求;开发和应用先进的清算算法,以减少清算时间和提高资金利用率;在合规和风险管理上投入更多资源;通过衔接国际清算机构,打通人民币输送通道。

第三,加快金融产品和服务的创新。金融产品和服务的创新是上海作为国际金融中心不可或缺的一环,也是推动人民币国际化的关键。一方面,应吸引和培养优质的金融工程师和量化分析师。例如,制订政府人才引进计划、开设专业人才特惠通道、与高校或者企业共同设立专项培训项目,为金融创新持续提供人才。另一方面,技术层面的合作也非常重要。通过与金融科技公司和研究机构的合作,如应用区块链、大数据和人工智能等技术,提高金融产品和服务的质量,提升交易效率。在产品开发方面,除了常规的金融工具如债券和股票,还需拓展到更为复杂的衍生品和多资产组合产品,以满足不同风险偏好的投资者需求。产品设计过程中应注重风险管理和合规性,比如设定适当的杠杆比例或采用先进的监管机制,并积极通过参与和主办金融峰会和研讨会,对外推广产品,提高上海及其金融产品的国际知名度。

第四,进一步推行"人民币贸易优先"政策。首先,鼓励企业和个人使用人民币进行跨境贸易和投资。通过税收优惠,如降低出口退税率和提供进口税收抵免,减少企业和个人的贸易成本,从而提高其使用人民币的意愿。其次,在贷款方面,银行和贸易融资机构可以为使用人民币进行的贸易和投资活动提供更低的贷款利率和更灵活的贷款条件。此外,简化审批和报告手续,减轻企业和个人的操作负担,提高人民币交易效率。同时,对使用人民币的跨境贸易货物提供优先的审批和海关清关流程,以加快货物通关速度。最重要的是,针对跨国企业进行宣传,提高企业使用人民币的信心。

第五,通过人民币国际化,加强金融中心之间的互联互通。中国银行发布的2022年《人民币国际化白皮书》显示,中国跨境人民币客户汇款流向中国香港的比重高达43.1%,远高于欧洲(28.6%)和RCEP国家(17.5%),而其中近90%的资金最终转往其他国家和地区。香港作为一个国际金融中心和“超级联络人”城市，拥有独特的地理和政治优势，是推动人民币国际化的理想场所，有助于提高人民币结算和计价功能。在银行业务方面，应鼓励在香港设立更多的人民币账户，并提供全方位的人民币存款、贷款和汇兑服务。在投资产品方面，应在香港推出更多种类的人民币计价金融产品，如人民币债券、人民币 ETFs 和其他各类衍生品。在贸易结算方面，应通过建立统一结算平台，实时结算，简化流程，降低成本。在人民币借贷市场方面，除了鼓励金融机构提供多样化的人民币贷款产品外，还需特别关注中小企业的需求。政府和金融机构可以提供低利率的人民币贷款，从而刺激中小企业使用人民币进行商业活动。在离岸市场建设方面，应进一步打通上海和香港，两地建设数据共享平台，定期交换离岸人民币市场的交易数据和分析报告，以更好地了解市场动态；两地监管机构可以更紧密地协作，共同制定和调整离岸人民币市场的监管政策；两地共推金融产品；两地共建一体化的服务平台，允许在上海和香港进行无缝的从贸易结算到投融资的人民币业务操作；两地共同设立金融培训机构，为离岸人民币市场培养专业金融服务人才。

人民币国际化和上海国际金融中心的协同发展不仅是中国金融改革开放的两个重要方向，而且这两者之间存在天然的相互促进和依赖关系。上海作为一流的金融枢纽，有能力进一步推动人民币在全球范围内的应用和接受度，而人民币的广泛使用又能为上海国际金融中心的进一步发展提供强大的货币基础和市场需求。因此，这两者的成功实现将互为表里，共同提高中国金融体系的国际影响力和竞争力。

第七章　数字时代的人民币国际化

在全球化和数字化逐渐深入的当代，货币作为经济活动的核心，自然也在经历着剧变。数字时代不仅极大地加速了信息的全球流通，推动了资本、人才和技术在世界各地的迅速流动，还催生了一系列金融科技创新。从区块链到电子支付，从人工智能到大数据分析，这些新兴科技正在逐步重塑货币和金融交易的基础结构。这些变化给传统货币体系带来了前所未有的挑战，同时也开启了货币的全新时代。因此，在这个转型的历史性时刻，人民币国际化也迎来了发展的关键阶段，面临着多重机遇与挑战。这些机遇和挑战不仅可能决定人民币在全球金融体系中的地位，还可能影响中国乃至全球经济的未来走向。本章将详细探讨这一议题，分析数字时代人民币国际化的具体影响和应对策略。

第一节　数字货币的演进：从概念到实践

（一）数字人民币的前世今生

数字货币，作为技术进步和金融创新的结晶，从 20 世纪 80 年代的早期尝试，到如今的多元化加密货币，数字货币的发展历史彰显了不断变化的金融风景。数字货币的发展可以分为五个阶段。

1. 早期概念的诞生

早在 20 世纪 80 年代，数字货币就已萌芽。美国密码学家 David Chaum 在 1981 年发表的论文 Untraceable: Electronic Mail, Return Addresses, and Digital Pseudonyms 中首次提出了数字货币（DigiCash）

的概念，提出构建一种匿名的电子货币系统。然而，尽管这一尝试具备先见之明，但受制于技术和市场限制，该系统未能在当时获得成功。DigiCash 概念鼓舞了许多年轻人尝试探索数字货币的可能性。在 20 世纪 90 年代初期，许多科技公司和研究机构开始关注电子货币的开发。Chaum 作为创始人，在荷兰阿姆斯特丹创立 DigiCash 公司。1994 年，该公司开发的“eCash”电子货币系统完成了第一笔日内瓦向阿姆斯特丹的跨境支付，标志着数字货币进入实际应用阶段。然而，尽管 eCash 等尝试在技术上有了一些进展，但仍然面临着安全性、可扩展性和广泛采用等问题，限制了数字货币的发展。随着技术的进步和金融领域的变革，数字货币的概念在之后的年代逐渐复兴，为区块链技术的兴起和加密货币的出现铺平了道路。

2. 比特币的诞生

2009 年 1 月 3 日，一个化名为中本聪的个人或团队发布了比特币的创世区块（Genesis Block），引发了数字货币领域的一场革命。作为首个分布式的加密货币，比特币基于“区块链”的分布式账本技术，通过加密算法确保交易的透明性和安全性，不再需要中央机构的验证，实现了去中心化的交易和记账。这一创举标志着现代加密货币的兴起，为数字货币的发展奠定了坚实的基础。比特币作为一种新型资产和支付工具，引起了投资者、科技从业者以及政策制定者的注意，并催生了更多不同类型的加密货币的出现。

3. 加密货币的崛起

2011 年，莱特币作为比特币的改进版本问世，通过不同的加密算法实现更快的交易确认。2015 年，以太坊的发布引入智能合约概念，可以在不需要中介或第三方的情况下，实现合同的执行、交易的确认和资产的转移，为区块链应用带来了前所未有的灵活性和功能扩展性。此后，瑞波币、比特现金等加密货币相继涌现，其中，瑞波币在 2012 年推出，专注于国际支付和汇款，旨在提高跨境支付的效率。这些新的加密货币丰富了数字货币的种类与用途，同时也促进了加密货币领域的竞争与创新。加密货币的去中心化、全球流动和高回报潜力等特征使其逐渐成为大家关注和喜爱的投资产品。

4. 稳定币的兴起

在比特币问世并成为新兴投资产品后,人们开始关注加密货币价格波动的问题。传统的加密货币,如比特币和以太坊,价格波动性极大,这使得它们在日常交易中的实用性受到限制。2014 年,发行商 Tether 发行的 USDT 成为首个获得较高认可度的稳定币。发行商使用法定货币(美元)作为抵押,发行与美元等值的稳定币,以维持稳定价值。由于其相对稳定的价值,稳定币可以更容易地用于日常交易、支付和其他金融服务。当有用户愿意购买 USDT 时,发行者会在区块链上铸造等值的代币,并将其发放给购买者。反之,当用户用 USDT 兑换法定货币时,发行者会销毁相应数量的 USDT,并返还等值的法定货币给用户。稳定币是数字货币领域的另一项创新,与传统货币或实物资产(如黄金)挂钩,以降低价格波动性。然而,稳定币的发行也面临着监管和透明度等问题。近年来,算法稳定币成为发展的一个新方向,使用算法调整供应量以保持稳定价值。稳定币为传统金融系统和加密货币市场之间提供了一个连接,使得资金转移和交易变得更加流畅。

5. 中央银行数字货币(Central Bank Digital Currency,CBDC)的出现

中央银行数字货币是由中央银行发行和管理的数字形式的法定货币。21 世纪早期,一些中央银行开始探讨数字货币的可能性,但关注点主要集中在加密货币和区块链技术的潜在影响上。逐渐地,各国中央银行开始对数字货币的技术、监管和风险产生浓厚的兴趣,展开概念验证,探索中央银行数字货币的可行性和影响,包括中央银行数字货币的技术架构和支付效率、金融体系稳定性、金融包容性等方面。中国人民银行在这个阶段开始了对数字人民币的研究,中国成为中央银行数字货币发展的领头羊,于 2020 年开始进行数字人民币的城市试点,涵盖了支付、零售、公共交通等领域。同时,其他国家也在不同程度上启动了类似的试点,探索中央银行数字货币在支付、清算、跨境交易等方面的潜力。瑞典央行一直在探索发行电子克朗(e-krona),并于 2020 年进行试点。2021 年,美国波士顿联储和麻省理工学院共同启动了一项名为"Project

Hamilton"的数字美元试验，研究数字美元在支付和金融领域的潜在应用，及其可能对金融体系的影响。这项试验代表了美国在数字货币领域的探索。2020 年，欧洲央行启动数字欧元研究项目，数字欧元或将在 4—5 年内推出。中央银行数字货币未来可能在全球范围内发挥越来越重要的作用。但是，中央银行数字货币的实施涉及技术、监管、隐私等多方面挑战，需要谨慎的设计和平衡。

数字货币的发展见证了科技与金融的紧密结合。随着科技创新和全球金融系统的不断变革，数字货币必将持续引领未来金融领域的进步。无论是从最初的设想到现实世界的应用，还是从区域市场延伸至全球舞台，数字货币的兴起都打破了空间限制，重塑了全球金融和货币格局，为全球经济合作开启了新的篇章。

（二）数字货币是促进货币国际化的新引擎

如今，数字货币逐渐走向舞台前沿，成为国际金融领域热议的重要议题。数字货币的崛起不仅仅在支付方式上产生了革新，还在全球范围内引发了关于货币国际化的广泛探讨。从最初的构想到现今的实际运用，数字货币为国际金融体系带来了崭新的能量和机遇，同时，正从不同方面深刻影响着货币国际化的进程。

1. 数字货币提升支付效率、降低支付成本

相对传统的支付方式，数字货币无须多个中介机构的参与，不受地域和时间限制，避免了传统货币兑换的复杂性和延迟，大大提高了跨境支付效率。传统跨境结算常常伴随着高额的手续费和汇率风险。数字货币的出现可以降低交易成本，提供更廉价、更透明的国际支付方式，从而增强了其在跨境支付领域的竞争力，为国际贸易和跨境业务的扩展创造了更为有利的环境，也对数字货币发行方，如中央银行的货币国际化进程起到积极作用。

2. 数字货币提升金融包容性

数字货币的数字化特性使其更易于普及和使用，尤其是为那些金融体系并不发达的地区提供了多样化的金融服务，增强了金融包容性。通

过手机等移动设备,人们可以轻松使用数字货币,融入国际贸易和投资之中。这种金融包容性的提升不仅有助于扩大数字货币的用户群体,还能进一步增加其在国际交易中的应用,从而推动发行货币的国际化进程。

3. 数字货币拓展国际金融创新与合作

数字货币的兴起催生了金融创新的浪潮。智能合约、区块链技术等创新应用为跨境支付、资金清算等领域提供了新的解决方案。同时,数字货币的发展也推动了国际合作,各国开始积极探讨数字货币的法规框架、技术标准等。这种合作有助于构建更加开放和互联互通的国际金融网络,促进货币国际化的深入发展。

数字货币的国际化之路并非一帆风顺。监管风险、隐私问题、技术安全等都是需要克服的挑战。此外,数字货币自身的波动性也可能影响其在国际贸易中的应用。随着越来越多的国家探索中央银行数字货币的发行,数字货币将更加贴近官方货币地位,加速货币国际化进程,为国际金融体系的演变注入新的动力,为国际贸易与投资提供更多可能性和机遇。

第二节　数字人民币的发展和现状

(一) 数字人民币的发展

随着数字经济和信息技术的迅猛发展,全球范围内的国家和地区纷纷开始深入探索数字货币作为未来支付方式的前景。中国高度关注并持续开展中央银行数字货币的研发工作,成为中央银行数字货币的领头羊。数字人民币(e-CNY)是由中国人民银行发行的数字形式的法定货币,具备货币的价值尺度、交易媒介、价值贮藏等基本功能,且以国家信用为支撑,具有法偿性。数字人民币是采取中心化管理、双层运营架构的零售型央行数字货币,主要定位于现金类支付凭证(M0),将与实物人民币长期并存。[①] 由于 M0 容易被匿名伪造,也存在洗钱等风险,更无法

① 中国数字人民币的研发进展白皮书. www. gov. cn,2021-07-16.

通过电子支付工具实现数字化，因此，将数字人民币定位于M0，可以实现可控匿名和双离线支付等功能。数字人民币的本质就是货币，是央行对公众的负债，具有无限法偿性。实行发行管理的中心化，可确保货币供应以及币值的稳定。而常见的数字货币，如比特币，具有流通分散且去中心化的特征。此外，民众很容易混淆数字人民币和第三方支付手段。支付宝和微信属于第三方“钱包”，可以视为银行卡中的钱，而数字人民币既是“钱包”，也是实物人民币，可以实现离线支付，是更高级别的资产。所以，数字人民币在信用背书、无限法偿性、是否匿名、是否可离线支付等方面，与其他数字货币存在较大差异（见表7.1）。

表7.1 数字货币的特征

特征	现钞	银行账户余额	数字人民币	比特币	第三方支付账户余额
定位	M0	M1、M2	M0	无	无
无限法偿性	是	否	是	否	否
信用背书	国家信用	银行信用	国家信用	算法信用	企业信用
中心化	中心化	中心化	混合	去中心化	中心化
是否匿名	是	否	可控匿名	完全匿名	否
双离线	是	否	是	否	欧

资料来源：根据《中国数字人民币的研发进展白皮书》整理。

如图7.1所示，数字人民币发展已经10年。2014年，中国人民银行成立数字货币研究小组，启动数字人民币的专项研究计划。经过流通环境、关键技术、发行框架、开发测试等多个阶段的积极探索后，数字人民币的设计框架逐步确立。2016年，中国人民银行正式成立数字货币研究所，负责央行数字货币的技术研发工作，密集开展分布式账本技术、加密技术、隐私保护等研究，以确保数字人民币的安全和可靠，最终完成法定数字货币第一代原型系统搭建。2017年年末，经国务院批准，中国人民银行开始联合商业机构对法定数字货币开展研发试验工作，包括分布式账本技术区块链、加密算法、安全性等方面的验证和测试。2020年10月，《中国人民银行法（修订草案征求意见稿）》规定，人民币存在实物形式与数字形式，从法律层面确立了数字人民币的地位。

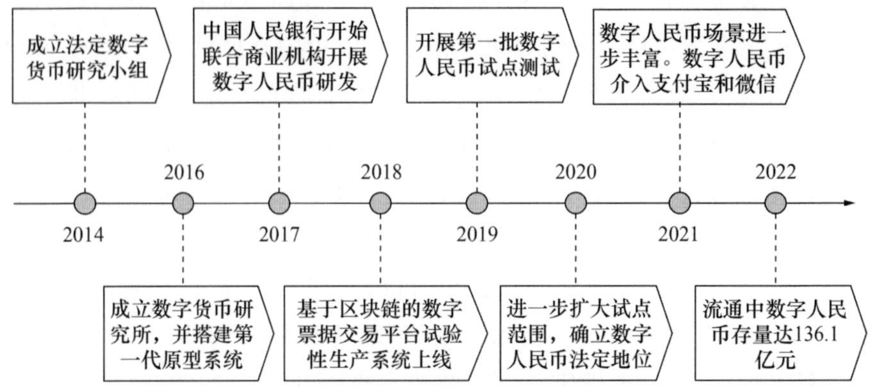

图 7.1　数字人民币发展历程

资料来源：根据《中国数字人民币的研发进展白皮书》整理。

数字人民币相比传统货币，主要有以下特点：首先，它由“一币、两库、三中心”体系支持，其中，“一币”是指由中国人民银行发行的数字货币；“两库”指的是数字货币发行库和数字货币商业银行库，用于存储数字货币数据；“三中心”则包括认证中心、登记中心和大数据分析中心，主要负责运营和管理。其次，它采用中心化管理、双层投放体系，中国人民银行首先将数字货币发行给指定的商业银行或其他金融机构，然后，这些商业银行或金融机构负责将数字人民币进一步发行给公众。通过商业银行或金融机构进行第二层发行，中国人民银行可以降低直接向公众发行货币的运营成本。商业银行或金融机构在第二层发行中又扮演了一个风险缓冲的角色。再者，尽管使用先进的加密技术，数字人民币仍坚持技术中性的原则，实现有限匿名，这既有效防止了非法金融活动，也保护了用户隐私。其数字性质使其转账更快、费用更低，并为政府提供了更精准和灵活的货币政策工具，同时也更便于监管和追踪非法活动。

了解了数字人民币的特点和体系，我们可以发现，数字人民币的产业链主要包括三个环节：发行、投放和流通、结算。在发行环节，中国人民银行起着主导作用，负责数字货币的生成、发行和与其他货币的兑换；还负责对已发行的数字货币进行跟踪和管理，以确保其在整个生命周期内的安全性和稳定性；同时，开发和更新央行支付系统，让数字人民币无缝地融入现有支付体系，确保交易安全。在投放和流通环节，需更新升级现有支付终端，推出新的便捷支付工具。商业银行要对自身的系统进行改造或升级，开发“软钱包”和“硬钱包”，以便能够处理数字人民币的接收、存储和转账。在结算环节，主要是数字人民币的支付和应用场景的拓宽及使用。

（二）数字人民币境内试点情况

2019 年，第一批数字人民币测试率先启动，第一批试点为深圳、苏州、雄安新区、成都以及 2022 年北京冬奥场景。2020 年 8 月，商务部印发《全面深化服务贸易创新发展试点总体方案》，在京津冀、长三角、粤港澳大湾区及中西部具备条件的地区开展数字人民币试点。2020 年 10 月，上海、海南、长沙、西安、青岛、大连 6 个城市被新增为试点城市。此后，数字人民币试点又进一步扩大至 15 个省市的 23 个地区。截至 2022 年 8 月 31 日，数字人民币在 15 个省市的试点地区累计交易达 3.6 亿笔，累计金额达 1000.4 亿元，支持数字人民币的商户门店数量超过 560 万个。2022 年，新增天津、重庆、广州、福州、厦门、浙江承办亚运会的 6 个试点。截至 2022 年年底，数字人民币试点已经遍布全国 17 个省市全域或部分地区。[①] 2023 年 7 月，国家发改委印发《关于推动虹桥国际开放枢纽进一步提升能级的若干政策措施》，支持上海、苏州联动开展数字人民币试点，推动创新场景开放和应用互联互通。数字人民币应用场景越来越丰富，市场交易规模逐渐形成。从全国来看，数字人民币钱包进入迅速发展阶段。截至 2021 年 6 月 30 日，数字人民币试点地区开设个人钱包仅约 2087 万个；截至 2021 年 10 月 22 日，数字人民币钱包开设累计 1.4 亿个；截至 2021 年底，数字人民币钱包开设累计 2.61 亿个（见图 7.2）。仅仅半年时间，数字人民币钱包已经遍布全国各地，试点地区交易额也相应增长，从 2021 年 6 月的 345 亿元上涨至 2022 年 8 月 31 日的 1000 亿元；截至 2023 年 6 月，交易额已经高达 1.8 万亿元，增速惊人（见图 7.3）。

---

① 扎实开展数字人民币研发试点工作. “中国人民银行”微信公众号，2022-10-12.

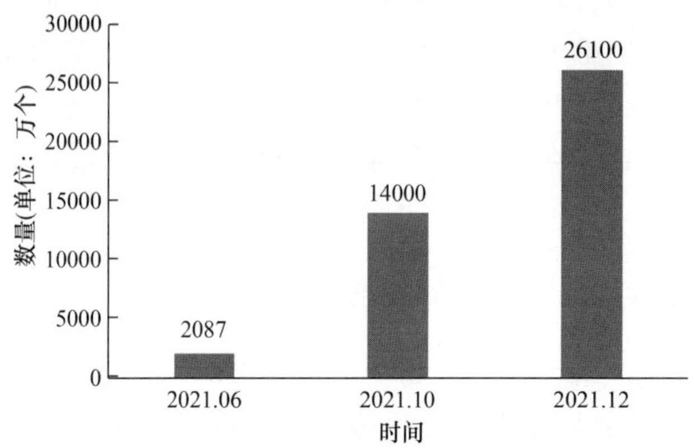

图 7.2　2021 年 6 月至 2021 年 12 月数字人民币钱包数量

数据来源：中国人民银行。

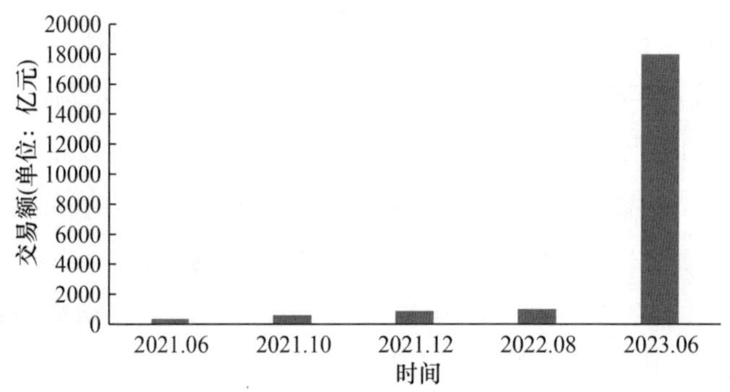

图 7.3　数字人民币交易额

数据来源：中国人民银行。

随着试点范围不断扩大，数字人民币在应用场景数量、累计交易金额、商户支持数量等方面都取得了极大的增长，试点工作逐步从运营机制过渡为制度安排的完善，并持续推动国内支付生态系统的演变与发展。此外，数字人民币相关专利已经达到 130 多项，覆盖数字货币的发行方法、运营体系、流通过程、数字钱包、应用场景以及基于区块链的数字身份验证等（史亚荣，郭诗雨，2023）。

(三)数字人民币走向国际化

人民币国际化离不开跨境支付,央行数字货币的应用为跨境支付带来了新的机遇和挑战。在数字人民币跨境支付方面,中国人民银行始终保持开放且审慎的态度。虽然2022年发布的《中国数字人民币的研发进展白皮书》指出:“数字人民币具备跨境使用的技术条件。”但数字人民币的用途主要是满足国内零售支付需求。其跨境及国际使用相对复杂,涉及反洗钱、客户尽职调查等法律问题,国际上也正在深入探讨。鉴于跨境使用的复杂性,数字人民币当前以满足国内零售需求为主。

深圳一直走在跨境支付领域的前列。2021年3月,深圳罗湖区在全国率先完成面向香港居民在内地使用数字人民币的测试工作。该测试面向的香港居民可分为两类,一类是经常来深圳的香港居民,可以通过香港居民来往内地通行证进行实名验证;另一类是偶尔来深圳的香港居民,仅持有香港居民身份证,可以通过香港手机号匿名开设五类数字人民币钱包。这次测试成功构建了香港居民来深圳使用数字人民币跨境支付场景,进一步扩大了数字人民币使用范围,验证了数字人民币钱包的匿名性、便捷性、安全性,有效降低了香港居民来深圳消费的跨境交易成本,为下一步推动数字人民币深港跨境流通、解决跨境旅游等经常项目的支付奠定了实践基础。[①] 2023年2月12日,罗湖区又启动数字人民币跨境消费嘉年华活动,探索消费领域的应用。2023年8月5日,深圳市发布《深圳市优化国际化营商环境工作方案(2023—2025年)》,提出深圳将携手香港推进前海深港国际金融城建设,开展数字货币研究与移动支付等创新应用,推动数字人民币国际合作和跨境使用。海南在跨境支付方面也开启了大门。2021年5月,海南自由贸易港迎来数字人民币跨境进口电商支付新场景,在海南跨境进口电商企业——国免(海南)科技有限公司使用并完成支付。利用数字人民币进行跨境电商支付,不仅可以在现有的实名认证基础上进一步对下单者和支付者进行一致性验证,

---

① 细数数字人民币试点场景:从生活缴费、线上线下消费到跨境支付. https://www.thepaper.cn/newsDetail_forward_12312245,2021-04-21.

还可以实现平台和消费者之间的点对点支付。数字人民币技术不仅提升了跨境支付效率,还加强了对客户隐私的保护,从而使整个支付流程变得更加高效和安全。2023年6月,上海清算所发布关于银行间市场清算所股份有限公司大宗商品现货清算业务将于2023年6月26日上线数字人民币清结算服务通知,开启了跨境商品结算新时代。香港2022年《施政报告》提出,香港金管局正与内地机构合作扩大在港以数字人民币作为跨境支付工具的测试。这意味着,数字人民币作为跨境支付工具,在提升香港金融中心能级上起到重要作用,已经成为香港金管局的重要任务之一。

2022年北京冬奥会期间,数字人民币首次在国际盛典亮相,中国居民和境外运动员都可以在食、住、行、游、购、娱、医七大主要领域通过数字人民币钱包进行支付结算。事实证明,数字人民币不仅能够为用户跨境结算提供极大的便利性和快捷性,还能充分保护用户的个人隐私。中国银行发布的数据显示,数字人民币在冬奥会期间已经覆盖了超过40万个支付场景,交易金额高达96亿元人民币。[①] 而后,2023年7月,数字人民币硬钱包亮相成都大运会,大运村内所有商户均可以接受数字人民币硬钱包消费,通过智能POS机上"碰一碰"即可完成支付。冬奥会和大运会是数字人民币在大型国际性运动赛事上的应用,为数字人民币打开国际大门。

(四) 数字人民币参与多边央行数字货币桥进展情况

2021年2月24日,中国人民银行、中国香港金管局、泰国及阿联酋央行联合发起多边央行数字货币桥研究项目(m-CBDC Bridge,简称"多边货币桥"),也称"多种央行数字货币跨境网络",旨在建立基于法定数字货币的跨境支付多边合作机制,通过批发型央行数字货币提升跨境支付的效率。多边货币桥的发展可以追溯到2017年,表7.2清楚罗列了多边货币桥2017年至今的发展进程。2022年12月11日,习近平总书

---

① 交易近100亿元!数字人民币落地40多万个冬奥场景!碰一碰就支付. https://baijiahao.baidu.com/s?id=1724483958356520630&wfr=spider&for=pc,2022-02-11.

记在首届中国—海湾阿拉伯国家合作委员会峰会上，就金融投资合作提出深化数字货币合作，推进多边央行数字货币桥项目。[①]

表 7.2　多边央行数字货币桥项目的发展进程

2017 年	香港金管局开始研究央行数字货币项目，并将项目命名为 LionRock
2018 年 8 月	泰国央行发布名为 Inthanon 的央行数字货币项目
2019 年 5 月	中国香港与泰国的两个 CBDC 进行"山山联合"，推出 Inthanon-LionRock 项目，研究 CBDC 在跨境支付中的应用
2019 年 9 月	Inthanon-LionRock 项目首阶段启动，并在当年 12 月完成。这一阶段主要是技术开放，双方联同来自两地共 10 家参与银行成功开发以分布式分类账技术(distributed ledger technology，DLT)为基础的概念验证原型
2020 年 11 月	Inthanon-LionRock 项目第二阶段启动。在这一阶段，双方探讨在跨境贸易结算及资本市场交易的商业用例
2021 年 2 月	Inthanon-LionRock 项目第三阶段启动，中国央行及阿联酋央行加入，从原来的两方变成四方。与此同时，国际清算银行创新枢纽辖下中国香港中心也支持该项目。项目名称正式更名为"多种央行数字货币跨境网络"(m-CBDC Bridge)
2021 年 9 月	四方央行发布多边央行数字货币桥项目第一阶段报告
2021 年 11 月	四方央行发布多边央行数字货币桥项目用例手册
2022 年 9 月	四方央行发布多边央行数字货币桥项目真实交易试点测试数据，验证了多边货币桥在国际贸易结算场景下进行跨境支付交易的可行性
2023 年 7 月	多边央行数字货币桥项目在北京召开会议，讨论最小化可行性产品(MVP)研发及阶段落地有关工作

资料来源：根据公开资料整理。

2022 年 9 月 28 日，国际清算银行(中国香港)创新中心、中国香港金管局、泰国央行、阿联酋央行和中国人民银行数字货币研究所联合宣布：2022 年 8 月 15 日至 9 月 23 日期间，在货币桥平台上首次成功完成了基于四个国家或地区央行数字货币的真实交易试点测试，来自四地的 20 家商业银行基于货币桥平台为其客户完成了以跨境贸易为主的多场景支付结算业务。在该试点测试中，发行的数字港元(e-HKD)、数字人民

① 习近平在中国—海湾阿拉伯国家合作委员会峰会上的主旨讲话. http://www.moj.gov.cn/pub/sfbgw/gwxw/ttxw/202212/t20221210_469082.html，2022-12-10.

币（e-CNY）、数字阿联酋迪拉姆（e-AED）、数字泰铢（e-TH）四种央行数字货币总额折合人民币 8000 余万元，实现跨境支付和外汇兑换同步交收业务逾 160 笔，结算金额折合人民币超过 1.5 亿元。[①] 作为粤港澳大湾区的核心城市，深圳不仅是数字人民币首批测试城市，还在货币桥试点推进工作中处于领先地位。在内地参与此次试点测试的所有交易中，来自深圳地区企业的交易量占比达 1/3。[②]

中国人民大学金融科技研究所对多边货币桥项目发展进行了深入研究。多边货币桥的系统构建拥有三层体系：第 1 层是核心层，即区块链网络层，由区块链节点和智能合约组成，包含区块链分布式账本技术及其相关数据，也是智能合约逻辑编程的实现层。第 2 层是后端应用层，即处理身份和访问管理、区块链和相关服务的 API 网关，提供进入第 1 层的身份识别、权限访问、路由功能，以及钱包签名、密钥管理、外汇兑换机制等。第 3 层是前端层，为接入核心系统提供接口，为最终用户提供所需的功能，便于用户访问，并可根据最终用户和所需功能采取不同的形式。多边货币桥采用国内网络和走廊网络相结合的模式，在同一区块链系统内支持多种央行数字货币。尽管所有参与银行都在国内网络和走廊网络各自运行自己的节点，但只有各国的央行才有核心管理权。跨境支付中，双方兑换了多少数字货币，就会有相应的数量映射在走廊网络上，形成“存托凭证”。不同国家的参与银行可以通过兑换，在走廊网络形成存托凭证。这些存托凭证具有通用性，可以满足不同银行的需求，直接进行交易。多边货币桥通过走廊网络实现点对点交易，跨货币、跨区域，相比传统的代理行模式降低了约一半成本，时间从几天缩短到几秒，也避免了境外流通影响他国货币主权的冲突。

在数字经济时代，数字人民币是人民币国际化的全新路径，也为各国央行实现去美元化、升级全球跨境支付结算等传统金融手段提供了支持，成为全球货币体系改革的重要推力。

---

① 应用再扩围，数字人民币试水跨境支付. http://finance.sina.com.cn/wm/2022-10-09/doc-imqmmthc0230197.shtml，2022-10-09.

② 数字“货币桥”上深企多 交易量占比达三分之一. 深圳特区报，2022-10-24.

第三节 数字人民币的跨境支付能力

(一) 数字人民币应用于跨境支付的优势

1. 提升跨境支付效率

据 BIS 估计,2022 年全球跨境支付资金规模达到 39 万亿美元,约为全球 GDP 的 40%,由此可见跨境支付对世界经济发展的重要性。传统跨境支付系统的三个关键核心包括商业银行货币的运用、处理过程中资金与信息的分离,以及资金流通所需的代理银行网络。这样的架构使得资金链条变长,操作透明度变低,资金流动费变高。与此相反,中央银行发行的数字货币在跨境支付方面展现了突出的优越性。首先,由于数字人民币得到国家信用支持并由中国人民银行颁发,它在全球范围内享有广泛认可,且安全性高。其次,它可以实现资金与信息的一体化流通,减少对 SWIFT 报文系统的依赖,从而降低对美元的依赖,有助于保护国家的货币权益。此外,理论上,数字人民币能在各国的个人、企业和金融机构之间得到广泛应用,通过减少代理银行环节和资金流动的占用,显著降低跨境支付的成本。最后,数字人民币的发行机构为中国人民银行,与传统的商业银行系统不同,它允许用户直接通过分布式账本进行交易,无须在商业银行设立账户。这一创新方式的实施,使得每一个交易行为都能够被精确地记录在中国人民银行的账簿中,为中央银行提供对所有数字人民币交易的深入和全方位的监管机会。这不仅强化了用户资金和信息的安全保护,更重要的是,它为央行提供了实时、精确的监视工具,以便监测跨境资金流动的方向和动态。通过这种有效的监管,可以及时识别和打击跨境非法交易行为,比如洗钱和恐怖活动。数字人民币不仅增强了整个支付系统的诚信和透明度,而且有助于确保国家的经济安全和金融稳定。

2. 拓宽跨境支付的普惠群体

在全球范围内,普惠金融的推广已成为众多主要国家的共同目标,中国人民银行研发并推动的数字人民币成为实现这一目标的重要工具之一。《中国数字人民币的研发进展白皮书》指出,数字人民币主要用于满足公众对数字形态现金的需求,助力普惠金融。2021 年 9 月 24 日,央行数字货币研究所所长穆长春在"第十届中国支付清算论坛"上指出,数字人民币是人民银行为国内零售支付市场提供的公共产品,其初心就是推动普惠金融的发展。① 目前,全球仍有数十亿人口因各种原因无法享受基本金融服务。数字人民币的推出,正是为了解决这些问题。其"点对点"和"离线"支付特性,使得无须依赖传统银行账户,即可实现跨境转移支付。随着分布式数字身份认证体系的完善,数字人民币的可得性将进一步提高。这将使得更多人,特别是那些居住在边远或基础设施薄弱地区的人们,能够享受到现代金融服务的便利。数字人民币的出现,还可能会催生一系列新的金融产品和服务,特别是针对中低收入人群的微型金融产品。这将进一步丰富普惠金融体系,满足不同人群的金融需求。数字人民币不仅是中国金融创新的里程碑,也是全球普惠金融发展的有力推动器。其独特的跨境应用特性有助于提升金融服务的包容性和互惠性,向全球金融均衡发展迈出了坚实的一步。

(二)数字人民币的跨境应用场景

数字人民币的跨境应用场景在试点的推进过程中不断丰富。数字人民币的应用场景主要有以下几个方向:C 端场景(小额零售支付场景)、B 端场景(数字票据、工资发放、融资租赁等)、G 端场景(政府补贴、财政资金划拨、社保税收、公积金缴纳等)和跨境支付场景(跨境旅游、跨境电商、跨境金融等)。事实上,数字人民币的应用场景不限于以上几种,还包括央行层面,如中央穿透式监管、优化宏观调控、人民币国际化等场景。

数字人民币的发展有利于丰富人民币国际化的推进场景,使得数字人民币技术更好地服务于国内自贸区改革、"一带一路"建设、国际能源合作

① 央行穆长春:数字人民币的初心是推动金融普惠的发展. https://new.qq.com/rain/a/20210924A07X3700,2021-09-24.

等对外开放场景，从而推进人民币国际化进程（封思贤、张雨琪，2022）。

数字人民币在自贸区的应用场景丰富多样，涵盖了诸多领域。首先，在跨境贸易支付方面，企业能够利用数字人民币便捷地完成自由贸易区内的跨境交易，有效消除货币兑换和国际支付的不便，从而降低交易成本，提升贸易效率。其次，数字人民币与智能合约技术的结合，能够实现自动化的贸易合约执行，通过设定条件使得支付与交货自动执行，极大地增强了合同履行的可靠性和及时性。在供应链金融领域，数字人民币也能为自由贸易区内的企业提供资金融通支持，准确评估供应链中不同环节的资金需求，提供更加灵活的融资解决方案。另外，将数字人民币与数字身份认证技术相结合，不仅可以保障交易的合法性和安全性，还能有效抵制欺诈和非法交易，从而加强交易双方之间的信任度。此外，使用数字人民币进行支付和结算可便利地生成和管理电子发票，简化会计流程，进一步推动环保并提高效率。数字人民币引领金融科技创新，如移动支付、区块链金融产品等，进一步丰富了自由贸易区的金融市场。在旅游和零售消费领域，数字人民币的应用为国际游客和消费者提供了更加便利的支付方式，从而促进了自由贸易区的发展。更重要的是，数字人民币的交易记录可追溯至区块链，有助于监管部门更精准地监控资金流动，预防洗钱和恐怖活动。数字人民币在自由贸易区内的广泛应用为贸易便利、金融创新和数字经济的发展提供了坚实支持，但同时也需妥善解决技术、隐私和安全等方面的挑战，以确保其平稳运行。

在“一带一路”建设中，数字人民币有望成为连接不同国家和地区的纽带，为沿线国家和地区的贸易、投资以及金融合作等方面带来便利和创新。数字人民币能够在跨境贸易与支付领域发挥作用，为“一带一路”沿线国家的跨境贸易提供便利，通过消除货币兑换障碍、减少支付成本，有效提升贸易效率。数字人民币的引入使得“一带一路”项目的投资和融资更具灵活性，为企业提供了便捷的资金流通方式，同时减少了跨境资金转移的成本和风险。投资双方通过数字人民币共享跨境投资资金流动、权属等变更信息，降低了信息不对称风险。在智能合约与供应链金融方面，数字人民币结合智能合约技术，实现了供应链金融服务的自动化，为跨国供应链提供高效的融资解决方案。此外，数字人民币还有助于推动数字化贸易金融的发展,支持跨境电子商务和数字贸易平台,推进贸易的数字化转型。在基础设施建设支付、国际支付清算、文化与旅游消费等领域,数字人民币的运用有助于提升便利性与效率,为“一带一路”沿线国家的发展注入新动力。而数字人民币的引入也将鼓励“一带一路”沿线国家的金融科技创新,推动支付、清算以及风险管理等方面技术的发展。另外,数字人民币可以在社会福利与援助项目中实现资金的直接流向和监控;同时在跨境合规和监管方面,区块链技术可保障交易的透明性与可追溯性,有助于防止非法活动。

人民币在国际能源合作方面愈发重要。石油输出国沙特阿拉伯近期有意愿加速推进使用人民币结算石油。数字人民币的应用除了能为国际能源贸易提供高效、安全和便捷的支付方式,用于跨境能源合作支付,涵盖能源供应链中的设备采购、技术转让、研发合作等各项费用,从而提升支付效率并降低成本,还能在国际能源投资合作项目中发挥重要作用,合作双方可以利用数字人民币进行投资、融资和分红等交易,增进了跨境资金流动的透明性和便利性。此外,数字人民币独特的可编程性和透明性,有助于推动绿色能源交易,通过将环保因素嵌入交易中,数字人民币可以在能源市场促进可再生能源的交易,进一步促进碳排放减少和环境保护。数字人民币交易记录中的区块链记录能够增强能源合作的透明度和监管,确保各项交易合规性,为能源合作提供更稳定的金融支持,推动能源市场的健康发展。

正如《中国数字人民币的研发进展白皮书》所说,数字人民币已具备实现跨境使用的技术条件。无论是从技术支持、监管合规还是从试点项目看,数字人民币作为最先推进的中央数字货币,已经交出一份优秀的初试答卷。

在跨境旅游和跨境电商等重要支付场景下,数字人民币正迅速崭露头角,成为不可忽视的发展力量。以频繁小额支付为特征的跨境电商,常常需要依赖第三方,如淘宝、亚马逊等知名电商平台作为信用保障。在这种背景下,数字人民币借助智能合约技术,展示了其独特的优越性。借助数字人民币,买方可以直接通过个人钱包支付到卖方公司账户。完成交易并确认收货后,资金会自动解锁,实现了支付和结算的无缝对接。

以电商巨头淘宝平台为例，淘宝已基本上对所有用户都开放了数字人民币支付入口。只要是数字人民币用户，就可在淘宝 APP 下单页面直接看到数字人民币支付入口，进行支付。这一流程将显著降低跨境电商的结算成本，使交易更为便捷。

数字人民币在国内金融市场的稳定运行和广泛应用为其在国际交易中的使用奠定了坚实基础。这些因素共同塑造了数字人民币的跨境使用潜力，使其在全球范围内的流通成为可能。

（三）数字人民币跨境支付的机遇与作用

1. 全球大变局为数字人民币跨境支付创造机遇

当前，国际政治经济格局转变正在促成数字货币，特别是数字人民币在跨境支付方面的新机遇。第一，国际货币需求结构的变化。当前全球政治局势下，经济制裁和贸易战成为国与国之间互动的一种常见手段。这种情况下，传统的国际支付系统，特别是以 SWIFT 为代表的系统，可能成为制裁的工具。地缘政治风险的增加和金融制裁的升级正在促使各国积极寻求多元化的货币储备方案。数字人民币凭借其安全、高效的特点，已经被越来越多的境外央行或货币当局纳入外汇储备，人民币在全球外汇储备中的占比也不断提升。第二，数字技术创新的助推。数字技术的不断创新和发展促进了跨境支付体系的逐渐完善。大数据和人工智能技术可以帮助更精准地识别交易风险，提高数字人民币跨境支付的安全性。通过数据分析，可以提供更个性化的货币兑换和支付解决方案，进一步推动数字人民币在跨境支付中的应用。第三，全球金融治理框架的支持。G20 作为全球金融治理的重要平台，正在积极推动跨境支付体系的改革。2020 年 10 月，金融稳定理事会（FSB）发布《G20 加强跨境支付线路图》，在第五领域明确提出了涉及数字货币等新型跨境支付基础设施的发展方向，包括稳定币和中央银行数字货币，为数字人民币的跨境应用提供了广阔的发展空间。[①] 第四，数字人民币的先发优

---

① FSB. G20 Roadmap for Enhancing Cross-border Payments. https://www.fsb.org/wp-content/uploads/P131021-1.pdf,2021-10-13.

势和国际认可度。随着全球经济一体化的加深和国际政治经济局势的复杂化,数字货币正在崛起,为跨境支付带来了全新的选择。特别是数字人民币,作为全球首批央行发行的数字货币,具有显著的竞争优势和先发优势。成本、效率、透明度等方面的优越性都使其在国际金融市场中逐渐获得广泛的认可。

在当前百年未有之大变局下,数字人民币通过国际货币需求结构的变化、数字技术创新的助推、全球金融治理的支持、国际货币需求结构的变化以及数字人民币的先发优势和国际认可度等,展现出在跨境支付领域的巨大潜力和优势。这不仅反映了其在国际货币体系中的重要地位,而且预示着其在推动全球金融创新和多元化方面的重要作用。

2. 数字人民币重新定义国际货币的网络外部性

国际货币的网络外部性是指货币在国际体系中使用的广泛程度和接受程度对该货币价值的影响。当一种货币被越来越多的人接受和使用时(如美元在国际贸易中的主导地位),其价值和便利性通常会增加,进一步吸引更多的用户使用。这种现象与网络效应有关,因为每增加一个使用的人,对其他人来说使用这种货币的价值就会增加。网络外部性解释了为什么美元能够在国际舞台上占据主导地位,并可能对全球金融体系的运作和稳定产生重要影响。

自从布雷顿森林体系建立以来,美元在全球范围内的主导地位,一直是无可争议的事实。美元不仅是国际贸易中用于结算和计价的首选货币,而且因其广泛的使用和信任形成了显著的网络外部效应,确立了美元霸权地位。然而,数字货币技术的兴起和快速发展,特别是数字人民币的推出,正在挑战这一格局。第一,数字人民币能够利用现代技术迅速构建全新的货币网络,打破传统货币网络外部性的壁垒,降低市场主体对现有主导货币,如美元的依赖,最终形成全新的货币网络。第二,互联网的高速发展和部分大型平台企业的壮大为数字货币提供了良好的落脚点。通过这些平台推动数字人民币,可以迅速建立庞大的用户群体,突破传统货币网络传播速度。第三,与传统货币网络相比,数字人民币网络可以覆盖更广阔的区域，甚至到达传统货币难以触及的地方。这不仅扩大了货币网络外部性的边界，而且有助于推动全球金融的包容性增长。第四，与传统货币相比，数字人民币可以提供更高的交易效率和透明度，不仅降低了交易成本，而且有助于提高金融体系的整体效率和信任度。第五，数字人民币可能促使更多的国家考虑或采纳数字货币，特别是在区域合作和贸易伙伴中。这种趋势可能会导致全球数字货币体系的整合，增强货币之间的互操作性，从而有助于推动全球贸易和投资。

数字人民币与其他数字货币的出现正在重新塑造国际货币体系的结构。其技术和网络优势有可能降低美元等传统货币的主导地位，为国际货币体系带来更加多元化和灵活的未来。

（四）数字人民币如何赋能人民币国际化

1. 重塑跨境支付体系

跨境支付体系是推进人民币国际化的重要基础。目前，这一体系主要受困于支付效率的瓶颈，主要表现在资金跨境转账周期长、流转慢、手续杂以及费用高等问题上。而数字人民币的出现为这些问题提供了新的解决方案。作为电子版的法定货币，数字人民币允许在支付的同时转移所有权，无须额外结算环节。采用分布式记账技术的数字人民币能通过点对点的资金转移，大大减少跨境支付的时间和成本。因此，数字人民币将改善传统跨境支付的不足，为全球提供一种更高效和便捷的中国方案。这不仅将推动区域间的跨境经济活动，增强区域合作的效率和便利性，还将有助于人民币跨境支付能力的提升和人民币国际化的客观条件的创造。

2. 促进人民币币值稳定和宏观经济稳定

人民币币值稳定是人民币成功走向国际化的长期根本。币值稳定对内表现为物价稳定，对外则表现为汇率稳定（戴金平、甄筱宇，2022）。从运营框架来看，数字人民币采用三层运营模式（见图7.4），即第一层是中国人民银行，第二层是商业银行、电信运营商和第三方支付网络平台等,第三层是商家和消费者。在该模式下,央行向特定商业银行进行数字人民币的投放、维护和管理,商业银行等机构负责向社会公众提供数字人民币的运营、流通和支付结算服务。基于这种运营模式,央行能够致力于保障货币供应,推动人民币价值的稳固。除了基础的货币供应管理,央行还能借助先进的数字货币技术,开发外汇风险预警机制,实时监控和更新有关外汇波动和货币流通的关联数据。这一机制不仅能够提前策划应急预案,防范人民币大幅波动,而且有助于与其他金融市场工具和机构协同工作,确保整体金融系统的稳健和健康运作。

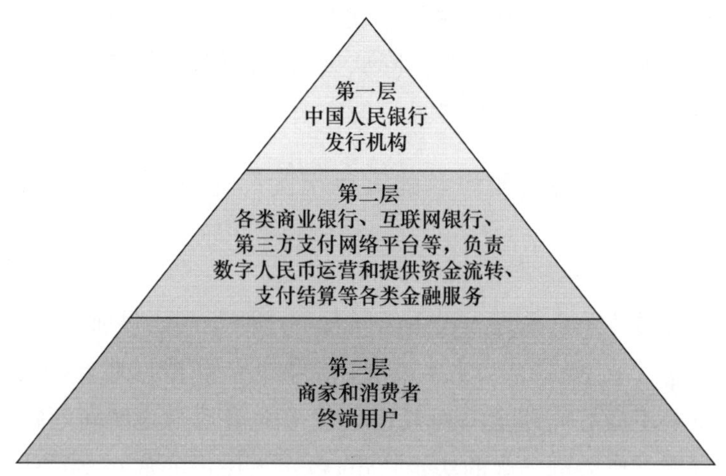

图 7.4　数字人民币运营模式

资料来源:根据《中国数字人民币的研发进展白皮书》整理。

数字人民币的流通和发行会对基础货币和货币乘数产生影响。数字人民币的普及推动了大量电子资金和支票的迅速流通,商业银行可能被迫增加其超额储备金率以满足可能的突然提款需求。当其他比率保持不变时,超额储备金比率的增加会引发货币乘数效应的降低,减少货币供给,遏制通胀,有助于国内价格的稳定。若国内经济能维持货币的稳健和较低的通胀水平,将减弱人民币汇率的波动,促进货币的内外稳定。此外,作为国家法定货币的数字人民币,通过区块链技术对经济活动进行追踪,监管和规范交易,提升宏观审慎的政策效果。例如,通过数字人民币记录的交易追踪资金的去向,实施更有针对性的差异化政策,一定程度上对宏观经济起到稳定器的作用。

3. 提升人民币的网络外部性

数字人民币通过增强流通手段和支付手段的优势,提升人民币的网络外部性。首先,作为一种高效便捷的支付工具,数字人民币可以更迅速地完成跨境交易,通过简化兑换和结算流程,提高人民币在国际交易中的便利性。这种灵活性鼓励了更多的市场参与者使用人民币进行交易,从而增强了其网络外部效应。其次,数字人民币的稳定价值使跨境主体对其更加信任,使人民币成为一种可靠的跨境交易和持有选择。这种信任感有助于提高人民币的国际地位和吸引力,促进其在全球范围内被接受和使用。最后,数字人民币不受地理约束的特性是其在全球范围内迅速扩展的关键因素。与传统的纸币不同,数字人民币可以方便地进行远程传输和交易,这一灵活性有助于推动人民币在不同国家和地区流通和被接受。

数字人民币的规模化推广将通过降低单位交易成本来增加人民币的竞争力。这一效应不仅限于数字人民币与其他数字货币之间的竞争,而且可能使其成本优势超过传统纸币。这一点将进一步推动人民币在国际市场的使用。此外,数字人民币的技术创新还可能引发更广泛的影响。例如,通过与其他金融科技的结合,数字人民币可能成为推动新一轮金融服务创新和普及的先驱,从而增强人民币的网络外部性。

4. 加强多边合作和金融安全

数字人民币的推出不仅代表了中国在金融科技领域的先进性,还为加强多边和双边合作、提升金融安全开辟了新的路径。与其他国家和地区在数字货币方面的合作提高了人民币在国际多边机构和双边贸易中的地位,如与"一带一路"沿线国家的金融合作等,促进了多边金融流动性,提升了结算效率。数字人民币的引入可推动相关多边协议的制定与签署,如在区域经济体系中推动数字货币的通用协议,使人民币能够在更广阔的领域流通,有助于整合和协调跨境支付的规则和标准,使得数字人民币的运用在多边和双边合作中变得更加流畅和透明。在金融安全方面,构建以数字人民币为核心的跨境支付结算体系,可以减轻对

SWIFT的依赖,降低被单方面制裁或限制使用SWIFT系统的“金融核弹”风险。美国硅谷、华尔街曾一度希望出台数字货币Libra,试图在科技进一步发展的时代,顺应时代潮流进一步推进美元霸权向全球版块扩张。这样的举措会侵蚀别国的货币主权,也会提高该国境内的金融风险。中国推出本国的数字货币,有利于抵御风险,加快人民币国际化的进程(刘晓欣,2020)。构建以数字人民币为核心的跨境支付结算体系,将有助于减轻对外部跨境支付体系的依赖,提升金融安全,推进人民币国际化。

5. 提升人民币监管能力

数字人民币的推出极大地提升了对人民币监管的能力,增强了人民币的国际公信力,为人民币国际化提供了坚实保障。首先,数字人民币不同于传统的虚拟货币,它以国家信用为背书,借助法治化和规范化的建设,确保其稳定可靠运作。数字人民币采用先进的区块链和大数据技术,每一笔交易都具有被完整记录和实时追溯且不可篡改的特性,这将显著降低跨境结算中可能出现的虚假贸易、合同欺诈等风险,为监管部门提供了强有力的工具,使得其在防范金融风险方面具有显著优势。其次,央行能够通过对数字人民币交易情况和具体分布的全方位掌握,实现对其全方位、全流程的监管。这一特性不仅有助于防止跨境非法融资、洗钱、赌博等违法行为,还能更好地监测资金结算的流动轨迹,降低跨境支付企业的合规成本。

6. 提升上海国际金融中心能级

上海作为国际金融中心和国际大都市,具有“金融优势、人口优势、数据优势、场景优势”。数字人民币的推广和使用在此四大优势上,可以迅速展开,形成规模,为上海国际金融中心注入新的动能。上海作为国际金融中心,拥有众多的金融机构、庞大的金融规模以及先进的金融服务体系,为数字人民币的应用和推广提供了独特的金融优势。这些金融资源和环境使得上海有能力快速将数字人民币集成到现有的金融产品和服务中,如数字人民币支持的投资基金、衍生品或者跨境支付解决方案。同时,走在全国前列的金融创新和开放的金融市场,使得上海试点的数字人民币产品和应用更容易得到监管批准。上海拥有庞大的人口基数和高度集中的金融从业人员，为数字人民币在上海的推广和应用提供了天然的人口优势。数字人民币在上海可以迅速获得大规模的初级用户，从而在短时间内达到一定的市场渗透率。金融从业人员的参与还能促进数字人民币在专业领域如投资、跨境支付等领域的应用和推广。因此，上海的人口优势不仅有助于数字人民币在国内的普及，也会加速其在国际金融体系中的应用。上海作为数据中心和高科技枢纽，拥有庞大的交易数据和用户行为信息，这为数字人民币在上海的推广和应用赋予显著的数据优势。这些大规模和多维度的数据不仅可以用于深化对市场需求和用户行为的理解，还能用于更精准地进行金融产品设计和风险评估。例如，通过数据分析，可以更准确地识别哪些商业区或消费场景更适合首先推出数字人民币支付。同时，丰富的数据资源也有助于上海作为金融中心在全球范围内推广数字人民币，通过数据驱动的决策更有效地进行市场拓展和风险控制。上海具有丰富多样的消费场景，包括旅游、购物、餐饮、娱乐和交通等，这为数字人民币的推广和应用带来了天然的场景优势。在这些广泛和多样的场景中使用数字人民币，不仅能更快地推动其在日常生活中的普及，也为金融创新提供了丰富的试验土壤。例如，通过与主要商场、旅游景点、公共交通系统以及各类线上线下服务提供商的合作，可以推动数字人民币成为更加便捷和高效的支付工具。这不仅有助于减少交易成本和时间，还能在更大的范围内收集到有价值的用户数据，从而进一步优化和改进数字人民币的各种应用。因此，上海的场景优势为数字人民币提供了一个广阔的应用平台，有助于数字人民币在国内外金融体系中获得更高的认可度和应用率。

数字人民币是上海国际金融中心能级提升的重要路径之一。其推出和实施将有助于提升上海在全球金融体系中的地位。首先，数字人民币能极大地提高境内和跨境交易效率、降低成本。上海浦东作为金融开放“试验田”，可以建设专为数字人民币设计的交易平台，并与上海现有金融交易系统集成。通过与现有支付网关和 POS 系统的集成，数字人民币不仅丰富了消费者和商户的支付选择，还极大地提高了交易的效率和便捷性。同时，与传统金融机构的紧密合作也促成了一系列基于数字人民币的新服务,如快速转账和低成本跨境支付,进一步巩固了上海等国际金融中心在全球范围内的竞争力。其次,数字人民币也将成为吸引全球资本的重要工具。上海金融市场可以推出基于数字人民币的金融产品,进一步拓宽其金融产品线,吸引全球投资者。例如,开发基于数字人民币的金融衍生品、发行数字债券、使用数字人民币创建更加高效和透明的借贷平台等。再次,通过与其他主要国际金融中心建立数字人民币交流和合作,促进数字人民币在其他国际金融中心的使用,在全球范围内建立更紧密的金融网络,从而加强上海作为国际金融中心的地位。最后,数字人民币的每一笔交易都可以得到记录,其跟踪和数据分析能力将显著提升上海金融监管能力,特别是在反洗钱和反恐怖主义融资等方面。

(五)数字时代下人民币国际化的政策建议

1. 提高数字人民币的适用性与便捷性

为了有效推动人民币国际化,提高数字人民币的适用性和便捷性是关键。在跨境支付方面,加强与 SWIFT 系统进一步合作是一个有效的途径,可以显著减少跨境转账时间和成本。具体来说,通过优化与 SWIFT 系统的接口和数据交换流程,数字人民币的交易可以更快地进入全球金融网络,从而提高其在国际交易中的流动性。此外,应加强区块链技术的研究。密码算法是区块链的核心技术,也是数字人民币发行和管理的重要基础。中国区块链技术虽然也取得一定成就,但在自主创新和标准质量方面依然有所欠缺。政府应提供有效激励措施,促进技术研发和开展,突破核心技术。同时要完善区块链相关法律法规,建设管理机构,统一行业标准。在国际合作与互联互通方面,应开放 API 接口和达成统一支付协议,简化跨境交易,进一步降低操作复杂性和成本。在数字人民币的支付平台或钱包中实现自动货币兑换功能和 24/7 多语言客服,提高国际用户体验,从而促进数字人民币的全球应用,进一步为人民币国际化奠定使用基础。

2. 建立数字货币国际合作机制

建立数字货币国际合作机制,有助于全球范围推广数字人民币的使用。在多边方面,中国作为第一个发行央行数字货币的国家,可以领先创建一个数字货币国际论坛,邀请全球主要央行和金融机构参与,作为数字货币政策讨论和协调的高级平台,使共同研究、解决数字货币普遍问题和挑战成为可能。与此同时,通过加入国际标准化组织(ISO)或其他相关国际组织,共同参与制定全球数字货币标准,提高数字人民币在全球金融体系中的地位和接受度。在双边合作方面,与愿意并有能力实施数字货币合作的特定国家签署双边合作协议,加强双方国家金融联系,促进形成数字人民币在特定区域应用的有效途径;推动"一带一路"倡议相关项目使用数字人民币作为结算货币,在当地提供技术支持和培训。这样不仅能扩大其在"一带一路"沿线国家的应用,还能加强中国与这些国家的经济联系。数字人民币的国际合作可以推动数字人民币有效地融入国际金融体系,从而积极推动人民币国际化进程。

3. 加强数字人民币法律法规建设,提供合规性保障

数字人民币作为法定货币和支付手段,不仅需要技术和市场支持,更需要强有力的法规和合规性保障。首先,在外汇管理方面,应明确制定数字人民币在跨境交易中的外汇管理规定,包括但不限于交易限额、客户身份识别和交易记录保存方法,以减少操作不确定性并鼓励其在全球范围内的广泛应用。其次,针对资本流动,必须细致划分各类资本项目,并为其使用数字人民币制定具体条例和限制。这一措施有助于防范资本逃逸和投机行为,维护国内金融稳定。在反洗钱和反恐融资方面,合规性同样至关重要。具体来说,了解客户(KYC)即身份验证和反洗钱(AML)程序需要严格执行,为所有参与数字人民币交易的个人和企业建立全面的审核流程。此外,应建立自动化的可疑交易监测(SAR)和报告机制,以便实时捕捉并阻止非法交易活动,确保系统的透明度和可靠性。通过综合多方面的法规和合规措施,我们不仅可以提高数字人民币在国际金融体系中的地位,还可以有效维护其安全性和稳健性,进一步推动人民币全球化进程。

4. 提升数字人民币的公信力和透明度

在数字人民币场景下,公信力和透明度是影响用户对这一新型支付

方式接受度的关键因素。首先,在数据保护方面,符合国际通用数据保护条例是接轨国际数据安全性的重要措施,例如,欧洲《通用数据保护条例》(GDPR)。这不仅能够提升欧洲及其他地区用户的信任,还能为数字人民币在全球范围内的应用打下坚实基础。此外,应运用先进的加密技术保护用户数据和交易信息,以防止数据泄露或其他安全风险。其次,提升透明度和审计也是增强用户和合作方信任的重要途径。为此,建议邀请国际认可的审计机构进行定期审计。这种第三方审计不仅能证明数字人民币系统的可靠性和安全性,还能进一步提升其在国际社会中的信誉。同时,通过官方渠道定期发布透明度报告也是一个积极的做法。这些报告应包括交易量、合规性措施、数据保护等方面的详细信息,以便公众和相关机构对数字人民币有一个全面和准确的了解。同时,通过提升数字人民币公信力和透明度,进一步提升数字人民币系统的内在质量和国际声誉。

5. 强化金融基础设施和技术支持

在全球金融体系越来越依赖于先进技术和实时数据流的现实背景下,金融基础设施的强韧性、可靠性和可持续性成为确保整个数字人民币系统成功运行的关键。首先,从网络安全的角度来看,防御分布式拒绝服务(DDoS)攻击这类网络攻击的能力是基本要求。任何金融服务系统都可能成为这类攻击的目标,尤其是有着国际影响力的支付系统,容易导致服务器瘫痪。因此,建立有效的防御机制不仅是为了保护单一系统,而且对维护整个金融生态系统的稳定性具有重大意义。同时,数据和系统的多重备份也是必不可少的,这不仅可以提高系统的抗灾性,还能避免因单点故障而导致的大规模服务中断。其次,采用分布式架构可以极大地提升数字人民币系统的灵活性和扩展性。这意味着系统能够更有效地应对大规模交易的压力,从而在国际范围内提供更加稳健和高效的服务。另外,数据中心的能效优化随着数字货币和金融科技的迅速发展,成为社会关注的热点。提高能效不仅可以减少运营成本,还有助于提升数字人民币项目在环境可持续性方面的社会责任感。

第八章　人民币国际化的展望

货币国际化是一国经济实力和全球影响力的体现，通常只有经济发达、金融市场成熟的国家才能推动本国货币在国际上广泛使用。国际货币格局的改变也说明了全球经济格局的转变。从大国到强国，不只是经济体量的变化，还伴随着本币国际化进程和金融体系话语权的提升。随着人民币国际化的推进和中国宏观经济高质量发展，人民币国际化发展现状良好，如何平稳、有序、可控地进一步推进人民币国际化已经成为以高水平对外开放拓展中国式现代化发展空间的必经之路。

第一节　人民币国际化的现实环境

人民币国际化是指人民币在全球范围内的使用逐渐普及，不仅在中国境内，而且在全球多个国家和地区被接受并用于计价、结算、投资及储备。人民币国际化自 2009 年正式推进，至今已经历 15 个年头，人民币在国际上的使用和认可度不断提高，人民币国际化现实条件不断完善。

（一）宏观经济持续增长

改革开放 40 多年来，中国经济发生翻天覆地的变化，国内生产总值从 1978 年的 3678.7 亿元，占世界经济比重不到 2%，跃升至全球第二。近年来，世界局势发生剧变，逆全球化思潮涌动，世界逐渐割裂；新冠疫情席卷全球，严重冲击各国经济；地缘政治摩擦不断，引发国际争端。然而，中国在这一重大考验和挑战面前，坚持了高质量发展和全面对外开放方针，展现了无可匹敌的韧劲。2022 年，中国国内生产总值达到 120.47

万亿元,同比增长3.0%,预计占世界经济比重约18%。根据现有数据初步测算,中国对全球经济增长的贡献率接近20%,俨然成为引领世界经济复苏的重要引擎。

国际贸易方面,2022年,中国外贸进出口总值从1978年的355亿元上升到42.07万亿元,比2021年增长7.7%,稳居世界榜首。其中,出口23.97万亿元,增长10.5%;进口18.1万亿元,增长4.3%。中国对东盟、欧盟、美国分别进出口6.52万亿元、5.65万亿元、5.05万亿元。中国与"一带一路"沿线国家进出口合计13.83万亿元,比2021年增长19.4%。与RCEP其他14个成员合计进出口12.95万亿元,比2021年增长7.5%。这些数据都展示了中国日益成熟的贸易体系,以及与全球主要经济体之间的紧密联系。

外汇储备方面,截至2022年12月末,中国外汇储备规模为31277亿美元,外汇规模稳定,连续多年位居世界第一。投资方面,2022年,中国克服了外部环境的不利影响,对外投资平稳发展,展现了稳中有进的态势。联合国贸易和发展会议发布的《2023年世界投资报告》显示,2022年中国吸引的外国直接投资额增加5%,达到创纪录的1890亿美元,再次证明了国际社会对中国经济前景的坚定信心。根据国家统计局数据,2022年,中国全行业对外直接投资9853.7亿元人民币,同比增长5.2%(折合1465亿美元,同比增长0.9%)。此外,中国在"一带一路"沿线国家的投资合作稳步推进。中国企业在"一带一路"沿线国家非金融类直接投资209.7亿美元,同比增长3.3%,占同期总额的17.9%;在沿线国家承包工程完成营业额849.4亿美元,新签合同额1296.2亿美元,分别占总额的54.8%和51.2%,为高质量共建"一带一路"做出积极贡献。此外,中国与东盟自贸区3.0版谈判仍在有序推进,东盟与中日韩(10+3)多边合作机制不断加强,不断通过区域经济合作实现互联互通。截至2023年7月,中国与东盟双向投资额超过3800亿美元,在东盟设立直接投资企业超过6500家。[①] 中国经济实力的不断增强和区域经济合作的不断深入,为人民币国际化提供了坚实的经济基础。稳定的经济增长增

① 资料来源:中国—东盟经贸合作暨第20届中国—东盟博览会新闻发布会.2023-08-25。

加了中国在国际经济体系中的分量，提高了人民币在国际金融市场上的影响力。

（二）汇率制度改革不断推进

自1953年中国政府建立统一的外汇和外贸体系以来，人民币汇率制度便逐渐在复杂的国际和国内环境中演化，展示了中国经济改革的连续进程。

首先是1981年至1993年的双轨制时期，这是一个典型的过渡阶段，同时存在两个汇率体系，使得政府能够更灵活地管控外汇市场，逐渐适应市场化改革的需求。随后是1994年至1996年的并轨期，期间中国逐步取消了双轨制，统一了官方和市场汇率。这一重大改革有助于进一步推动市场化进程，增强了人民币汇率的国际可比性。紧随其后的是1997年至2005年的钉住美元时期，人民币汇率与美元挂钩，这一战略选择有助于保持人民币汇率的稳定，促进外贸发展。然后是2005年至2015年的“721”汇改阶段。中国放弃了与美元的硬挂钩，采用了更灵活的汇率制度，使人民币汇率能够更好地反映市场供需关系。这一决策增强了人民币汇率体系的灵活性，有助于抵御全球金融风险。最后是自2015年至今的“811”汇改和加入SDR货币篮子阶段，标志着人民币成为全球重要储备货币之一。这一阶段的改革再次提高了汇率体系的灵活性，使人民币在国际金融体系中的地位得到了空前的提升。由此可见，汇率制度改革的每个阶段都是有针对性地基于中国当下国情和发展战略，与国内外市场经济的发展、国际环境的变化、中国改革开放的进程紧密相连，完全符合社会主义市场经济体制的改革方向。人民币汇率制度改革不仅是中国经济改革的一个重要方面，还是中国走向现代化、国际化的必然选择。中国政府通过主动、可控、渐进的方式推进人民币汇率制度的市场化改革，不仅使汇率更真实地反映外汇市场的供需关系，还通过多方面的措施，如增强监管力度、完善法规体系等，提高了人民币的国际认可度和接受度，加速了人民币国际化进程。这一全面而深刻的改革为中国特色现代化建设奠定了坚实基础，使中国在全球经济舞台上的地位更加稳固，展现了一个负责任大国的形象。

(三) 金融市场渐进式开放

中国金融市场的开放进程体现了逐渐放宽管制和增加透明度的方向，旨在满足国际化需求和提高市场竞争力。这不仅为国内市场带来了更多的国际资本和先进的管理经验，也为全球投资者提供了新的投资机会，从而促进了人民币国际化。

改革开放初期，中国开始逐步放松对金融市场的管控，积极设立金融机构，并首次允许外资银行在特定区域设立分支机构，奠定了金融开放的基础。20 世纪 90 年代，市场化改革逐渐深入，金融市场也在逐步扩大开放。在加入世贸组织前夕，银行、保险和证券市场的有序开放成为重要议题，外资得以进一步进入，同时汇率制度也趋于灵活。上海和深圳证券交易所在 20 世纪 90 年代初相继成立，标志着中国现代资本市场的诞生。2001 年中国加入世贸组织后，金融市场对外开放的程度明显加深，对外资银行和保险公司的许多限制得以取消，国内证券市场也逐渐向外资开放。2006 年，A 股市场全流通改革拉开序幕，资本市场逐渐走向成熟。2010—2020 年则是金融创新与开放的重要时期。在此期间，沪港通、深港通等机制的推动，以及 QFII 和 RQFII 制度的推广，进一步拓宽了资本市场的国际化道路。沪港通、深港通开通，人民币纳入国际 SDR 货币篮子，A 股被全球股指编制公司 MSCI 纳入新兴市场指数，彰显了中国资本市场在全球的地位和影响力。近年来，更大力度放宽市场准入成为主要趋势。对外资银行、证券公司、基金管理公司等的股权限制得到进一步放宽，外资金融机构在中国境内的业务范围也显著扩展。与市场开放同步，中国还在不断强化金融市场的监管体系，以确保风险可控，提高信息披露和合规水平，与国际合规标准接轨。中国金融市场开放是一个渐进和不断深化的过程，通过不断完善法规体系，放宽市场准入，加强国际合作，为全球投资者提供了越来越多的投资机遇，为人民币国际化奠定了市场基础。

(四) 上海国际金融中心能级提升

回顾主要国际货币的历史，货币国际化的进程都离不开该国家或地区金融中心的发展。上海国际金融中心的建设反映了中国金融市场不断开放并逐渐走向国际化的结果。上海证券交易所的建立，开启了中国现代资本市场的新篇章。上海金融业发展迅速，并最终于 2020 年基本建成国际金融中心。2022 年，上海金融业增加值达到 8626.31 亿元，比上年增长 5.2%，占上海地区生产总值的 19.3%，[①]上海证券交易所共有上市公司 2174 家，股票总市值 46.4 万亿元。截至 2021 年年末，全球股市市值交易所排名中，上海证券交易所位居第 3，仅次于纽约证券交易所和纳斯达克(《国际金融中心发展报告》编写组，2023)。从积极支持自贸区离岸债券市场的稳健发展，吸引中外资金融机构集聚，到全方位扩大人民币跨境支付系统业务网络，上海国际金融中心的创举推动了中国金融市场的创新和多元化，加强了上海国际金融中心在全球金融舞台上的影响力和竞争力，让上海在"全球金融中心指数"(GCFI)排名中屡获佳绩。虽然上海国际金融中心在规模、资源配置能力、人才和营商环境等方面与纽约和伦敦还有一定差距，但整体来看，从一个萌芽时期的商业城市到今天的国际金融中心，上海国际金融中心建设取得了显著的成就，金融总量大幅提升，市场结构不断完善，资源配置功能不断增强，成为中国金融开放的枢纽门户，与人民币国际化协同发展。

(五) 人民币国际地位逐步形成

人民币从 2016 年到 2022 年已经实现了从加入 SDR 到权重提高 1.36%的飞跃历程，这表明人民币国际使用程度稳步提高。如今我们离 2027 年的定制审查并不遥远，人民币也在一步步靠近欧元地位。与此同时，随着人民币跨境支付体系的完善，人民币在跨境贸易结算和投资中的应用日益增多。据中国商务部统计，2022 年，中国货物贸易跨境人民币结算金额 7.92 万亿元，同比增长 37.3%，直接投资跨境人民币结算金额 6.76 万亿元，同比增长 16.6%，其中对外直接投资、外商直接投资分别为 1.92 万亿元、4.84 万亿元。离岸人民币市场逐渐壮大也是一个明显的迹象，中国香港、英国伦敦、新加坡等地已经成为主要的离岸人民币

---

① 资料来源：根据《2022 年上海国民经济和社会发展统计公报》整理。

交易中心,人民币的全球外汇交易量不断增加,逐渐成为被广泛交易的货币之一。此外,据中国人民银行统计,截至2021年末,中国人民银行已经在29个国家和地区授权了31家人民币清算行,与40个国家和地区的央行或货币当局签署了双边货币互换协议,互换总金额超过4.02万亿元,有效金额3.54万亿元。数据和事实都为人民币国际地位投下信任票,反映了国际市场对人民币的认可度和信任度逐渐增强,预示着人民币将在全球金融体系中扮演越来越重要的角色。

第二节　人民币国际化实践路径

(一) 人民币国际化遵循的原则

人民币国际化进程不是一蹴而就的,而是随着国家发展的进程不断探索和推进。

第一,人民币国际化应该遵循市场驱动原则,与全球经济贸易的真实需求相匹配,而政府的角色主要是为市场提供有利的政策环境和基础设施。这一原则将人民币与全球经济和金融体系更紧密地联系在一起,而不是孤立于市场之外的人为推动。首先,人民币国际化的推进必须符合中国及其全球贸易伙伴的需求,以更多的货币选择来简化结算过程并降低汇率风险,从而提高贸易效率并增加国际市场对人民币的信任度和接受度。其次,跨境投资作为全球化进程的重要组成部分,需通过提供更多人民币计价的投资产品来满足全球投资者对中国市场的投资需求,推动人民币在全球金融市场的使用,并提高人民币的国际地位。此外,在亚洲及"一带一路"沿线国家中,人民币的使用不仅可促进地区经济的互联互通和一体化,还可降低贸易成本,加强地区合作伙伴关系。虽然人民币国际化是市场驱动的过程,政府仍需通过完善人民币跨境支付系统(CIPS),优化外汇管理政策,逐步开放资本账户等措施,为人民币国际化提供必要支撑,确保其平稳、有序推进。

第二,人民币国际化应该遵循渐进式原则,逐步和有序地推进,以确保金融稳定和可持续发展。这一原则体现在三个方面,为实现人民币作为国际货币的目标铺平了道路。

一是在基础设施建设方面,需逐步完善跨境支付和结算体系。这不仅涉及金融科技的创新和应用,还包括与全球主要金融机构和清算中心的协调合作。应进一步推动人民币清算银行的设立,建立健全多层次、多渠道的人民币跨境流通体系,为人民币国际使用提供必要的基础设施支持。通过这些措施,可以确保国际交易顺利进行,减少交易成本,提高人民币在国际金融市场的竞争力。

二是在逐步开放方面,需在确保金融稳定的前提下,逐步放开资本项目。这意味着需要谨慎评估和管理相关风险,不仅要防范可能的资本流动冲击,还要及时应对国际金融市场的波动。与此同时,还需要与主要贸易伙伴协调货币政策,签署双边或多边货币互换协议,促进人民币在国际市场的自由流通。逐步放开资本项目能使人民币更好地适应国际金融体系的变化,加快人民币成为国际储备货币的进程。

三是在政策调整方面,根据国际经济环境的变化,灵活调整推动人民币国际化的政策和战略。全球经济的复杂性和不确定性要求中国政府在推动人民币国际化过程中具备高度的敏感性和反应能力。这不仅涉及货币政策和财政政策的协调,还包括与全球主要经济体的沟通合作,确保人民币国际化与全球经济发展的协同和平衡。通过定期评估和调整政策,可以确保人民币国际化进程的健康和稳定推进,减少潜在的系统性风险。

人民币国际化是一项复杂的战略任务,涉及全球贸易、投资、区域一体化等多个层面,需要政府、企业和市场的共同努力和协同合作。同时,人民币国际化的渐进式推进是一个高度复杂和具有战略性的任务。它要求政府、金融机构和企业之间紧密合作和协调,涉及法律、监管、技术、外交等多个领域。通过逐步完善的基础设施建设、有序放开资本项目以及灵活的政策调整,人民币国际化会在不远的将来实现更大的突破和成功,成为推动全球经济复苏和增长的重要力量。

(二)人民币国际化实现路径

人民币国际化的初步阶段主要是通过与周边国家的经济合作来推

动人民币的使用。具体来说,首先,在双边贸易结算方面,通过与周边国家签署货币互换协议,促进双边贸易结算的人民币化,从而降低贸易成本,提高结算效率。其次,跨境投资方面,鼓励使用人民币进行跨境投资,这不仅有助于增强中国与周边国家的经济联系,还可以进一步拓展人民币在国际金融市场的流通。最后,金融合作深化方面,通过与周边国家金融机构的紧密合作,推动人民币在地区金融市场的使用,为人民币国际化进程提供坚实基础。经过十余年的努力,人民币周边化已经取得显著成效。

人民币国际化的第二阶段是区域化,这也是我们正在经历的过程。随着中国经济的持续增长和地区影响力的提升,人民币的区域化进程已经加快。通过在中国香港、新加坡等地建立人民币离岸市场,成功促进了人民币在亚洲区域的流通和使用,增强了其作为交易和储备货币的吸引力。现下,正在推进上海国际金融中心离岸人民币市场建设,进一步提高人民币流通性,增强人民币公信力,实现金融创新和全球资源配置。多边合作机制方面,中国通过与"一带一路"沿线国家、RCEP 成员等建立更紧密的贸易联系,推动人民币在双边贸易结算中的使用。此外,建立或优化跨境支付系统是确保人民币在东盟国家之间流通和结算的关键一环。这不仅可以简化结算过程,降低交易成本,还有助于提高人民币在地区贸易和投资中的使用频率。这些措施将使人民币在东盟国家间的流通变得更加灵活和高效,从而推动区域金融一体化的进程,并增强中国与东盟国家间的经济联动和合作,为人民币的国际化进程提供有力支撑。但必须注意的是,在区域化的过程中,贸易国承诺用人民币结算仅仅是一种选择方式,往往在实施的过程中,企业会选择美元或者欧元等进行结算,使得相关的承诺并无实际价值。因此,如何在区域内推广人民币使用和增强人民币的公信力是人民币区域化的关键问题。中国应继续推进高质量实施 RCEP,减少贸易壁垒,促进区域内投资,加强成员间的经济交流,这有助于人民币在成员间逐渐成为可接受和可信赖的结算货币。应通过增加使用人民币计价的投资产品,满足不同投资者对中国市场的投资需求,进一步推动人民币在区域金融市场的使用和得到认可。近年来,中国积极推动和参与亚洲基础设施投资银行(AIIB)的运作。AIIB不仅通过提供人民币计价的贷款降低受贷国的汇率风险，还推动人民币金融市场的发展以及人民币金融产品和服务的创新。这有助于扩展人民币在亚洲范围内的使用，鼓励更多的国家和企业选择人民币作为结算和融资货币。从区域合作的角度看，AIIB作为一个区域性的多边开发银行，在强化成员之间的合作、推动地区经济一体化，以及增强其他成员对人民币的信任方面发挥了关键作用。因此，借助国际机构平台，推进区域协作，为人民币在多边贸易和投资中的使用奠定了坚实基础。

人民币国际化才是我们的终极目标，要实现全球范围的广泛流通和使用，实现人民币结算、计价和储备功能。这一终极目标并非一蹴而就，还面临多重障碍，需要通过周边化和区域化战略，提升人民币在全球范围内的接受度和信任度，并使其最终得到发达国家的认可和支持。

第三节 人民币国际化政策建议

人民币国际化已经历时14年，它不同于任何一种世界货币的国际化。人民币国际化是以市场和政府为推手，以中国雄厚的经济实力为基础，与区域经济协作相结合，在渐进式开放资本账户的环境下，可控、有序、逐渐实现的过程。因此，实现人民币国际化，需要战略统筹，着重金融市场的配套和完善全方位布局，多举措共同推进。

(一) 完善人民币汇率制度改革

人民币汇率形成机制市场化是中国高质量对外开放的重要一步。随着资本市场的大门越开越大，人民币国际化不断推进，资金的进出对汇率波动产生显著的影响。反之，市场化的汇率形成机制是人民币国际化的重要基础，是国际投资者的定心丸。

中国采用的是有管理的浮动汇率制，人民币汇率弹性虽然较之前显著增强，但并没有完全市场化的汇率依然弹性不足，一旦出现跨境资本大量进出，不仅容易受到类似亚洲金融风险的恶意攻击，还会累积市场震荡能量，从而影响金融稳定。为了给人民币国际化提供坚实基础，人民币汇率市场化改革需进一步推进。目前，中国汇率波动幅度从2005年的上下0.3%扩大到如今的2%，取得显著性成就。但相较于其他浮动汇率制国家，我们还有较长的路要走。逐步、分阶段地根据市场反应加大人民币汇率浮动空间，更有利于资本的跨境流动，有助于人民币国际化。在各个阶段，要设定汇率风险预警指标，如异常的资本流动、过度的汇率波动等，以便根据现实情况及时调整策略。此外，人民币升值贬值和人民币预期升值贬值并不是一个概念。一个是既定结果，一个是市场对人民币价值的反应。市场预期的变化会直接并显著地影响人民币汇率趋势。因此，央行应加强与市场参与者的充分沟通，解释宏观政策意图，确保市场对政策变化有充分的认识。央行要完善宏观审慎和货币政策双支柱调控框架，加强金融机构监管，确保有足够的风险管理机制应对汇率波动的加大。在外汇市场建设方面，要完善基础设施建设，如交易系统、清算机制的更新升级；要鼓励金融创新，积极开放避险工具，如外汇期货、期权等，协助企业和金融机构管理汇率风险；要加强数据和信息披露，透明的数据信息有利于市场参与者作出更为明智的投资决策；持续定期评估汇率政策，汇率改革随着国情变化而变化，灵活的汇率制度要求央行定期对其进行评估，确保其满足经济和金融市场的需求，如人民币对一篮子货币CFETS权重的调整。2022年，国家外汇管理局对CFETS权重进行调整，上调了美元和欧元的权重。中国应更加主动积极地根据双边经贸关系的变化，灵活调整一篮子货币权重，使得人民币更加公平地反映市场供求的变化。

（二）开放和优化中国多层次资本市场

资本市场开放是人民币国际化的重要推手，但资本市场的开放必须是渐进的、可控的。一方面，资本市场互联互通的进一步深入是我们与国际接轨的重要渠道。另一方面，要打造多层级资本市场，吸引境外投资者。在互联互通方面，沪深通和债券通机制优化有助于人民币国际化。2023年4月，沪深通交易日历优化，减少了无法交易的时间，提高了交易效率，但是投资者资质和每日额度还受到一定程度的限制，应在风险可控的前提下，协调两地监管机制，进一步提高投资日交易额度，增强市场信心。债券通亦是如此。债券通“南向通”金额受限，在风险可控的前提下可以进一步提高限额。此外，在深港通股票标的上，考虑将更多的港交所和深交所上市公司纳入深港通交易范围。对于新上市的公司，可以设定一定的时间或其他条件，如市值、流动性等，满足后即可纳入深港通。对于某些特定的证券，如小盘股或高风险股票，可以设定特定的交易和监管规则。在深港通和债券通交易类别上，2023 年 8 月，证监会宣布深港通引入大宗交易机制，进一步拓宽了投资渠道。沪深通还应探索将 REITs、存托凭证纳入可交易类别，进一步丰富投资领域，分散风险。债券通可以增加交易的债券类别，纳入更多的企业债、地方政府债和固定收益产品等。在制度方面，中国内地与香港应进一步优化双边监管合作协议，明确双方的职责和权益，建立有效的信息共享机制，使双方能够及时获取对方市场的交易数据、上市公司信息、投资者行为等，以便进行有效的监管和风险评估，识别市场潜在风险。对于跨境的违法违规行为，双方可以进行联合执法行动，共同打击市场操纵、内幕交易等违法行为。同时，双方还应定期组织沟通与磋商会议，交流监管经验，讨论市场发展趋势。

优化多层次资本市场是中国提高资源配置效率的关键环节。2023 年 2 月，中国证监会和交易所等发布全面实行股票发行注册制制度规则，自发布之日起施行，这标志着注册制的制度安排基本定型，全面实行股票发行注册制正式实施。[①]全面注册制无论是在上市条件还是审核注册和发行承销制度方面，都作了极大的改善，放宽限制，精简优化，为我们打开了新的大门。市场之间的联动是构建一个更加完善、高效和有序的资本市场环境的重要保障。因此，要进一步加强区域性股权市场、新三板、创业板、科创板、北交所等不同市场的联动。首先，区域性股权市场作为中国资本市场的基础层，主要服务于地方中小企业，为其提供初步的融资平台。随着这些企业的成长，它们需要更大规模的融资和更高

---

① 全面实行股票发行注册制正式实施. https://www.gov.cn/xinwen/2023-02/17/content_5741943.htm? eqid=e34de0bc0072ff4100000002645d6ffe,2023-02-17.

的市场知名度,这就需要向更高层次的市场转板。因此,建立一个畅通的转板机制,使得企业可以从区域性股权市场顺利转到新三板、科创板或创业板,是非常必要的。其次,新三板作为多层次市场体系的中间层,既可以接纳从区域性股权市场转板上来的企业,也可以为有望进一步发展、转至科创板或创业板的企业提供跳板。因此,需要进一步完善新三板的制度设计,简化转板程序,降低转板门槛,使其既能满足中小企业的融资需求,也能为中小企业提供向更高层次市场转板的通道。

(三)升级和推广人民币跨境支付系统

CIPS 自 2015 年上线至今,发展迅速。CIPS 作为境内外人民币流通平台,在中国加速金融开放过程中尤为重要。首先,从技术升级与创新的角度看,随着全球交易量的持续增长,CIPS 的技术架构需要不断地进行优化,这不仅包括硬件的升级,还涉及软件和算法的细化,确保每一笔交易都能高效、快速地完成。在数字化时代,数据被誉为“新石油”,因此,CIPS 中产生的数据具有极大的商业价值。通过梳理和分析所有跨境支付数据,包括交易金额、交易方、交易时间等,可以为监管机构、银行和其他金融机构提供宝贵的数据支持,也可以更好地了解跨境支付的市场趋势,预测未来的市场需求,从而为客户提供更加精准的服务。因此,不仅要对数据进行收集和管理,还要对其进行深度挖掘,发现数据背后的价值,数据转化为资产是 CIPS 未来的发展方向之一。其次,为了让 CIPS 更具影响力,必须扩大其参与主体。这意味着要鼓励更多的国内外银行和金融机构加入这一系统,同时与 SWIFT 系统建立更紧密的合作关系,打通数据信息壁垒,实现真正的支付互联互通。为了满足不同客户的需求,CIPS 应提供多种清算和结算方式,并与国内以及其他国家和地区的支付系统建立直接的连接,使跨境支付变得更为简单高效。此外,任何支付系统的稳定性都离不开风险管理。CIPS 需要建立一个健全的风险评估和预警机制,及时识别可能的风险点,并制定相应的应对策略。与此同时,与相关的监管机构建立紧密的合作关系,共同制定和执行风险管理规则,确保每一笔交易都在可控的风险范围内。为了进一步提高 CIPS 的市场地位,提高市场透明度是必不可少的。这意味着

CIPS需要定期在公开平台上发布其运行数据，如交易量、清算金额等，并建立一个用户反馈机制，及时收集和响应用户的意见和建议。CIPS的目标群体是海外人民币需求者，因此，CIPS不仅要与主要的贸易伙伴签署双边支付协议，还要积极参与国际支付标准的制定和修订工作，确保其与国际标准的兼容性。

（四）以数字人民币发展打开国际化新局面

数字货币的发展和应用在全球金融体系中引起了广泛关注。尽管其世界影响力在短期有限，但其独特的特性为国际支付和结算系统带来了新的机会和挑战。中国作为央行数字货币第一个吃螃蟹的人，具有一定的先发优势，数字人民币必将成为人民币国际化的主要推动力量之一。

目前，世界上有87家央行探索零售型中央数字货币，19家探索批发型中央数字货币。新兴经济体为了改善其小额结算的落后现状，增强货币的国际支付地位，积极性最高。新兴市场国家积极推动法定数字货币研究与应用的主要原因在于新兴市场国家致力于通过发展数字货币改善其落后的小额结算情况，增强本国货币在国际支付中的地位。英国、加拿大、新加坡等国也纷纷加入，旨在改变货币格局的探索中分得一杯羹。甚至美联储在其数字美元报告中也指出，如果美国错过发展中央数字货币的机会，在中国引领数字货币革命环境下，美元主导的全球金融体系将会受到重大冲击。由此可见各国对于中央数字货币的虎视眈眈。

中国要以数字人民币发展打开国际化新局面，必须做到以下几点：第一，积极推进数字人民币研发和应用。即优化数字人民币交易平台，确保其与现有支付和结算系统的兼容性。为满足大规模交易需求，需优化算法和协议，使用分片、侧链或分层解决方案来增强系统扩展性；采用先进的加密技术和建立健全的安全审计机制来确保资金和数据的安全；开放API和鼓励第三方开发者参与，进一步丰富数字人民币的应用生态；手机软钱包要开通多语种服务，满足不同国家的需要。

第二，中国要发挥先发优势。具体而言，积极参与IMF、BIS等国际组织在中央数字货币领域的研究，确保中国技术标准与国际接轨，同时与主要的贸易伙伴协商,制定数字人民币的互操作性和兼容性标准,确保其在全球范围内的流通性和可用性。为了确保中央数字货币的技术基础坚实且与时俱进,中国可以引领各国中央银行建立国际技术交流平台,分享各国中央数字货币研发过程中的经验和技术成果,共同推广其相关的前沿技术。此外,积极推动建立中央数字货币国际风险管理和监管合作机制,共同应对中央数字货币带来的金融风险,确保其在全球范围内的合规性和安全性。

第三,与主要的贸易伙伴合作开展数字人民币跨境支付试点项目,通过CIPS简化支付流程,降低支付成本,在实际应用中检验其效率和稳定性。

(五)通过商品贸易拓展人民币跨境业务

作为全球贸易第一大国的中国,人民币国际化的重要路径之一是依靠商品贸易拓展人民币跨境业务来实现。由于人民币在周边跨境贸易中已经占有一席之地,所以现在谈论更多的是如何在金融领域提高人民币的使用范围和规模。但事实上,贸易对我们来说是更为方便的渠道,而且人民币的应用场景依然受限,特别是在大宗商品贸易往来的中国,美元具有不可动摇的地位。因此,我们应该立足当下,着眼于最直接的渠道。

第一,拓宽大宗商品实际应用场景。中国作为全球最大的商品消费国和主要出口国,每年进出口的大宗商品数量之大,在全球都是独一无二的。例如,大豆、原油、天然气和铁矿石等,这些都是中国经济发展的基石。然而,这些商品的进口大多仍然以美元为结算货币。这不仅增加了交易成本,还使中国在全球贸易中的议价能力受到限制。如果能在这些贸易中广泛引入人民币结算,不仅可以为人民币的国际应用提供实际场景,而且能够带动离岸人民币市场的发展,促进各种资源的集中和流动,提高中国在全球贸易中的话语权。基于自身优势,大宗商品进出口企业与境外商家可以形成联盟进行议价,并鼓励国内大宗商品进口企业在海外进行并购和参与决策,提高人民币议价和结算能力。为推动大宗商品的人民币计价结算,需要完善期货市场制度,使其与国际接轨,并鼓励境内外机构参与，允许境外投资者进入中国大宗商品期货市场。同时丰富期货和期权品种，如碳排放权等，逐步提升人民币在大宗商品市场的应用能力。

第二，加速优化跨境结算模式。目前，中资企业的大宗商品进口主要通过离岸贸易实体，这些实体一般在境外采购商品，然后再卖给境内的企业，大部分交易都以美元为结算货币。这种模式不仅增加了交易成本，还使中国企业在全球贸易中的议价能力受到限制。如果能在跨境进口环节广泛引入人民币结算，将有助于简化交易流程，降低交易成本，提高交易效率。此外，这也将有助于扩大 CIPS 的应用，减少对 SWIFT 的依赖，提高人民币在全球支付系统中的地位。

第三，构建供应链人民币体系。在大宗商品贸易中，供应链方的货币意愿转型是实现人民币贸易结算的重要一步。目前，尽管一些国际大型贸易商已经开始在跨境交易中使用人民币，但这还远远不够。为了真正推动人民币在全球贸易中的广泛应用，还需要进一步培育和扩大以人民币交易的供应链，特别是与“一带一路”沿线国家以及东盟自贸区的供应链。虽颠覆美元为核心的贸易体系非常困难，但是由于近期“去美元化”的兴起，寻找贸易伙伴如俄罗斯、沙特阿拉伯等有意愿接受人民币的国家，有助于越过美元，进一步扩大人民币贸易网络。

第四，利用数字化贸易优化境外客户的人民币交易体验。应借助中国先进的数字化交易平台，与各行业的跨境电商和供应链合作伙伴建立合作关系，形成一个与大宗商品贸易紧密相连的完整数字交易环境，使境外客户能够轻松地使用从贸易结算中获得的人民币来购买国内商品或支付服务费。这不仅可以减少外汇转换的成本，还可以避免汇率波动的风险，从而提高境外客户使用和持有人民币的积极性，进一步推动人民币在国际市场的应用和普及。

第五，鼓励企业投资人民币定价资产。对于那些参与国际贸易的企业，它们经常面临货物出口和进口的时间和金额不匹配的问题，从而产生了对流动资金的迫切需求。中国应开发高流动性的人民币定价资产，吸引这类公司参与投资，有效调节短期资金需求和长期利益需求。虽然中国已经进一步开放资本市场，特别是境外投资者可以通过 QFII 和

RQFII投资人民币定价产品,但是对于境外投资者有较高的要求和限制,并不支持此类贸易。针对此类投资者开发相应的人民币定价产品将有助于进一步开放资本市场,吸引境外投资者。中国在世界贸易中的地位举足轻重,有一定的议价权和话语权,应充分发挥优势,以国际贸易推动人民币在跨境往来中的使用。

(六) 加速建设离岸人民币金融中心

人民币存在离岸和在岸两个明显割裂的市场,由此形成两个有差别的汇率定价,即便在当前跨境资本尚不能完全自由流动的情况下,跨境套利、套汇的活动依然得以大行其道,并随着汇差的逆转迅速改变套利方向,最终会进一步加剧跨境资本的波动,威胁金融市场稳定(张明,2021)。为推进人民币国际化,建设健全的离岸人民币金融中心至关重要。离岸市场不仅为资金在全球范围内的流动创造了条件,而且其低廉的汇兑成本也为境外实体和机构提供了高效的资金运作和管理环境。这种便利性增强了外部机构和非居民对持有人民币资产的兴趣,为人民币在国际舞台上的普及和应用创造了有利条件。建设离岸人民币金融中心,建议从以下几个方面入手:

1. 善用香港金融中心优势,有序推进人民币国际化

香港,作为全球金融中心,在人民币国际化的道路上扮演了关键角色。从2004年的个人人民币业务的推出到2009年的首次人民币跨境贸易结算,香港始终是这一进程的前沿阵地。其国际化的资本市场和先进的金融基础设施使其成为中国内地与海外资本市场之间的重要桥梁。在此背景下,香港的离岸人民币市场在流动性、投资产品和金融基建等领域都实现了重大突破,特别是在流动性方面,已经形成了全球最大的离岸人民币资金池。然而,除了中国香港,英国、新加坡、美国和俄罗斯等也在大力发展其离岸人民币业务。为了进一步加速人民币国际化,我们需要在多个方面采取行动。首先,扩大离岸人民币资产的规模,发展更多的人民币计价金融产品,并进一步完善与内地的资本市场互联互通机制。例如,通过香港证券交易所推出更多的人民币计价产品,并进一

步优化相关交易和结算制度。其次，完善风险管理配套机制。人民币资产在国际竞争力上并不强，为了吸引更多的国际投资者，需要为离岸人民币市场构建一个完整的风险管理体系和生态环境。

2. 善用上海国际金融中心优势，加速建设上海离岸金融市场

上海在构建离岸金融体系时，应始终遵守经济发展和金融安全的基本原则，确保在追求金融发展的同时，金融安全不受威胁。为此，首先，深化金融改革是关键。这不仅意味着逐步放开利率和汇率，让市场在金融定价中发挥决定性作用，还包括超越当前“管道式”的互联互通模式，探索更为广泛的金融市场对外开放方式。特别是，离岸业务可以作为一种工具，帮助我们突破现有的制度限制，为金融改革提供新的路径和试验场地。其次，推动人民币国际化也是上海离岸金融中心建设的核心任务。这不仅需要通过政策引导和市场机制来扩大离岸市场的规模，还要深化人民币在跨境贸易和投资中的使用，利用上海的地理和政策优势。随着市场的开放和人民币国际化，如何维护金融稳定也成为一个重要的议题。这需要我们建立一个可控的离岸市场，确保其稳健运行，同时也要建立健全的风险评估、预警和应对机制，确保金融市场的平稳运行。此外，释放制度创新的潜力也是推进上海离岸金融中心建设的关键。通过借鉴国际先进的经验，建立和完善金融交易、结算和清算等基础设施，再根据市场的发展和外部环境的变化，及时调整和完善宏观调控工具。最后，服务实体经济是上海离岸金融中心的根本宗旨。我们应该为国内企业提供国际业务平台，鼓励它们在上海离岸市场开展国际业务，同时也要通过金融产品创新和市场推广，增加境外对人民币的需求。

人民币国际化是经济社会全面发展的国家发展战略。在新时代的背景下，人民币国际化不仅是中国金融发展的必然趋势，更是全球金融格局调整的重要标志。本书深入探讨了人民币国际化的历程、挑战与机遇，以及它对全球经济的深远影响。随着中国经济的持续增长和对外开放政策的不断深化，人民币在国际贸易、投资和金融交易中的地位逐渐上升，其国际化进程也在加速。但这一进程并非一帆风顺，它伴随着各

种挑战,如汇率波动、资本流动管理以及与主要货币的竞争等。然而,正是这些挑战促使我们不断创新和完善相关政策和机制,使人民币国际化走得更加稳健。未来,随着技术的发展,特别是数字货币和区块链技术的应用,人民币国际化将面临更多新的机遇和挑战。我们必须保持清醒的头脑,坚持改革创新,确保人民币国际化健康、稳定发展。

参考文献

[1] Aftab, M. , K. B. S. Syed, and N. A. Katper. Exchange-rate Volatility and Malaysian-Thai Bilateral Industry Trade Flows. *Journal of Economic Studies*, 2017,44.

[2] Arize, A. C. , J. Malindretos, and E. U. Igwe. Do Exchange Rate Changes Improve the Trade Balance: An Asymmetric Nonlinear Cointegration Approach. *International Review of Economics and Finance*, 2017,49.

[3] Baek, J. An Asymmetric Approach to the Oil Prices-trade Balance Nexus: New Evidence from Bilateral Trade between Korea and Her 14 Trading Partners. *Economic Analysis and Policy*, 2020,68.

[4] Baghestani, H. and S. Kherfi. An Error-correction Modeling of US Consumer Spending: Are There Asymmetries?. *Journal of Economic Studies*, 2015,42.

[5] Bahmani-Oskooee, M. The J-Curve and the Effects of Exchange Rate Changes on the Trade Balance. in Francisco L. Rivera-Batiz, eds. International Money and Finance, Volume 2 of Francisco L. Rivera-Batiz, ed. *Encyclopedia of International Economics and Global Trade*. World Scientific Publishing Co. , Singapore, 2020.

[6] Bahmani-Oskooee, M. and A. Ratha. The J-Curve: A Literature Review. *Applied Economics*, 2004,36.

[7] Bahmani-Oskooee, M. and A. Ratha. Exchange Rate Sensitivity of US Bilateral Trade Flows. *Economic Systems*, 2008,32.

[8] Bahmani-Oskooee, M. and S. Hegerty. The J- and S-Curves: A Survey of the Recent Literature. *Journal of Economic Studies*, 2010,37.

[9] Bahmani-Oskooee, M. and S. Saha. Do Exchange Rate Changes have Symmetric or Asymmetric Effects on Stock Prices?. *Global Finance Journal*, 2016a, 31.

[10] Bahmani-Oskooee, M. and S. Saha. Asymmetry Cointegration between the Value of the Dollar and Sectoral Stock Indices in the U. S. *International Review of Economics and Finance*, 2016b, 46.

[11] Bahmani-Oskooee, M. and M. Aftab. On the Asymmetric Effects of Exchange Rate Volatility on Trade Flows: New Evidence from US-Malaysia Trade at Industry Level. *Economic Modelling*, 2017. 63.

[12] Bahmani-Oskooee, M. and H. Fariditavana. Nonlinear ARDL Approach, Asymmetric Effects and the J-Curve. *Journal of Economic Studies*,2015,42.

[13] Bahmani-Oskooee, M. and H. Fariditavana. Nonlinear ARDL Approach and the J-Curve Phenomenon. *Open Economies Review*, 2016, 27.

[14] Bahmani-Oskooee, M. and H. Ghodsi. Asymmetric Causality between the U. S. Housing Market and Its Stock Market: Evidence from State Level Data. *Journal of Economic Asymmetries*, 2018,18.

[15] Bahmani-Oskooee M. and Xu, J. On the Link between Chinese Currency and Its Inpayments from and Outpayments to Trading Partners: an Asymmetric Analysis. *Economic Change and Restructuring*, 2021,55(1).

[16] Bahmani-Oskooee, M. and H. Karamelikli. Financial and Insurance Services Trade and Role of the Exchange Rate: An Asymmetric Analysis. *Economic Analysis and Policy*, 2021,72.

[17] Bahmani-Oskooee, M. and H. Harvey. The U. S.-Canadian Trade and Exchange Rate Uncertainty: Asymmetric Evidence from 104 Industries. *The World Economy*, 2021,45(3).

[18] Bahmani-Oskooee, M., N. Bose, and Y. Zhang . Asymmetry Cointegration, Nonlinear ARDL and the J-curve: China versus Her 21 Trading Partners. *Emerging Markets Finance and Trade*, 2018,54.

[19] Bahmani-Oskooee, M., N. Bose, and Y. Zhang. Is There J-curve Effect in the Commodity Trade between China and the U. S.? An Asymmetry Analysis. *The World Economy*, 2019,42.

[20] Bahmani-Oskooee, M. and A. Arize . The Sensitivity of U. S. Inpayments and Outpayments to Real Exchange Rate Changes: Asymmetric Evidence from Africa. *International Economic Journal*, 2019,33.

[21] Bahmani-Oskooee, M. and R. Nouira. On the Impact of Exchange Rate Volatility on Tunisia's Trade with 16 Partners: An Asymmetry Analysis. *Economic Change and Restructuring*, 2020,53(3).

[22] Banerjee, A., J. Dolado, and R. Mestre. Error-Correction Mechanism Tests in a Single Equation Framework. *Journal of Time Series Analysis*,1998,19.

[23] Bergstrand, J. H. The U. S. Trade Deficit: A Perspective from Selected Bilateral Trade Models. *New England Economic Review*, 1987,(May-June).

[24] Brada, J. C., A. Kutan and S. Zhou. China's Exchange Rate and the Balance of Trade. *Economics of Planning*, 1993,26.

[25] Bussiere, M. Exchange Rate Pass-through to Trade Prices: The Role of Nonlinearities and Asymmetries. *Oxford Bulletin of Economics and Statistics*, 2013,75.

[26] Cohen, B. *The Future of Sterling as an International Currency London*. Macmillan, 1971.

[27] Chaum D. L. Untraceable Electronic Mail,Return Addresses,and Digital Pseudonyms. *Communications of the ACM*,1981,4(2).

[28] Cheng, K. M. Financial and Insurance Services Trade: Does Exchange Rate Or Income Matter?. *Economic Inquiry*,2021,51.

[29] Chien-Hsiu, L. Exchange Rate Exposure in the Asian Emerging Markets. *Journal of Multinational Financial Management*, 2011,21.

[30] Cushman, D. O. U. S. Bilateral Trade Balances and the Dollar. *Economics Letters*, 1987, 24.

[31] Durmaz, Nazif. Industry Level J-Curve in Turkey. *Journal of Economic Studies*, 2015,42.

[32] Engle, R. F., and C. W. J. Granger. Cointegration and Error Correction: Representation, Estimation, and Testing. *Econometrica*,1987, 55 (2).

[33] Fang, W., Lai, Y., and S. M. Miller . Does Exchange Rate Risk Affect Exports Asymmetrically? Asian Evidence. *Journal of International Money and Finance*, 2009,28.

[34] Gourinchas,R and M. Sauzet. The International Monetary and Financial System. *Annual Review of Economics*. 2019,(11).

[35] Gradojevic, N. and C. J. Neely . The Dynamic Interaction of Trading Flows, Macroeconomic Announcements and the CAD/USD Exchange Rate: Evidence from Disaggregated Data. Federal Reserve Fed of St. Louise Working Paper Series, 2008-006C.

[36] Hajilee, M. and F. Niroomand. Is There an Asymmetric Link between the Shadow Economy and the Financial Depth of Emerging Market Economies?. *Journal of Economic Asymmetries*, 2021,23.

[37] Hajilee, M. and F. Niroomand. On the Link between Financial Market Inclusion and Trade Openness: An Asymmetric Analysis. *Economic Analysis and Policy*,

2019, 62.

[38] Halicioglu, F. The Bilateral J-curve: Turkey Versus her 13 Trading Partners. *Journal of Asian Economics* ,2018, 19(3).

[39] Hartmann, p. The International Role of Euro. *Journal of Policy Modeling*. 2002,(24).

[40] Haynes, S. E. , M. M. Hutchison and R. F. Mikeseli. U. S. -Japanese Bilateral Trade and the Yen-Dollar Exchange Rate: An Empirical Analysis. *Southern Economic Journal*, 1986,52.

[41] Kisswani, K. M. and S. A. Nusair. Nonlinear Convergence in Asian Interest and Inflation Rates. *Economic Change and Restructuring*, 2014,47.

[42] Koutmos, G. and A. D. Martin. Asymmetric Exchange Rate Exposure: Theory and Evidence. *Journal of International Money and Finance*,2003, 22.

[43] Liu, K. China's Policy Response to the China US Trade War: An Initial Assessment. *The Chinese Economy*, 2020,53.

[44] Narayan, P. K. The Saving and Investment Nexus for China: Evidence From Cointegration Tests. *Applied Economics*, 2005,37(17).

[45] Pesaran, H. M. , Y. Shin and R. J. Smith. Bounds Testing Approach to the Analysis of Level Relationships. *Journal of Applied Econometrics*, 2001,16.

[46] Panopoulou, E. and N. Pittis. A Comparison of Autoregressive Distributed Lag and Dynamic OLS Cointegration Estimators in the Case of a Serially Correlated Cointegration Error. *Econometrics Journal*,2004,7.

[47] Shin, Y. , B. C. Yu and M. Greenwood-Nimmo . Modelling Asymmetric Cointegration and Dynamic Multipliers in a Nonlinear ARDL Framework. in R. Sickels and W. Horrace. *Festschrift in Honor of Peter Schmidt: Econometric Methods and Applications*. Springer, New York,2011.

[48] Tavlas, G. The International Use of the US Dollar. *World Economy*. 1997, (20).

[49] Wang, Y. Yuan's Valuation under Managed Floating Exchange Rate Regime. *The Chinese Economy*, 2020, 53.

[50] Weixian. An Empirical Study of the Foreign Trade Balance in China. *Applied Economics Letters*,1999, 6.

[51] Xu, J. Bahmani-Oskooee, M. and Karamelikli, H. China's Trade in Services and Role of the Exchange Rate: an Asymmetric Analysis. *Economic Analysis and Poli-*

cy. 2022, 74.

[52] Yuan, Z. and Z. Yang. Does Exchange Rate Volatility Affect China's Exports Asymmetrically?. *System Engineering—Theory and Practice*, 2016,36 (2).

[53] Zhang, Zhaoyong. Does Devaluation of the Renminbi Improve China's Balance of Trade?. *Economia Internazionale*,1998, 51 (3).

[54] Zhang, Zhaoyong. China's Exchange Rate Reform and Its Impact on the Balance of Trade and Domestic Inflation. *Asia Pacific Journal of Economics and Business*, 1999, 3 (2).

[55] 戴金平,甄筱宇. 人民币国际化能否促进中国企业技术创新? [J]. 世界经济研究. 2022, (9).

[56] 封思贤,张雨琪. 法定数字货币对人民币国际化的促进效应. 国际贸易. 2022, (5).

[57] 刘晓欣. 数字人民币的主要特征及影响分析. 人民论坛,2020, (26).

[58] 蒙代尔. 蒙代尔经济学文集(第二卷). 向松祚译. 中国金融出版社, 2003.

[59]《国际金融中心发展报告》编写组. 国际金融中心发展报告 2022. 中国金融出版社,2023.

[60] 周小川. 关于改革国际货币体系的思考. 中国金融,2009,(7).

[61] 李艳丽,曹文龙,魏心欣,孙冰菁. 人民币汇率、汇率预期与短期跨境资本流动:基于 MS-VAR 模型的实证分析. 世界经济研究,2022,(1).

[62] 李明明,秦凤鸣. 人民币汇率预期、人民币国际化与短期资本流动. 国际商务(对外经济贸易大学学报),2018,(5).

[63] 史亚荣,郭诗雨. 数字人民币赋能人民币国际化的机理研究. 西安财经大学学报,2023,36(1).

[64] 高洪民. 人民币国际化与上海国际金融中心互促发展的机理和渠道研究. 世界经济研究,2010, 200(10).

[65] 吴博. 人民币国际化进程中的上海国际金融中心建设——历史视角下的经验和启示. 区域金融研究,2011, 459(2).

[66] 肖立晟. 人民币加入 SDR 货币篮子的影响及我国的未来行动策略. 经济纵横,2016,(2).

[67] 余永定. 人民币汇率制度改革,一个历史性的决定. 金融时报,2005-07-23.

[68] 张明. 人民币汇率形成机制改革:历史成就,当前形势与未来方向. 国际经济评论,2016,(3).

附　　录

表 0-1　描述性统计

	均值	中位数	最大值	最小值	标准差	峰度	偏度
美国							
LnVX	4.72	4.80	5.12	4.02	0.31	−0.57	−0.80
LnVM	4.28	4.33	4.63	3.67	0.29	−1.07	−0.53
LnY	6.57	6.58	6.66	6.48	0.04	−0.74	−0.07
LnREX	−0.85	−0.84	−0.76	−0.94	0.06	−1.68	−0.07
LnYCH	6.08	6.12	6.46	5.58	0.27	−1.34	−0.30
中国香港							
LnVX	4.62	4.70	5.04	3.97	0.31	−0.74	−0.66
LnVM	3.45	3.45	3.79	3.17	0.13	−0.06	0.17
LnY	4.73	4.74	4.88	4.56	0.09	−1.08	−0.36
LnREX	0.01	0.04	0.09	−0.10	0.06	−1.27	−0.46
日本							
LnVX	4.39	4.46	4.61	3.93	0.19	−0.56	−0.83
LnVM	4.47	4.56	4.71	3.95	0.21	0.01	−1.09
LnY	6.08	6.07	6.22	5.94	0.06	−0.07	0.47
LnREX	1.15	1.12	1.34	1.00	0,10	−1.07	0.46
德国							
LnVX	4.99	4.16	4.34	3.32	0.32	−0.43	−1.01
LnVM	4.09	4.19	4.47	3.36	0.32	−0.67	−0.74
LnY	5.89	5.91	6.01	5.71	0.08	0.11	−1.03
LnREX	−0.93	−0.93	−0.80	−1.06	0.08	−1.27	−0.03

（续表）

	均值	中位数	最大值	最小值	标准差	峰度	偏度
澳大利亚							
LnVX	3.65	3.76	4.12	2.86	0.38	−0.90	−0.68
LnVM	3.89	4.05	4.44	3.06	0.47	−1.21	−0.51
LnY	5.40	5.46	5.60	5.11	0.14	−0.64	−0.73
LnREX	−0.73	−0.75	−0.61	−0.83	0.07	−1.28	0.35
马来西亚							
LnVX	3.63	3.73	4.10	2.63	0.41	−0.62	−0.72
LnVM	3.86	3.97	3.24	3.03	0.34	−0.38	−0.88
LnY	4.74	4.77	4.91	4.52	0.12	−1.34	−0.38
LnREX	−0.30	−0.32	−0.17	−0.36	0.06	−0.66	0.88
新加坡							
LnVX	3.77	3.99	4.16	3.09	0.33	−0.83	−0.78
LnVM	3.64	3.71	3.98	3.00	0.26	−0.06	−1.00
LnY	4.69	4.71	4.94	4.40	0.18	1.47	−0.28
LnREX	−0.69	−0.70	−0.65	−0.72	0.02	−0.28	0.76
英国							
LnVX	3.83	3.95	4.22	3.10	0.34	−0.76	−0.76
LnVM	3.37	3.37	3.82	2.83	0.31	−1.41	−0.18
LnY	5.81	5.81	5.93	5.69	0.06	−0.25	−0.09
LnREX	−1.06	−1.03	−0.91	−1.20	0.09	−1.39	−0.13
泰国							
LnVX	3.53	3.61	4.04	2.69	0.44	−1.12	−0.52
LnVM	3.71	3.85	4.09	2.96	0.34	−0.61	−0.85
LnY	4.85	4.89	5.04	4.58	0.14	−1.17	−0.51
LnREX	0.71	0.70	0.77	0.65	0.03	−0.82	0.04
巴西							
LnVX	3.42	3.64	4.00	2.34	0.53	−1.07	−0.67
LnVM	3.67	3.86	4.33	2.42	0.53	−0.39	−0.83
LnY	5.57	5.56	5.80	5.30	0.13	−1.10	0.02
LnREX	−0.47	−0.46	−0.25	−0.61	0.09	−0.81	0.18

（续表）

	均值	中位数	最大值	最小值	标准差	峰度	偏度
印度							
LnVX	3.68	3.93	4.31	2.48	0.57	−0.90	−0.78
LnVM	3.39	3.52	3.85	2.45	0.38	0.30	−1.21
LnY	5.51	5.54	5.65	5.29	0.10	−0.70	−0.77
LnREX	0.88	0.88	0.93	0.82	0.03	−0.93	−0.13
荷兰							
LnVX	3.91	4.06	4.30	3.20	0.34	−0.53	−0.92
LnVM	3.08	3.16	3.52	2.41	0.32	−1.03	−0.55
LnY	5.28	5.30	5.41	5.09	0.08	0.10	−0.98
LnREX	−0.94	−0.92	−0.81	−1.06	0.07	−1.32	−0.11
俄罗斯							
LnVX	3.66	3.85	4.22	2.61	0.46	−0.48	−0.90
LnVM	3.73	3.79	4.23	3.01	0.29	−0.82	−0.47
LnY	5.52	5.55	5.75	5.21	0.13	−0.91	−0.26
LnREX	0.75	0.71	0.99	0.60	0.10	−0.99	0.48
印度尼西亚							
LnVX	3.56	3.63	4.08	2.77	0.41	−1.20	−0.49
LnVM	3.53	3.60	3.97	2.94	0.32	−1.21	−0.35
LnY	5.20	5.22	5.34	4.97	0.09	−0.56	−0.51
LnREX	3.20	3.19	3.36	3.11	0.06	−0.57	0.40
法国							
LnVX	3.60	3.78	3.92	2.91	0.32	−0.43	−1.02
LnVM	3.52	3.58	3.98	2.90	0.30	−0.94	−0.60
LnY	5.78	5.80	5.90	5.59	0.08	0.24	−1.08
LnREX	−0.93	−0.92	−0.80	−1.06	0.08	−1.28	−0.02
加拿大							
LnVX	3.58	3.72	4.00	2.84	0.35	−0.58	−0.90
LnVM	3.45	3.51	3.91	2.89	0.30	−1.14	−0.47
LnY	5.53	5.56	5.66	5.34	0.10	−0.65	−0.76
LnREX	−0.77	−0.77	−0.65	−0.89	0.04	−1.03	0.09

（续表）

	均值	中位数	最大值	最小值	标准差	峰度	偏度
意大利							
LnVX	3.61	3.78	3.95	2.94	0.32	−0.60	−0.93
LnVM	3.41	3.48	3.77	2.79	0.27	−0.84	−0.63
LnY	5.68	5.69	5.82	5.53	0.07	−0.25	−0.52
LnREX	−0.93	−0.91	−0.80	−1.01	0.08	−1.34	−0.06
墨西哥							
LnVX	3.46	3.55	4.09	2.43	0.47	−0.86	−0.61
LnVM	3.01	3.01	3.59	1.93	0.44	−0.70	−0.59
LnY	5.43	5.44	5.52	5.29	0.06	−0.41	−0.74
LnREX	0.26	0.27	0.44	0.11	0.10	−1.32	0.25
南非							
LnVX	3.20	3.33	3.66	2.34	0.43	−0.79	−0.78
LnVM	3.33	3.39	4.21	2.35	0.56	−1.25	−0.24
LnY	4.88	4.88	5.02	4.65	0.10	−1.13	−0.35
LnREX	0.10	0.10	0.32	−0.07	0.10	−1.08	0.13
西班牙							
LnVX	3.45	3.63	3.84	2.70	0.37	−0.61	−0.96
LnVM	2.93	3.10	3.36	2.08	0.37	−0.64	−0.86
LnY	5.49	5.52	5.65	5.29	0.09	0.33	−1.03
LnREX	−0.92	−0.91	−0.80	−1.04	0.08	−1.39	−0.07
韩国							
LnVX	2.21	2.23	2.32	2.07	0.06	−0.62	−0.68
LnVM	4.38	4.48	4.75	3.69	0.31	−0.46	−0.91
LnY	5.44	5.48	5.59	5.21	0.11	−0.85	−0.63
LnREX	2.21	2.23	2.32	2.07	0.06	−0.62	−0.68

表 0-2 出口收入线性模型结果

A:短期估计值								
贸易伙伴	ΔLn REX_i 滞后期							
	0	1	2	3	4	5	6	7
美国	−0.72 (1.87)*	0.21(0.53)[a]	0.62(1.36)	0.57(1.27)	−0.36(0.72)	−0.95(1.88)*		
中国香港	−0.17(0.26)							
日本	0.65(2.24)**	0.48(1.71)*	0.01(0.04)	0.88(3.04)**	−0.19(0.58)	−0.84(2.58)**		
德国	0.36(0.89)	−0.55(1.39)	0.11(0.25)	−0.20(0.45)	−0.49(1.10)	−1.42(3.34)**	−0.99(2.05)**	
澳大利亚	−0.14(0.39)	0.36(1.03)	0.46(1.14)	0.39(1.06)	0.92(2.38)**	−0.90(2.16)**	−0.64(1.50)	
马来西亚	1.50(2.38)**	−0.68(1.72)*						
新加坡	−0.66(2.13)**							
英国	−0.87(2.76)**							
泰国	0.08(0.36)							
巴西	2.25(3.36)**	1.16(1.56)	1.18(1.74)*					
印度	−0.90(2.35)**							
荷兰	1.01(1.79)*	−1.57(2.83)**	0.61(0.95)	−0.27(0.46)	−0.36(0.61)	−1.42(2.34)**	−1.40(2.10)**	
俄罗斯	0.69(2.17)**							
印度尼西亚	1.18(2.11)**	0.97(1.82)*	0.72(1.28)					
法国	0.18(0.36)	−1.17(2.42)**						
加拿大	0.38(1.00)	−1.02(2.81)**						
意大利	0.67(1.09)	0.75(1.21)	1.89(2.88)**	1.33(1.92)*				

（续表）

贸易伙伴	ΔLn REX_i 滞后期							
	0	1	2	3	4	5	6	7
墨西哥	1.07(1.83)*	0.77(1.51)	0.38(0.67)	0.43(0.66)	0.64(1.12)	−1.47(2.54)**		
南非	1.51(2.75)**	−1.12(2.08)**	2.22(3.80)**					
西班牙	0.27(0.73)							
韩国	−0.36(3.05)**							
B：长期结果和检验								
贸易伙伴	长期估计值			检验				
	Constant	Ln Y_i	Ln REX_i	F	λ_0 (t-test)	$LM^{d,e}$	CS (CS^2)	Adj. R^2
美国	−416.18 (0.34)	32.04(0.35)	29.01 (0.30)	12.39**	0.01 (0.29)	15.48**	S (S)	0.94
中国香港＃[f]	−6.46(1.40)	1.58(3.68)**	2.99(4.69)**	4.44*	−0.38(3.22)*	4.82	S (S)	0.79
日本	−23.31(2.86)**	2.22(3.90)**	1.05(2.42)**	2.21	−0.15(1.90)	17.77**	S (S)	0.81
德国	−45.84(4.63)**	4.11(5.22)**	0.09(0.09)	4.08	−0.15(1.84)	6.01	S (S)	0.81
澳大利亚	35.30(0.25)	−2.75(0.21)	−6.68(0.35)	4.47*	−0.02(0.44)	11.41**	S (S)	0.91
马来西亚＃	−22.80(6.25)**	2.93(8.86)**	0.44(0.87)	7.75**	−0.26(3.38)**	13.28**	S (S)	0.77
新加坡	−27.94(1.41)	2.43(2.43)**	−7.73(0.97)	3.04	−0.09(1.32)	9.81**	S (S)	0.54
英国	−30.22(2.56)**	4.13(4.98)**	7.07(2.78)**	9.99**	0.12(1.48)	10.98**	S (S)	0.89
泰国	−26.69(6.37)**	3.10(9.41)**	0.35(0.39)	4,55*	−0.22(3.47)**	0.76	S (S)	0.44
巴西	−26.98(0.60)	3.79(0.90)	10.25(1.21)	5.32**	−0.05(1.87)	4.58	S (S)	0.79
印度＃	−68.41(3.84)**	5.87(5.34)**	2.17(0.69)	5.76**	−0.10(2.53)	5.27	S (S)	0.72

（续表）

贸易伙伴	长期估计值			检验				
	Constant	Ln Y_i	Ln REX_i	F	λ_0(t-test)	$LM^{d,e}$	CS (CS^2)	Adj. R^2
荷兰＃	−46.10(3.48)**	4.84(4.03)**	1.19(0.77)	4.85*	−0.14(1.41)	8.70	S (S)	0.79
俄罗斯	251.50(0.86)	−16.39(0.83)	−24.39(0.85)	2.88	0.03(0.76)	3.61	S (S)	0.81
印度尼西亚	−46.92(3.09)**	4.13(4.85)**	0.85(0.76)	2.70	−0.16(2.76)	1.49	S (S)	0.64
法国	−38.62(3.03)**	3.63(3.35)**	0.40(0.27)	3.01	−0.11(1.08)	8.83	S (S)	0.76
加拿大＃	−33.65(3.40)**	3.84(4.50)**	2.79(2.66)**	2.97	−0.08(1.90)	9.92**	S (S)	0.86
意大利	−123.11(2.30)**	11.41(2.45)**	8.41(2.33)**	4.69*	0.11(1.25)	3.28	S (S)	0.66
墨西哥	5.07(0.21)	0.24(0.13)	2.43(1.61)	4.87*	−0.13(2.26)*	5.57	S (S)	0.83
南非	39.08(0.34)	−2.25(0.24)	−7.50(0.46)	3.57	−0.03(0.92)	5.53	S (S)	0.75
西班牙	−69.90(1.99)*	6.85(2.24)**	3.44(2.22)**	2.93	−0.08(0.75)	5.58	S (S)	0.74
韩国＃	−8.59(2.94)**	1.77(12.98)**	−0.88(2.67)**	14.92**	−0.40(7.84)**	0.67	S (S)	0.78

注：1：括号内的数字是 t 统计量的绝对值。*、** 分别表示在 10%和 5%的显著性水平上的显著性（下同）。

2：当有两个外生变量（$k=2$）时，F 检验的 10%（5%）显著性水平的临界值分别为 4.24（5.06）。此类数据来自 Narayan（2005）。Pesaran 等（2001）的临界值适用于大样本。

3：当 $k=2$ 且观测值接近 100 时，协整的 t 检验的临界值在 10%（5%）显著水平上分别为−3.22（−3.56）。此类数据来自 Banerjee 等（1998），因为 Pesaran 等（2001）的临界值适用于大样本。在 $k=3$ 的非线性模型中，10%（5%）显著性水平的临界值为−3.47 和−3.82。

4：LM 是残差序列相关的拉格朗日乘子检验。由于是季度数据，我们测试了 4 阶序列相关。其分布为自由度为 4 的 $\chi2$，10%（5%）显著性水平上的临界值分别为 7.77 和 9.48。在美国、日本、澳大利亚、马来西亚、新加坡、英国、荷兰、法国和加拿大的情况下，LM 统计量是显著的。：

5：我们使用 Ramsey 的 RESET 检验模型设定，其分布为自由度为 1 的 $\chi2$，10%（5%）显著性水平上的临界值为 2.71（3.84）。在日本、德国、英国、荷兰、俄罗斯和韩国的情况下，它是显著的。

6：＃表示在这些模型中，金融危机虚拟变量是显著的（下同）。

7：两个 Wald 统计量都分布为自由度为 1 的 $\chi2$，10%（5%）显著性水平的临界值为 2.71（3.84）。这些适用于表 0-2 和表 0-4 中的非线性模型。

表 0-3　出口收入非线性模型短期结果

A：ΔPOS 滞后期								
贸易伙伴	0	1	2	3	4	5	6	7
美国	−1.99(1.55)	0.65(0.51)	3.07(2.25)**	1.86(1.21)	−2.18(1.32)	−3.23(1.79)*	1.68(1.07)	
中国香港	3.74(2.70)**							
日本	0.96(1.14)	1.03(1.15)	0.29(0.26)	1.48(1.41)	−0.51(0.51)	−1.56(1.59)		
德国	1.90(2.19)**	0.36(0.43)	1.01(1.29)	0.89(1.15)	0.56(0.75)	1.73(2.54)**		
澳大利亚	−0.11(0.13)	2.38(2.71)**	1.76(1.87)*	2.80(3.06)**	2.81(2.87)**	−2.21(2.00)**		
马来西亚	2.93(1.72)*							
新加坡	−3.36(1.06)	9.44(1.83)*	19.67(3.41)**	14.23(2.61)**	11.88(2.62)**	5.48(1.28)	10.91(2.71)**	7.81(1.93)*
英国	−0.86(0.87)	−1.56(1.88)*						
泰国	0.52(0.32)	−3.19(1.88)*						
巴西	4.02(2.12)**	4.17(2.22)**	2.50(1.32)	3.38(1.76)*	1.85(1.50)			
印度	−0.95(0.77)	−2.64(1.83)*						
荷兰	4.28(2.92)**	−2.21(1.57)	2.14(1.46)	1.51(1.03)	0.83(0.61)	−2.29(1.75)*	−1.60(1.16)	
俄罗斯	2.35(2.95)**							
印度尼西亚	−0.05(0.03)	0.76(0.51)	5.11(3.11)**					
法国	3.63(3.02)**	−1.78(1.43)	0.92(0.71)	1.80(1.37)				
加拿大	1.92(1.88)*	−1.34(1.55)						
意大利	1.25(0.69)	3.01(1.69)*	4.14(2.24)**	4.96(2.48)**				
墨西哥	5.76(2.52)**	1.37(0.75)	1.12(0.67)	2.21(1.31)	1.94(1.24)	−1.58(0.89)	2.11(1.19)	
南非	5.87(3.85)**	−2.75(1.80)*	4.30(2.81)**					
西班牙	3.10(1.89)*	5.59(2.30)**	6.23(2.78)**	6.60(2.97)**	4.92(2.22)**	2.77(1.51)		
韩国	−1.32(1.79)*	−1.42(1.95)*	−0.13(0.18)	−0.12(0.14)	−0.13(0.16)	−0.87(1.39)	1.29(2.36)**	

(续表)

B:ΔNEG 滞后期								
贸易伙伴	0	1	2	3	4	5	6	7
美国	−0.33 (0.20)	5.05(2.32)**	5.19(1.90)*	−0.76(0.26)	5.22(1.85)*	−0.96(0.36)	4.91(1.81)*	
中国香港	−3.25(1.23)							
日本	1.15(1.37)	3.53(3.90)**	0.83(0.80)	1.21(1.27)	0.09(0.10)	−1.75(2.03)**	−0.38(0.41)	1.55(2.45)**
德国	−1.36(2.82)**							
澳大利亚	0.90(0.87)	1.78(1.61)	2.74(2.74)**	1.34(1.26)	2.21(2.28)**	−1.32(1.36)		
马来西亚	2.52(1.04)	8.38(3.13)**	7.80(3.13)**	0.35(0.15)	6.02(2.67)**	2.83(1.25)	4.50(2.16)**	5.53(2.75)**
新加坡	−1.40(0.25)	20.64(3.48)**	11.53(1.75)*	13.70(2.91)**	7.93(1.54)	10.45(3.01)**	8.47(2.36)**	8.74(2.64)**
英国	0.03(0.03)	2.02(1.95)*						
泰国	0.88(0.63)							
巴西	3.72(2.13)**	3.94(2.05)**	2.70(1.69)*	2.72(1.64)				
印度	−1.28(0.94)							
荷兰	3.52(2.03)**	0.67(0.37)	3.64(2.23)**	4.17(2.37)**				
俄罗斯	0.68(0.76)							
印度尼西亚	4.81(3.10)**	4.50(2.84)**	3.68(2.17)**	1.12(0.84)	−1.63(1.31)			
法国	−0.94(0.69)	−0.55(0.38)	−0.47(0.37)	−0.26(0.18)	−2.73(1.95)*	−0.77(0.59)	1.70(1.61)	3.45(3.76)**
加拿大	0.24(0.22)							
意大利	0.50(0.26)	2.00(1.00)	4.78(2.60)**	4.21(2.11)**	1.54(0.87)	−2.54(1.46)	2.82(1.61)	
墨西哥	3.51(1.85)*	2.27(0.93)	0.62(0.28)	1.68(0.75)	−0.80(0.34)	−4.89(2.31)**		
南非	5.01(3.52)**	−1.00(0.60)	5.79(3.80)**	−1.33(1.37)	1.62(1.62)	−1.75(1.60)		
西班牙	0.41(0.19)	4.39(1.79)*	8.52(3.37)**	7.74(3.44)**	2.78(1.29)	3.96(2.07)**		
韩国	−0.02(0.03)							

表 0-4　出口收入非线性模型长期结果和检验

贸易伙伴	长期估计值				检验			
	Constant	Ln Y_i	POS	NEG	F	λ_0'(t-test)	Wald−S	Wald−L
美国	−1266.1(0.40)	85.01(0.40)	30.05(0.36)	180.66(0.37)	7.32**	0.02(0.37)	2.18	0.14
中国香港#	12.77(0.65)	−0.32(0.17)	11.83(2.35)**	7.84(4.01)**	4.75**	−0.32(2.74)	6.09**	0.87
日本	5.08(0.33)	0.35(0.32)	−2.59(0.72)	−6.26(1.03)	3.91	−0.16(2.09)	1.15	2.18
德国#	−17.8(2.98)**	1.93(4.26)**	−0.58(0.60)	−4.30(2.68)**	5.84**	−0.32(4.61)**	9.36**	26.85**
澳大利亚	33.19(1.64)	2.15(1.27)	−5.90(1.60)	−11.08(2.11)**	5.52**	−0.15(2.19)	0.02	9.15**
马来西亚#	−14.4(2.03)**	2.13(3.16)**	−6.28(1.15)	−14.07(1.28)	4.68*	−0.26(3.33)	19.31**	1.91
新加坡	−99.50(1.97)*	10.54(2.12)**	53.88(1.74)*	98.79(1.78)*	4.87*	0.21(1.20)	0.04	3.25*
英国	−13.41(1.06)	1.65(1.72)*	−3.86(1.05)	−8.43(1.72)*	9.75**	−0.19(1.99)	4.08**	6.76**
泰国	−32.59(1.68)*	3.73(2.02)**	1.99(0.65)	4.71(0.57)	3.11	−0.19(2.28)	1.35	0.20
巴西	−27.3(3.37)**	2.66(4.20)**	8.15(2.93)**	4.55(1.67)	4.65*	−0.31(3.08)	0.68	63.52**
印度	125.77(0.29)	−10.48(0.28)	−27.49(0.31)	−57.41(0.37)	6.95**	0.04(0.38)	0.93	0.20
荷兰	−6.88(0.90)	1.24(1.91)	0.22(0.18)	−3.39(1.87)*	7.62**	−0.59(3.68)*	3.32*	28.23**
俄罗斯#	−44.6(2.70)**	4.18(3.00)**	7.79(1.79)*	2.26(0.57)	2.39	−0.30(1.74)	3.59*	61.32**
印度尼西亚	−5.29(0.91)	1.01(2.01)*	−0.77(0.79)	−4.74(3.34)**	4.08	−0.45(4.06)**	3.15*	38.02**
法国	−15.43(1.67)	1.71(2.40)**	−0.23(0.21)	−3.90(2.17)**	5.50**	−0.36(2.99)	1.01	21.83

(续表)

贸易伙伴	长期估计值				检验			
	Constant	Ln Y_i	POS	NEG	F	λ'_0(t-test)	Wald−S	Wald−L
加拿大#	−6.33(1.15)	1.10(2.45)**	−0.44(0.47)	−5.09(3.21)**	3.46	−0.28(2.97)	0.05	39.02
意大利	53.34(0.84)	−3.62(0.73)	−9.59(0.98)	−16.12(1.28)	3.96	−0.21(1.53)	0.00	4.78**
墨西哥	−1.63(0.06)	0.80(0.37)	8.54(1.00)	8.63(0,58)	4.38*	−0.16(1.96)	3.47*	0.00
南非	−16.2(2.11)**	1.98(2.95)**	3.96(1.89)*	0.96(0.45)	4.16	−0.54(2.98)	0.08	152.42**
西班牙	−489.63(0.62)	40.62(0.62)	76.52(0.60)	112.21(0.58)	6.46**	0.08(0.52)	1.43	0.30
韩国#	−21.2(3.02)**	2.47(4.20)**	−2.26(1.29)	−0.07(0.03)	9.71**	−0.27(3.21)	1.27	1.99

注:为了简洁,表 0-4 没有报告 LM 结果,但在美国、日本、德国、澳大利亚、新加坡、英国、荷兰、印度尼西亚、法国、加拿大、南非和西班牙的情况下是显著的。同样,也没有报告 RESET 结果,但在德国、澳大利亚、马来西亚、泰国、荷兰、意大利、南非、西班牙和韩国的情况下是显著的。和线性模型一样,CUSUM 和 CUSUMSQ 测试显示,估计在大多数情况下都是稳定的。

表 0-5 进口支出线性模型结果

A:短期估计值								
贸易伙伴	ΔLn REX_i 滞后期							
	0	1	2	3	4	5	6	7
美国	−0.16 (0.27)	2.12(3.68)**	−0.04(0.06)	−0.79 (1.19)	−1.03(1.61)	−1.14(1.60)	−1.52 (1.81)*	2.06(2.80)**
中国香港	−0.03(0.02)	−5.33(3.07)**	1.25(0.63)	−1.48(0.77)	0.24(0.13)	2.24(1.24)	−1.11(0.54)	−4.35(2.13)**
日本	−0.36(2.87)**							
德国	−1.06(4.22)**	0.06(0.23)	−0.32(1.24)	0.39(1.71)*	−0.42(1.91)*	0.37(1.86)*	−0.23(1.08)	0.47(2.26)**
澳大利亚	−0.82(6.67)**							
马来西亚	−1.59(3.99)**	0.28(0.61)	−0.58(1.16)	0.66(1.34)	−0.08(0.17)	−0.17(0.37)	−0.45(0.95)	1.30(2.60)**
新加坡	−1.04(1.97)*	−1.17(2.14)**	−1.06(1.88)*					
英国	−0.78(2.08)**	−0.57(1.60)	0.17(0.46)	−0.67(2.01)**				
泰国	−1.14(4.11)**							
巴西	−0.71(2.13)**	−0.24(0.68)	0.37(1.06)	−0.85(2.69)**				
印度	−1.21(3.64)**							
荷兰	−0.94(4.45)**							
俄罗斯	−0.85(3.44)**							
印度尼西亚	−1.04(5.02)**							
法国	0.26(0.81)							
加拿大	−0.76(5.02)**							
意大利	−0.96(4.69)**							
墨西哥	−0.96(3.48)**	0.19(0.70)	−0.59(2.03)**					
南非	−0.45(2.49)**							
西班牙	−1.07(3.03)**	−0.61(1.85)*						
韩国	−1.09(5.06)**	−0.20(0.85)	−0.56(2.38)**					

(续表)

B: 长期结果和检验								
贸易伙伴	长期估计值				检验			
	Constant	Ln Y_{CH}	Ln REX_i	F	$\hat{\gamma}_0$(t-test)	LM	CS (CS^2)	Adj. R^2
美国	−5.24 (0.22)	1.94(0.84)	6.24(0.48)	2.35	0.05(0.44)	3.77	S (S)	0.37
中国香港	12.59(4.20)**	−0.32(1.48)	2.83(3.77)**	6.38**	−0.88(4.53)**	7.23	S (U)	0.46
日本	−1.50(0.79)	1.04(6.04)**	−1.06(4.04)**	5.65**	−0.34(4.09)**	5.04	S (S)	0.65
德国	−11.74(2.63)**	1.12(4.18)**	−2.61(2.20)**	2.90	−0.15(1.83)	8.29	S (S)	0.73
澳大利亚	−16.62(13.00)**	1.61(17.23)**	−1.69(7.47)**	4.74*	−0.49(6.00)**	1.14	S (S)	0.50
马来西亚	−14.35(3.37)**	1.55(5.45)**	−2.45(3.37)**	3.59	−0.27(2.97)	7.87	S (S)	0.69
新加坡	4.11(0.37)	0.08(0.11)	−2.27(1.09)	3.12	−0.14(1.78)	6.23	S (S)	0.49
英国	−16.34(5.48)**	1.52(9.31)**	−1.14(2.68)**	5.13**	−0.36(3.69)*	3.14	S (S)	0.55
泰国	−3.08(2.07)**	1.18(10.58)**	−2.95(7.09)**	5.34**	−0.38(4.46)**	4.35	S (S)	0.43
巴西	−12.05(2.30)**	1.45(3.96)**	0.14(0.15)	4.24*	−0.25(2.10)	4.34	S (S)	0.78
印度	12.22(2.35)**	0.48(1.49)	−5.55(4.31)**	4.82*	−0.22(4.46)**	7.79	S (U)	0.55
荷兰	−16.60(8.93)**	1.49(13.34)**	−1.41(4.57)**	8.28**	−0.67(5.85)**	3.70	S (S)	0.50
俄罗斯	−7.67(3.00)**	1.28(6.44)**	−0.83(3.31)**	3.40	−0.34(3.56)*	13.03	S (S)	0.40
印度尼西亚#	25.04(2.35)**	0.72(2.30)**	−3.65(3.38)**	6.09**	−0.28(3.34)	4.76	S (S)	0.40
法国#	−14.37(8.12)**	1.47(13.62)**	−0.98(4.89)**	8.05**	−0.55(4.39)	2.36	S (S)	0.67
加拿大	−12.60(9.65)	1.34(16.05)**	−1.01(5.45)**	8.12**	−0.76(5.65)**	6.08	S (S)	0.37
意大利	−9.51(5.51)**	1.05(10.23)**	−1.26(2.64)**	6.28**	−0.34(2.44)	4.65	S (S)	0.81
墨西哥	−16.17(4.62)**	1.73(6.17)**	−0.61(1.10)	1.81	−0.31(3.74)*	9.16	S (S)	0.32
南非	−8.22(0.67)	1.16(1.30)	−3.26(1.64)	2.29	−0.14(1.89)	3.88	S (S)	0.16
西班牙	−22.45(4.19)**	1.76(5.59)**	−2.21(2.80)**	1.99	−0.21(2.12)	1.25	S (S)	0.59
韩国#	10.66(1.43)	0.51(1.38)	−1.63(2.10)**	3.43	−0.17(2.53)	4.80	S (S)	0.67

注:在德国、马来西亚、印度、俄罗斯和墨西哥的情况下,LM 结果是显著的。在中国香港、日本、马来西亚、英国、泰国、墨西哥、南非和韩国的情况下,RESET 结果是显著的。和线性模型一样,CUSUM 和 CUSUMSQ 测试显示估计在大多数情况下都是稳定的。

表 0-6　进口支出非线性模型短期结果

A: ΔPOS 滞后期								
贸易伙伴	0	1	2	3	4	5	6	7
美国	2.51 (1.29)	6.70 (4.21)**	−1.64 (0.88)	−3.19(1.96)*	−5.41(3.21)**	−5.37(2.70)**	−3.94(1.93)*	5.48(2.47)**
中国香港	18.99(2.59)**	0.97(0.12)	17.56(2.27)**	4.41(0.54)	9.96(1.28)	8.58(1.06)	0.53(0.07)	−20.18(2.84)**
日本	−0.96(2.76)**							
德国	−1.31(1.63)	−0.57(0.70)	−1.01(1.24)	2.19(2.90)**	−1.69(2.28)**	0.94(1.32)	−0.21(0.31)	1.42(2.11)**
澳大利亚	−2.35(3.39)**	−1.09(1.52)	0.92(1.41)	−0.04(0.08)	−1.06(1.70)*	−0.64(1.02)	1.03(1.68)*	
马来西亚	−3.62(2.73)**	3.05(1.51)	1.59(0.79)	3.93(1.94)*	0.58(0.32)	−1.27(0.74)	−1.35(0.88)	2.65(1.94)*
新加坡	−3.79(2.05)**	−3.18(1.56)	−3.79(1.81)*	−1.51(0.76)	−5.59(2.65)**			
英国	−1.96(1.83)*	−2.93(2.91)**	0.40(0.39)	−2.19(2.23)**				
泰国	−2.16(4.52)**							
巴西	−2.06(2.03)**	−2.17(1.96)*	1.52(1.43)	−1.83(1.66)				
印度	0.62(0.32)	3.36(1.68)*						
荷兰	−2.55(2.70)**							
俄罗斯	−3.57(4.70)**	0.47(0.57)	−0.75(0.99)	1.43(1.88)*	−1.86(2.45)**	−0.45(0.61)	−2.32(3.20)**	
印度尼西亚	−1.96(2.04)**							
法国	−1.60(3.18)**							
加拿大	−5.20(3.87)**	−0.11(0.09)	0.33(0.28)	0.14(0.12)	−3.31(2.76)**			
意大利	−3.27(4.12)**	0.28(0.36)	1.91(2.40)**	−1.15(1.72)*	−0.63(0.95)	1.94(2.91)**	−1.07(1.47)	0.84(1.25)
墨西哥	−2.15(1.88)*	1.54(1.00)	−0.20(0.15)	3.44(2.69)**	0.16(0.12)	1.49(1.13)	3.05(2.54)**	2.27(1.88)*
南非	−1.06(2.14)**							
西班牙	−4.52(3.67)**							
韩国	−3.91(5.85)**	−1.66(2.21)**						

（续表）

B：ΔNEG 滞后期								
贸易伙伴	0	1	2	3	4	5	6	7
美国	−3.07(1.22)							
中国香港	−20.80(2.2)**	−38.96(4.02)**	−40.11(3.70)**	−10.61(1.13)				
日本	0.58(0.65)	2.57(2.66)**	−1.72(1.83)*	1.92(2.04)**	−1.38(1.48)			
德国	−4.03(3.49)**	1.43(1.40)	−1.34(1.31)					
澳大利亚	−1.88(3.53)**							
马来西亚	−3.45(1.18)	−1.75(0.51)	−4.65(1.69)*					
新加坡	−1.83(1.08)							
英国	−0.33(0.36)							
泰国	−3.38(3.93)**							
巴西	−3.41(2.37)**	3.47(2.58)**						
印度	−3.96(3.75)**							
荷兰	−1.35(1.58)							
俄罗斯	−0.56(1.16)							
印度尼西亚	−2.74(3.17)**							
法国	4.85(2.91)**							
加拿大	0.24(0.33)							
意大利	−1.50(1.31)	2.14(2.11)**	−0.23(0.22)	−0.34(0.34)	2.78(3.01)**			
墨西哥	−3.04(1.62)	4.04(1.72)*	−1.75(0.63)	−0.44(0.18)	0.20(0.10)	3.24(1.37)	−7.83(3.64)**	−2.69(1.14)
南非	−1.50(2.39)**							
西班牙	−0.68(0.40)	−2.88(2.07)**						
韩国	0.85(0.81)	0.42(0.44)	−2.06(2.28)**					

表 0-7 进口支出非线性模型长期结果和检验

贸易伙伴	长期估计值				检验			
	Constant	Ln Y_{CH}	POS	NEG	F	$\hat{\gamma}_0'$(t-test)	Wald−S	Wald−L
美国	−8.94 (0.29)	1.14(0.54)	16.73(0.62)	−5.79 (0.32)	4.62*	0.05 (0.52)	0.10	0.32
中国香港	35.95(1.96)*	−2.16(1.53)	21.20(2.37)**	15.94(4.15)**	9.64**	−0.83(4.72)**	11.63**	0.33
日本	−1.96(0.51)	0.88(3.01)**	−2.06(4.58)**	−2.70(2.92)**	4.83*	−0.46(3.80)*	1.34	0.40
德国	−16.17(0.80)	1.88(1.20)	−6.72(1.45)	−4.26(1.27)	1.26	−0.13(1.65)	1.28	0.20
澳大利亚	−4.34(0.52)	0.86(1.35)	−3.18(3.13)**	−5.14(4.15)**	4.84*	−0.37(3.91)*	0.44	1.18
马来西亚	0.74(0.05)	0.53(0.47)	−11.09(2.00)**	−21.11(1.35)	2.57	−0.25(2.57)	3.64*	0.97
新加坡	34.89(0.99)	−1.92(0.73)	−4.12(0.96)	−10.94(0.88)	6.54**	−0.17(1.80)	6.29**	0.35
英国	−14.35(2.3)**	1.61(3.42)**	−2.10(2.78)**	−0.78(0.35)	4.01*	−0.43(4.04)**	8.52**	0.37
泰国	0.77(0.25)	0.53(2.21)**	−5.59(5.83)**	−8.74(5.69)**	5.44**	−0.39(5.37)**	3.85**	5.01**
巴西	−3.24(0.40)	0.78(1.24)	−0.69(0.76)	−2.10(1.79)*	3.04	−0.55(4.42)**	2.10	1.36
印度	−0.53(0.04)	0.57(0.50)	−13.12(6.10)**	−12.64(2.64)**	5.06**	−0.31(3.85)**	5.34**	0.01
荷兰	−19.13(2.5)**	1.92(3.25)**	−3.98(2.65)**	−2.11(1.68)*	6.17**	−0.64(0.68)	0.71	0.68
俄罗斯	−8.78(1.92)*	1.24(3.47)**	−1.04(2.33)**	−1.15(1.08)	3.99	−0.49(3.60)*	8.66**	0.02
印度尼西亚#	7.34(0.35)	−0.04(0.02)	−7.46(2.33)	−10.42(1.94)*	4.77*	−0.26(2.75)	0.26	0.22
法国#	−13.09(3.4)**	1.54(5.22)**	−2.00(4.20)**	−1.21(1.40)	7.41**	−0.80(4.80)**	12.69**	0.52
加拿大	−20.15(7.2)**	2.09(9.56)**	−3.05(6.45)**	0.24(0.33)	6.27**	−1.01(4.63)**	7.54**	14.56**
意大利	−15.05(2.3)**	1.70(3.41)**	−4.28(2.62)**	−1.80(1.86)*	6.01**	−0.42(2.50)	1.96	1.90
墨西哥	−20.08(1.97)*	1.94(2.44)**	−3.94(1.73)*	−4.80(0.84)	4.10	−0.41(3.66)	4.49**	0.04
南非	2.08(0.09)	0.31(0.17)	−7.41(1.57)	−10.50(1.62)	2.39	−0.14(1.93)	0.58	0.51
西班牙	−41.08(1.18)	3.59(1.31)	−11.49(1.54)	−4.92(1.17)	2.26	−0.17(1.68)	0.12	0.51
韩国#	−0.68(0.06)	0.79(0.91)	−3.94(2.20)**	−2.07(0.98)	2.43	−0.22(3.35)	3.73*	0.42

注释:在中国香港、马来西亚、意大利和墨西哥的情况下,LM 结果是显著的。在日本、马来西亚、泰国、印度、法国、南非和韩国的情况下,RESET 结果是显著的。和线性模型一样,CUSUM 和 CUSUMSQ 检验显示估计在大多数情况下都是稳定的。

表 0-8 进口线性模型结果

	进口总额	加工服务	维护和修理服务	运输服务	旅行服务	建筑
A: 短期估计值						
$\Delta \ln Y_t$	−0.20 (1.59)[a]	0.36 (1.24)	1.22 (4.46)** [a]	0.21 (1.56)	−0.46 (2.32)**	0.02 (0.09)
$\Delta \ln Y_{t-1}$	−0.19 (1.55)	−2.79 (2.90)**	−1.51 (2.38)**	−0.45 (2.57)**	0.44 (1.78)*	−0.67 (1.86)*
$\Delta \ln Y_{t-2}$		−1.78 (1.96)*	−1.96 (3.55)**	−0.19 (1.35)	0.66 (3.11)**	−0.63 (1.64)
$\Delta \ln Y_{t-3}$		−1.71 (2.25)**	−1.27 (2.56)**		0.57 (3.19)**	−0.02 (0.07)
$\Delta \ln Y_{t-4}$		−0.74 (1.22)	−1.56 (3.46)**			0.46 (1.73)*
$\Delta \ln Y_{t-5}$		−1.05 (2.05)**	−1.39 (3.55)**			
$\Delta \ln Y_{t-6}$		−0.33 (0.84)	−0.68 (1.97)*			
$\Delta \ln Y_{t-7}$		−0.79 (2.48)**	−1.13 (4.04)**			
$\Delta \ln REX_t$	−0.07 (0.48)	3.70 (3.85)**	3.21 (5.02)**	0.88 (4.26)**	−0.46 (1.50)	0.40 (1.41)
$\Delta \ln REX_{t-1}$	−2.87 (1.56)	1.14 (0.28)	−7.83 (2.08)**	−3.35 (1.74)*	−2.38 (0.95)	1.77 (0.54)
$\Delta \ln REX_{t-2}$	3.27 (1.78)*	−5.17 (1.27)	4.43 (1.22)	4.17 (2.18)**	3.23 (1.26)	5.23 (1.58)
$\Delta \ln REX_{t-3}$		−6.40 (1.62)	−5.12 (1.50)	−3.34 (1.76)*	−3.77 (1.55)	
$\Delta \ln REX_{t-4}$		−3.29 (0.83)				
$\Delta \ln REX_{t-5}$		−0.36 (0.09)				
$\Delta \ln REX_{t-6}$		8.57 (2.15)**				
$\Delta \ln REX_{t-7}$		−9.59 (2.48)**				

（续表）

B：长期估计值						
lnY	−0.09 (0.49)	6.05 (9.58)**	3.26 (9.99)**	1.18 (5.88)**	−2.22 (2.26)**	0.34 (1.44)
lnREX	−2.73 (3.39)**	2.33 (1.04)	−2.66 (2.19)**	−0.21 (0.25)	−6.24 (1.60)	0.88 (0.96)
Constant	21.47 (5.00)**	−42.33 (3.55)**	−1.56 (0.25)	1.15 (0.25)	48.67 (2.30)**	−2.12 (0.43)
C：检验结果						
F^b	10.08**	5.69**	11.79**	8.61**	1.48	11.67**
$\hat{\rho}_0$ (t-test)^C	−0.74 (5.58)*	−0.20 (2.13)	−0.78 (5.03)*	−0.63 (4.27)*	−0.17 (1.96)	−1.17 (5.95)*
LM^d	0.1	0.27	2.87*	0.17	2.14	0.05
$RESET^e$	5.35**	0.83	1.14	1.23	9.45**	1.26
Adjusted R^2	0.37	0.56	0.74	0.41	0.26	0.58
CS (CS^2)	S(U)	S(S)	S(S)	S(U)	S(U)	S(S)
	保险和养老金服务	**金融服务**	**知识产权使用服务**	**电信、计算机和信息服务**		**其他商业服务**
A：短期估计值						
ΔlnY_t	0.26 (1.43)	0.68 (1.98)*	0.18 (0.85)	0.008 (0.04)		0.008 (0.04)
ΔlnY_{t-1}		−1.98 (3.37)**	−2.13 (3.74)**	−3.23 (5.18)**		−1.53 (4.21)**
ΔlnY_{t-2}		−1.32 (2.42)**	−2.46 (4.88)**	−2.98 (5.03)**		−1.52 (4.33)**
ΔlnY_{t-3}		−0.87 (1.83)*	−2.32 (5.30)**	−2.33 (4.41)**		−1.30 (4.10)**
ΔlnY_{t-4}		−0.57 (1.24)	−2.09 (5.71)**	−1.92 (4.35)**		−1.14 (3.93)**

（续表）

	保险和养老金服务	金融服务	知识产权使用服务	电信、计算机和信息服务	其他商业服务
$\Delta\ln Y_{t-5}$		0.03 (0.08)	−1.70 (5.23)**	−1.12 (3.10)**	−0.98 (3.88)**
$\Delta\ln Y_{t-6}$		0.18 (0.52)	−1.24 (4.35)**	−0.59 (2.21)**	−0.41 (2.03)**
$\Delta\ln Y_{t-7}$			−0.99 (4.87)**	−0.64 (3.21)**	−0.60 (3.68)**
$\Delta\ln REX_{t}$	−2.64 (1.00)	−5.51 (1.13)	−2.39 (1.16)	−6.24 (2.57)**	−3.22 (1.49)
$\Delta\ln REX_{t-1}$	1.57 (0.60)		8.35 (4.05)**	8.90 (3.65)**	2.61 (1.23)
$\Delta\ln REX_{t-2}$	−6.45 (2.5)**		−1.78 (0.88)	−4.34 (1.88)*	−3.67 (1.84)*
$\Delta\ln REX_{t-3}$			2.82 (1.41)	4.84 (2.09)**	
$\Delta\ln REX_{t-4}$			−2.10 (1.02)	4.34 (1.84)*	
$\Delta\ln REX_{t-5}$			3.12 (1.48)	1.42 (0.60)	
$\Delta\ln REX_{t-6}$			1.55 (0.78)	7.33 (3.13)**	
$\Delta\ln REX_{t-7}$			3.62 (1.84)*		
B：长期估计值					
lnY	0.87 (1.88)*	3.04 (8.41)**	1.94 (9.82)**	3.73 (16.48)**	1.19 (8.84)**
lnREX	1.54 (0.63)	2.79 (1.98)*	−1.47 (2.35)**	−3.27 (4.08)**	−0.05 (0.09)
Constant	−7.79 (0.61)	−26.81 (3.77)**	2.12 (0.62)	1.10 (0.26)	−0.41 (0.16)

（续表）

	保险和养老金服务	金融服务	知识产权使用服务	电信、计算机和信息服务	其他商业服务
C：检验结果					
F^b	3.96	15.29**	4.34*	12.20**	17.99**
$\hat{\rho}_0$ (t-test)^C	−0.39 (3.09)	−0.76 (4.84)*	−0.54 (2.88)	−0.35 (3.16)	−1.11 (5.98)*
LM^d	0.04	0.19	4.73**	0.68	0.06
RESET^e	1.09	1.25	0.33	7.76**	0.37
Adj. R^2	0.4	0.44	0.77	0.61	0.64
CS (CS^2)	S(S)	S(S)	S(S)	S(U)	S(U)

注：1. 标准 t 的临界值在 10%(5%)的显著性水平上是 1.64(1.96)。

2. 当有两个外生变量($k=2$)时，F 检验在 10%(5%)显著性水平上的临界值是 4.23(5.02)。这些数据来自 Narayan(2005)，针对小样。

3. $\hat{\rho}_0$ 旁括号内的是 t 的绝对值，其上限临界值在 10%(5%)显著性水平上是 −3.45(−3.82)，当 $k=3$ 时，这些数据来自 Banerjee 等(1998)。

4. LM 检验按 χ^2 一个自由度(一阶)分布，其在 10%(5%)显著性水平上的临界值是 2.70(3.84)，这些临界值也可以用于 Wald 检验。

5. RESET 检验按 χ^2 一个自由度(一阶)分布，其在 5%水平上的临界值是 3.84。这些值也可以用于 Wald 检验。

表 0-9 出口线性模型结果

	进口总额	加工服务	维护和修理服务	运输服务	旅行服务	建设服务
A：短期估计值						
$\Delta \ln Y_t^*$	1.41 (1.87)*	0.73 (0.96)[a]	1.74 (1.09)	0.63 (0.76)	3.43 (3.33)**	0.21 (0.17)
$\Delta \ln REX_t$	−2.08 (1.01)	−4.46 (2.32)**	−6.26 (1.39)	−3.70 (1.66)	−5.00 (1.94)*	−1.79 (0.54)
$\Delta \ln REX_{t-1}$	4.50 (2.26)**	2.76 (1.44)	10.28 (2.28)**	4.22 (1.95)*	2.52 (0.99)	10.76 (3.37)**
$\Delta \ln REX_{t-2}$		−4.82 (2.62)**		−3.88 (1.82)*	−6.03 (2.44)**	
B：长期估计值						
$\ln Y^*$	2.78 (1.75)*	2.76 (1.51)	3.88 (1.14)	−4.26 (0.46)	−19.59 (1.96)*	0.84 (1.25)
lnREX	−0.02 (0.009)	1.01 (0.54)	−4.35 (0.99)	2.66 (0.26)	−1.45 (0.20)	0.73 (0.84)
Constant	−5.59 (0.45)	−13.07 (0.92)	6.66 (0.23)	11.97 (0.18)	103.50 (1.72)*	−3.13 (0.55)
C：检验结果						
F^b	3.78	3.94	2.37	0.61	3.64	16.24**
$\hat{\lambda}_0$ (t-test)^c	−0.36 (3.18)	−0.35 (2.82)	−0.33 (2.59)	0.06 (1.01)	0.06 (0.98)	−1.17 (7.02)*
LM^d	0.08	0.08	0.97	0.1	0.88	0.06
$RESET^e$	0.09	4.38**	0.003	1.34	6.28**	0.47
Adjusted R^2	0.43	0.47	0.57	0.32	0.39	0.61
CS (CS^2)	U(U)	S(U)	S(S)	S(U)	S(S)	S(S)

（续表）

	保险和养老金服务	金融服务	知识产权使用服务	电信、计算机和信息服务	其他商业服务
A：短期估计值					
$\Delta \ln Y_t^*$	−0.98 (0.53)	2.20 (1.48)	−0.06 (0.03)	−0.73 (0.69)	1.77 (2.15)**
$\Delta \ln Y_{t-1}^*$	2.94 (1.53)			1.54 (1.48)	
$\Delta \ln REX_t$	−4.63 (0.87)	−2.95 (0.73)	−5.53 (0.91)	−4.31 (1.57)	−2.71 (1.18)
$\Delta \ln REX_{t-1}$	12.22 (2.43)**	11.70 (2.92)**	23.77 (3.96)**	5.62 (2.06)**	5.96 (2.65)**
$\Delta \ln REX_{t-2}$			1.37 (0.21)	−3.49 (1.34)	−4.14 (1.85)*
$\Delta \ln REX_{t-3}$			11.04 (1.75)*		
B：长期估计值					
$\ln Y^*$	−2.09 (0.93)	0.76 (0.36)	2.15 (0.38)	3.79 (0.55)	3.86 (1.72)*
lnREX	1.24 (0.42)	−5.60 (2.10)**	−23.45 (2.58)**	0.83 (0.11)	−0.69 (0.29)
Constant	6.94 (0.36)	26.43 (1.50)	106.54 (1.94)*	−16.18 (0.29)	−8.61 (0.52)
C：检验结果					
F^b	1.61	5.65**	4.63*	0.65	3.6
$\hat{\lambda}_0$ (t-test)^c	−0.55 (1.96)	−0.47 (4.16)*	−0.24 (3.62)*	−0.11 (1.32)	−0.33 (2.99)
LM^d	0.38	0.17	0.39	0.008	0.14
$RESET^e$	0.31	0.009	0.74	0.22	0.17

（续表）

	保险和养老金服务	金融服务	知识产权使用服务	电信、计算机和信息服务	其他商业服务
Adj. R^2	0.56	0.4	0.51	0.41	0.38
CS（CS^2）	S(S)	S(S)	S(S)	S(U)	U(U)

注：1. t 在10%(5%)显著性水平上的临界值是1.64(1.96)。

2. 当有两个外生变量($k=2$)时，F 检验在10%(5%)显著性水平上的临界值是4.23(5.02)。这些数据来源于Narayan(2005)，针对小样本。

3. $\hat{\lambda}_0$ 旁括号内的是 t 的绝对值。当 $k=3$ 时，其上限临界值在10%(5%)显著性水平上是−3.45(−3.82)。这些数据来自Banerjee等(1998)。

4. LM检验按 χ^2 一个自由度(一阶)分布，其在10%(5%)显著性水平上的临界值是2.70(3.84)。这些临界值也可以用于Wald检验。

5. RESET检验按 χ^2 一个自由度(一阶)分布，其在5%水平上的临界值是3.84。这些值也可以用于Wald检验。

表 0-10 进口非线性模型结果

	进口总额	加工服务	维护和修理服务	运输服务	旅行服务	建设服务
A：短期估计值						
$\Delta \ln Y_t$	−0.03 (0.19)	0.30 (0.88)[a]	1.07 (3.06)**	0.18 (1.22)	−0.12 (0.64)	0.21 (0.71)
$\Delta \ln Y_{t-1}$	−0.59 (3.00)**	−3.09 (2.40)**	−0.52 (0.52)	−0.21 (1.46)	−0.56 (3.03)**	−2.49 (3.26)**
$\Delta \ln Y_{t-2}$	−0.23 (1.57)	−2.06 (1.75)*	−1.00 (1.10)			−2.04 (3.14)**
$\Delta \ln Y_{t-3}$		−1.90 (1.88)*	−0.48 (0.62)			−1.33 (2.42)**
$\Delta \ln Y_{t-4}$		−0.94 (1.16)	−0.97 (1.61)			−0.39 (0.95)
$\Delta \ln Y_{t-5}$		−1.25 (1.94)*	−1.01 (1.99)*			−0.62 (2.21)**
$\Delta \ln Y_{t-6}$		−0.45 (0.92)	−0.51 (1.29)			
$\Delta \ln Y_{t-7}$		−0.82 (2.38)**	−1.01 (3.21)**			
ΔNEG_t	−1.71 (0.55)	4.19 (0.68)	−1.15 (0.19)	−0.77 (0.25)	−3.12 (0.80)	−2.08 (0.35)
ΔNEG_{t-1}		−12.75 (2.22)**			−5.74 (1.50)	
ΔNEG_{t-2}		−8.16 (1.33)				
ΔNEG_{t-3}		−9.67 (1.64)				
ΔNEG_{t-4}		−3.22 (0.56)				
ΔNEG_{t-5}		10.14 (1.74)*				
ΔNEG_{t-6}		−15.77 (2.85)**				
ΔNEG_{t-7}		17.22 (3.05)**				
ΔPOS_t	−4.55 (1.19)	1.98 (0.25)	−14.70 (1.98)*	−6.95 (1.80)*	−1.50 (0.31)	0.10 (0.01)
ΔPOS_{t-1}	11.12 (3.27)**		14.94 (2.14)**	11.17 (3.16)**	15.53 (3.15)**	13.22 (2.15)**
ΔPOS_{t-2}				−10.44 (2.85)**		−9.98 (1.49)

(续表)

	进口总额	加工服务	维护和修理服务	运输服务	旅行服务	建设服务
B：长期估计值						
lnY	0.90 (2.01)**	5.94 (2.35)**	1.99 (1.48)	0.72 (1.86)*	2.13 (2.19)**	2.19 (2.58)**
NEG	−2.01 (2.45)**	2.99 (1.14)	−3.76 (2.45)**	−0.57 (0.65)	−3.52 (2.03)**	2.14 (1.96)*
POS	−3.55 (4.43)**	3.19 (1.34)	−2.34 (1.67)	0.13 (0.14)	−9.95 (5.74)**	−0.12 (0.12)
Constant	3.28 (1.47)	−30.59 (2.41)**	−8.06 (1.20)	2.43 (1.24)	−3.40 (0.70)	−7.16 (1.68)*
C：检验结果						
F^b	10.20**	4.78**	7.99**	6.42**	9.87**	10.15**
$\hat{\pi}_0$ (t-test)^c	−0.79 (5.63)*	−0.54 (3.29)	−1.03 (5.74)*	−0.69 (4.84)*	−0.49 (4.88)*	−1.16 (5.61)*
LM^d	2.02	0.54	1.62	0.81	0.005	1.84
$RESET^e$	0.35	0.75	1.01	0.14	8.63**	2.91*
Adjusted R^2	0.45	0.61	0.75	0.49	0.39	0.62
CS (CS^2)	S(U)	S(S)	S(S)	S(U)	S(U)	S(S)
Wald−S	1.41	0.92	0.01	0.55	4.16**	0.18
Wald−L	5.83**	0.004	0.64	1.56	20.43**	4.42**

（续表）

	保险和养老金服务	金融服务	知识产权使用服务	电信、计算机和信息服务	其他商业服务
A：短期估计值					
$\Delta \ln Y_t$	0.009 (0.04)[a]	0.17 (0.55)	0.14 (0.61)	−0.16 (0.84)	0.003 (0.01)
$\Delta \ln Y_{t-1}$			−1.79 (2.14)**	−1.83 (2.63)**	−1.83 (2.75)**
$\Delta \ln Y_{t-2}$			−2.20 (2.92)**	−1.77 (2.75)**	−1.84 (3.05)**
$\Delta \ln Y_{t-3}$			−2.20 (3.53)**	−1.40 (2.50)**	−1.60 (3.08)**
$\Delta \ln Y_{t-4}$			−1.87 (3.95)**	−1.15 (2.53)**	−1.36 (3.20)**
$\Delta \ln Y_{t-5}$			−1.58 (4.38)**	−0.59 (1.60)	−1.20 (3.46)**
$\Delta \ln Y_{t-6}$			−1.17 (3.81)**	−0.25 (0.89)	−0.64 (2.40)**
$\Delta \ln Y_{t-7}$			−0.97 (4.63)**	−0.40 (2.06)**	−0.77 (3.99)**
ΔNEG_t	1.53 (0.33)	−3.70 (0.55)	0.89 (0.26)	−2.80 (0.73)	1.05 (0.28)
ΔNEG_{t-1}	1.41 (0.34)	−14.09 (2.11)**		10.58 (2.56)**	−0.03 (0.009)
ΔNEG_{t-2}	−8.64 (2.17)**	−7.74 (1.29)		4.49 (1.22)	−0.55 (0.15)
ΔNEG_{t-3}		−2.58 (0.42)		8.25 (2.28)**	−3.12 (0.86)
ΔNEG_{t-4}		−6.10 (1.03)			−4.81 (1.43)
ΔNEG_{t-5}		−13.68 (2.31)**			−8.48 (2.48)**
ΔNEG_{t-6}					−5.63 (1.59)
ΔPOS_t	−9.02 (1.51)	−1.47 (0.17)	−5.46 (1.32)	−8.99 (2.04)**	−8.00 (1.77)*
ΔPOS_{t-1}		16.92 (1.97)*	17.02 (4.42)**	9.09 (2.01)*	9.18 (2.01)*
ΔPOS_{t-2}			−5.47 (1.32)	−9.07 (1.86)*	−4.96 (1.08)
ΔPOS_{t-3}			4.68 (1.14)	6.39 (1.31)	8.05 (1.76)*
ΔPOS_{t-4}			−6.04 (1.50)	15.93 (4.08)**	9.18 (2.08)**
ΔPOS_{t-5}			8.24 (1.95)*	8.29 (1.73)*	8.19 (1.68)*
ΔPOS_{t-6}				14.66 (3.19)**	7.62 (1.62)

（续表）

	保险和养老金服务	金融服务	知识产权使用服务	电信、计算机和信息服务	其他商业服务
B：长期估计值					
lnY	−0.11 (0.21)	0.19 (0.54)	2.03 (2.03)**	1.43 (2.18)**	1.30 (2.05)**
NEG	0.13 (0.08)	1.31 (1.17)	−1.16 (1.21)	−5.05 (6.94)**	−0.40 (0.60)
POS	1.82 (1.02)	5.41 (4.70)**	−1.20 (1.28)	−2.21 (3.14)**	−0.70 (1.12)
Constant	4.55 (1.65)	0.76 (0.43)	−5.47 (1.09)	−3.27 (0.99)	−1.30 (0.41)
C：检验结果					
F^b	3.84	17.39**	2.33	15.20**	14.74**
$\hat{\pi}_0$ (t-test)^c	−0.53 (3.6)	−1.15 (7.25)*	−0.54 (2.15)	−0.90 (5.43)*	−1.53 (7.19)*
LM^d	0.45	0.9	6.92**	0.09	1.32
$RESET^e$	0.54	0.35	0.32	8.79**	1.08
Adj. R^2	0.41	0.56	0.8	0.69	0.69
CS (CS^2)	S(S)	S(S)	S(S)	S(S)	S(U)
Wald−S	0.09	7.66**	1.54	1.18	8.27**
Wald−L	3.74*	46.29**	0.0009	11.95**	0.15

注：1. t 在 10%(5%)显著性水平上的临界值是 1.64(1.96)。

2. 当有两个外生变量(k=2)时，F 检验在 10%(5%)显著性水平上的临界值是 4.23(5.02)。这些数据来源于 Narayan(2005)，针对小样。

3. $\hat{\pi}_0$ 旁括号内的是 t 的绝对值。当 k=4 时，其上限临界值在 10%(5%)显著性水平上是−3.64(−4.05)。这些数据来源于 Banerjee 等(1998)。

4. LM 检验按χ^2 一个自由度(一阶)分布，其在 10%(5%)显著性水平上的临界值是 2.70(3.84)。这些临界值也可以用于 Wald 检验。

5. RESET 检验按χ^2 一个自由度(一阶)分布，其在 5%水平上的临界值是 3.84。这些值也可以用于 Wald 检验。

表 0-11　出口非线性模型结果

	进口总额	加工服务	维护和修理服务	运输服务	旅行服务	建设服务
A：短期估计值						
$\Delta \ln Y^*_t$	0.30 (0.44)[a]	0.11 (0.15)	0.53 (0.34)	0.92 (1.34)	2.45 (2.21)**	0.57 (0.46)
$\Delta \ln Y^*_{t-1}$					−1.52 (1.32)	
$\Delta \ln Y^*_{t-2}$					−1.78 (1.47)	
$\Delta \ln Y^*_{t-3}$					−1.06 (0.99)	
$\Delta \ln Y^*_{t-4}$					−2.27 (2.10)**	
ΔNEG_t	3.05 (0.98)	−1.64 (0.53)	−16.45 (2.12)**	6.48 (1.86)*	−3.15 (0.69)	2.63 (0.42)
ΔNEG_{t-1}				5.08 (1.53)	−8.34 (1.93)*	8.32 (1.34)
ΔNEG_{t-2}				5.74 (1.73)*	−7.48 (2.00)*	7.51 (1.31)
ΔNEG_{t-3}						10.39 (1.75)*
ΔNEG_{t-4}						−17.00 (2.86)**
ΔNEG_{t-5}						−12.68 (2.02)**
ΔNEG_{t-6}						−15.99 (2.52)**
ΔPOS_t	−9.59 (2.50)**	−7.88 (2.13)**	−6.43 (0.72)	−13.11 (3.27)**	−4.77 (0.85)	−12.81 (1.65)
ΔPOS_{t-1}	8.99 (2.49)**	9.55 (2.80)**	25.69 (3.08)**	−0.97 (0.21)	21.18 (3.52)**	15.30 (1.94)*
ΔPOS_{t-2}	−9.00 (2.54)**	−8.10 (2.35)**	6.45 (0.77)	−16.90 (3.92)**		−2.50 (0.32)
ΔPOS_{t-3}			2.07 (0.25)			−2.86 (0.34)
ΔPOS_{t-4}			21.30 (2.74)**			22.37 (2.86)**
ΔPOS_{t-5}						22.80 (2.60)**
ΔPOS_{t-6}						12.69 (1.49)

（续表）

	进口总额	加工服务	维护和修理服务	运输服务	旅行服务	建设服务
B：长期估计值						
$\ln Y^*$	0.91 (1.99)*	1.20 (1.77)*	1.61 (2.05)**	0.73 (1.03)	8.91 (2.01)**	1.72 (2.68)**
NEG	1.07 (1.80)*	−0.02 (0.02)	−6.58 (5.88)**	3.17 (3.35)**	−2.04 (0.91)	0.28 (0.30)
POS	2.61 (4.03)**	−1.35 (1.54)	−4.04 (3.32)**	7.60 (7.26)**	−8.86 (3.40)**	0.27 (0.27)
Constant	2.83 (1.34)	−0.79 (0.25)	−4.63 (1.28)	1.95 (0.59)	−35.59 (1.74)*	−3.86 (1.29)
C：检验结果						
F^b	7.94**	5.89**	10.89**	6.10**	5.92**	11.51**
$\hat{\chi}_0$ (t-test)^c	−0.94 (5.71)*	−0.73 (4.73)*	−1.24 (6.45)*	−0.62 (4.68)*	−0.45 (2.95)	−1.25 (6.32)*
LM^d	0.15	0.7	1.42	0.18	1.23	0.26
$RESET^e$	1.93	0.0008	0.09	0.21	2.49	1.25
Adjusted R^2	0.6	0.56	0.62	0.51	0.47	0.68
CS (CS^2)	S(U)	S(U)	S(S)	S(S)	S(S)	S(S)
Wald−S	3.18*	0.47	8.86**	13.82**	5.31**	4.58**
Wald−L	55.97**	22.64**	42.76**	154.00**	27.89**	0.0002
	保险和养老金服务	**金融服务**	**知识产权使用服务**	**电信、计算机和信息服务**		**其他商业服务**
A：短期估计值						
$\Delta\ln Y^*_t$	−0.72 (0.36)^a	1.25 (0.87)	0.68 (0.33)	−1.01 (1.23)		−0.005 (0.006)
$\Delta\ln Y^*_{t-1}$	6.98 (2.91)**					
$\Delta\ln Y^*_{t-2}$	−1.27 (0.49)					

（续表）

	保险和养老金服务	金融服务	知识产权使用服务	电信、计算机和信息服务	其他商业服务
$\Delta \ln Y^*_{t-3}$	5.00 (2.12)**				
$\Delta \ln Y^*_{t-4}$	−0.32 (0.13)				
$\Delta \ln Y^*_{t-5}$	1.35 (0.59)				
$\Delta \ln Y^*_{t-6}$	3.30 (1.52)				
$\Delta \ln Y^*_{t-7}$	4.10 (1.98)*				
ΔNEG_t	−0.12 (0.01)	6.23 (0.90)	4.83 (0.48)	1.36 (0.35)	−2.10 (0.58)
ΔNEG_{t-1}	3.87 (0.40)	19.22 (3.25)**	50.72 (4.84)**		
ΔNEG_{t-2}	−7.77 (0.76)		10.86 (0.92)		
ΔNEG_{t-3}	−0.13 (0.01)		18.88 (1.95)*		
ΔNEG_{t-4}	−26.03 (2.89)**		8.37 (0.85)		
ΔNEG_{t-5}	−19.08 (1.99)*		17.58 (1.78)*		
ΔNEG_{t-6}	2.79 (0.28)				
ΔNEG_{t-7}	23.11 (2.51)**				
ΔPOS_t	−8.98 (0.72)	−17.72 (2.08)**	−17.12 (1.48)	−10.50 (2.24)**	−6.66 (1.50)
ΔPOS_{t-1}	28.65 (2.14)**		20.21 (1.71)*	5.22 (1.17)	11.99 (2.82)**
ΔPOS_{t-2}	20.03 (1.60)		17.75 (1.44)	−12.74 (2.94)**	−8.28 (1.94)*
ΔPOS_{t-3}	10.45 (0.85)		27.03 (2.04)**		
ΔPOS_{t-4}	26.82 (2.24)**		17.58 (1.28)		
ΔPOS_{t-5}	10.57 (0.79)		7.57 (0.56)		
ΔPOS_{t-6}	7.92 (0.59)		39.18 (3.18)**		
ΔPOS_{t-7}	−17.46 (1.33)		22.63 (1.80)*		

（续表）

	保险和养老金服务	金融服务	知识产权使用服务	电信、计算机和信息服务	其他商业服务
B: 长期估计值					
lnY*	−1.85 (1.32)	−0.39 (0.55)	2.71 (2.15)**	0.004 (0.01)	0.29 (1.28)
NEG	0.45 (0.27)	−3.48 (3.73)**	−21.06 (10.54)**	0.22 (0.40)	−0.38 (1.17)
POS	1.50 (0.74)	−0.98 (0.98)	−14.72 (6.56)**	3.38 (5.73)**	1.36 (4.10)**
Constant	11.35 (1.76)*	4.41 (1.36)	−11.12 (1.89)*	4.76 (2.53)**	4.27 (4.04)**
C: 检验结果					
F^b	2.17	8.14**	7.33**	12.56**	8.43**
$\hat{\chi}_0$ (*t*-test)^c	−1.63 (2.62)	−1.26 (5.63)*	−0.49 (2.86)	−1.24 (7.1)*	−1.57 (5.34)*
LM^d	0.46	0.16	0.003	0.00002	1.8
$RESET^e$	0.06	1.27	0.02	6.12**	1.61
Adjusted R^2	0.67	0.5	0.63	0.61	0.59
CS (CS^2)	S(S)	S(S)	S(S)	S(U)	S(S)
Wald−S	3.67*	8.24**	0.24	4.85**	0.01
Wald−L	3.41*	56.11**	68.75**	285.27**	274.93**

注:1. t 在 10%(5%)显著性水平上的临界值是 1.64(1.96)。

2. 当有两个外生变量($k=2$)时,F 检验在 10%(5%)显著性水平上的临界值是 4.23(5.02)。这些数据来源于 Narayan(2005),针对小样。

3. $\hat{\chi}_0$ 旁括号内的是 t 的绝对值。当 $k=4$ 时,其上限临界值在 10%(5%)显著性水平上是−3.64(−4.05)。这些数据来源于 Banerjee 等(1998)。

4. LM 检验按χ^2 一个自由度(一阶)分布,其在 10%(5%)显著性水平上的临界值是 2.70(3.84)。这些临界值也可以用于 Wald 检验

5. RESET 检验按χ^2 一个自由度(一阶)分布,其在 5%水平上的临界值是 3.84。这些值也可以用于 Wald 检验。